T0107895

LA RELIGION
DANS LES LIMITES
DE LA SIMPLE RAISON

BIBLIOTHÈQUE DES TEXTES PHILOSOPHIQUES

Fondateur H. GOUHIER   Directeur E. CATTIN

EMMANUEL KANT

LA RELIGION
DANS LES LIMITES
DE LA SIMPLE RAISON
(1793)

Traduction par J. Gibelin

introduite, révisée et indexée
par
Monique NAAR

PARIS
LIBRAIRIE PHILOSOPHIQUE J. VRIN
6, Place de la Sorbonne, V e

2016

© *Librairie Philosophique J. VRIN,* 1994, 2000

Imprimé en France

ISSN 0249-7972

ISBN 978-2-7116-1195-9

www.vrin.fr

INTRODUCTION

L'ouvrage dont on présente la traduction s'intitule : *Die /
Religion / innerhalb der Grenzen / der blossen Vernunft //
Vorgestellt / von / Immanuel Kant // Zweyte vermerhrte
Auflage, 1794, XXVI.u. 314 Seiten // bey Friedrich Nicolovius //
Königsberg – ou : La Religion dans les limites de la simple
raison.*

PROBLÈMES POLITIQUES ET HISTORIQUES

Ce livre possède une histoire assez singulière et confuse. Il
convient de considérer d'abord le contexte strictement philosophique, puis les données politiques qui ont déterminé son
orientation.

§ 1 – Il est impossible d'affirmer avec rigueur que le travail
de Kant fut le premier consacré à la théorie de la religion à
l'intérieur de la philosophie transcendantale. On sait que
recevant Fichte – qui se trouvait fort démuni – Kant refusa de
lui prêter quelque argent, mais jugea plus sage de le recommander auprès de son éditeur. Il est difficile de dire si Kant avait
mesuré justement le génie dialectique et systématique de son
jeune adepte. Mais c'est probable – car si l'on considère les
ouvrages de Beck et de Kiesewetter approuvés par l'auteur de la
Critique de la raison pure, on les trouvera bien vides compa-
rés à ceux de Fichte. Or l'ouvrage que ce dernier remet à l'éditeur du philosophe de Königsberg et dont le maître avait,

semble-t-il, approuvé les grandes lignes, s'intitule *Critique de toute Révélation*. Ce travail reçoit d'emblée la reconnaissance du public, abusé par une farce du destin. C'est que le livre de Fichte, par une simple erreur de brochage, était paru sans page de garde, donc anonyme, par conséquent susceptible d'être attribué à n'importe qui et en particulier à Kant : il se trouva salué de toute part comme la *quatrième* critique kantienne ! Au demeurant on y croyait retrouver la force déductive et combinatoire du fondateur de la philosophie transcendantale. Les rares difficultés du problème – en fait il se réduisait à la relation de Dieu à l'homme – se trouvaient surmontées avec aisance dans un esprit de conciliation supérieur. Fichte, qu'il s'agit de la nécessité et de la liberté, du fait et de la raison, avait su avec génie dominer la question en renouvelant profondément les perspectives de Lessing. – On conçoit quel fut l'embarras de Kant. On lui attribuait un mérite qui n'était pas le sien. Il fallut au moins trois semaines pour qu'il se décidât à faire savoir le véritable nom de l'auteur. Mais il y avait plus grave. Kant ne pouvait méconnaître la valeur transcendantale du texte fichtéen. Aussi n'est-il pas mauvais de suggérer que dans une large mesure le projet de philosophie religieuse de Kant était réalisé. Il est peu contestable que philosophiquement Kant n'ait dû « faire autre chose » dans la *Religion* et que les faiblesses qu'on y découvre – répétitions, ordre relâché – ne soient imputables au coup d'éclat du futur auteur de la *Doctrine de la Science*.

En outre Kant semblait mal armé. D'une part sa connaissance de l'Écriture sainte est limitée. Certes son option fondamentale le conduit à se limiter au Nouveau Testament et l'étroitesse de ses vues découle peut-être de cette option qui l'oblige à ne point percevoir dans le judaïsme une religion au sens propre du terme, mais plutôt une constitution politique. Mais d'autre part il ne semble pas mieux maîtriser la dogmatique. Il ne connaît vraiment ni Luther, ni Calvin[1] et recopie souvent

---

1. Cf. J. Bohatec, *Die Religionsphilosophie Kants in der « Religion innerhalb der Grenzen der blossen Vernunft »*, Hambourg, 1938.

Stapfer[1]. On dit qu'avant de rédiger son ouvrage il voulut relire un catéchisme luthérien[2], aujourd'hui inaccessible. Or on peut sans doute estimer que Kant ne disposait pas assez d'appuis pour établir une juste relation entre la raison et la religion. – La religion devait-elle dépasser les contenus de la raison pratique et, outre la transformation de nos devoirs en commandements divins[3], ouvrir l'abîme moral et intellectuel de la transcendance ? Fallait-il donc *dépasser* les limites de la raison ? Le seul titre de l'ouvrage de Kant prouve bien assez qu'il était dans son intention de réduire – avec plus de souplesse que Lessing – la religion à la raison en son discours pratique, et en revanche de rejeter comme superstitions et faux enthousiasmes tous les contenus historiques ou prétendument historiques. Si la détermination de l'orientation de la recherche était ainsi fixée, il allait de soi que tous les *faits* religieux devaient se lire à titre de symboles et de métaphores cohérentes (dans le Christianisme) de la vie éthique. Kant se heurtait à une difficulté très ancienne et que dans le fond personne n'avait résolue. *Comment maintenir la spécificité de la pensée religieuse ?* et cela à *l'intérieur des limites de la simple raison.* – On ne réfléchit pas assez sur le titre de l'ouvrage. L'intitulé naturel et normal aurait dû être : *La Religion selon la simple Raison.* Mais Kant précise à *l'intérieur des limites de la simple raison.* Le grand problème qu'on vient d'évoquer est un problème *intérieur* à la raison, dont il a montré l'importance, en décrivant par exemple l'*Idéal* de la raison pure à partir d'une réflexion sur une preuve de l'existence de Dieu qu'il avait élaborée en 1763[4]. Si grandes que soient ses faiblesses, si démuni peut-il se trouver dans le domaine des sciences religieuses, le philosophe ne saurait éviter d'aborder le problème de

---

1. Cf. aussi J.-L. Bruch, *La philosophie religieuse de Kant,* Paris, 1968. On verra que les sources de Kant au point de vue de la dogmatique sont très étroites. En revanche ses connaissances anthropologiques sont plus étendues et plus sérieuses.

2. Borowski, *Darstellung des Lebens und Charakters Immanuel Kants,* 1814, p. 79.

3. *Critique de la raison pratique.*

4. Cf. A. Philonenko, *L'œuvre de Kant,* Paris, Vrin, 1969, t. I.

Dieu. Il est trop facile – comme l'a voulu en un sens Descartes – de séparer philosophie et théologie. Si l'idée de Dieu est l'Idéal de la raison, donc ce qui lui est plus intérieur qu'elle n'est elle-même intérieure à l'homme, alors la problématique sur les choses divines ne peut être évitée.

A *l'intérieur* ne signifie pas cependant pour ainsi dire *à vide*. Il existe du religieux un savoir commun de l'humanité comme il existe une connaissance commune de la moralité[1]. Les langues, les livres, les monuments, les pratiques constituent un ensemble vivant que la raison ne peut prétendre modifier – mais sur lequel, à partir de ses lignes intérieures, elle peut prétendre porter un jugement apodictique. On remarquera alors que derrière l'orientation éthique sans doute prépondérante se profile un horizon sociologique. La raison, même si elle affiche sa préférence pour le message éthique le plus pur, n'est pas interdite d'objectivité devant ce champ culturel immense. En somme elle doit rechercher son Idéal à l'intérieur d'elle-même en s'appuyant sur l'histoire en général. Mais du même coup en proclamant son souci de juger à partir de ses lignes intérieures, la philosophie établit sa stratégie par rapport à la censure.

§ 2 La malédiction de la censure s'était abattue sur les États soumis à Frédéric le Grand. Un aussi modeste correspondant de Kant que Plessing s'alarmait le 15 mars 1786 de la prochaine disparition du grand roi, qui protégeait la liberté de penser. Le successeur du roi était un homme peu lucide, nerveux, se plaisant davantage aux mystères qu'à la lumière de la raison. Devenu maître de la Prusse il fit proclamer par les soins de Wöllner le nouvel « Édit de censure pour les États prussiens ». Celui-ci ne prit vraiment de la vigueur qu'avec l'institution de la « Commission d'examen immédiat » (14 mai 1791). Mais le moment culminant fut un ordre du Cabinet nommant à cette commission deux hommes, moins appréciés pour leur ouverture spirituelle que pour leur obstination bornée : Hermes et Hillmer. Cet ordre du Cabinet du 1er septembre 1791 était dans

---

1. Comparer avec les *Fondements de la métaphysique des mœurs*, 1re section (éd. A. Philonenko).

le fait, que la chose fut consciente ou non, une véritable pro-
vocation. C'est à ces personnages que Kant devait avoir affaire.

Il est utile à ce propos de considérer la genèse de *La
Religion*. A l'origine Kant n'ambitionnait pas de composer un
livre. Il s'était engagé à publier quatre longs articles dans la
revue de son ami Biester. Tout se passa bien, si l'on ose dire,
pour le premier article, puisqu'il fut approuvé par Hillmer qui
accorda l'*Imprimatur*. Ce censeur estimait que Kant n'avait rien
fait d'autre qu'approfondir une question morale sans s'aven-
turer dans le domaine de la théologie biblique (ou encore
statutaire). Ce sentiment n'était pas dénué de fondement. D'une
manière très générale on peut concevoir qu'en traitant du
problème du mal le philosophe n'avait pas vraiment touché le
problème religieux, bien que la question de l'*origine* du mal
eût été traitée d'une manière peu conforme à l'orthodoxie. Mais
il n'en alla pas de même pour le second article en lequel Kant se
prononçait sur l'orientation de la christologie. Cette fois
l'*Imprimatur* fut impitoyablement refusé[1].

Il existait pour Kant une voie de salut. Prudent, Biester
avait transféré le siège de sa revue à Iéna, où les diktat de la
censure prussienne étaient sans effet. Dès lors le philosophe,
fort de sa grandeur, pouvait songer à combattre les inter-
dictions. C'est une attitude dont on connaît d'illustres exemples. Mais Kant a manifestement voulu agir autrement et s'est
acharné à obtenir l'*Imprimatur*. La raison n'en est pas à
rechercher dans une obstination sourde et encore moins dans le
désir de se venger d'une vexation. Le principe fondamental qui
dicte la démarche de Kant ne procède même pas du souci de
faire équilibre à la censure prussienne – il aurait aussi bien pu
établir cet équilibre en continuant à publier dans l'intouchable
revue de Biester. S'il n'a pas cherché à contourner la censure, de
l'extérieur ou de l'intérieur, c'est parce qu'il juge que « Toute
autorité vient de Dieu »[2]. Dans la *préface* de la première
édition, il rappelle que « le commandement : Obéis à l'autorité

---

1. W. Dilthey, *Der Streit Kants mit der Censur.*, Archiv für Geschichte
der Philosophie, Bd. III, Berlin, 1890.

2. *Doctrine du droit* (éd. A. Philonenko), p. 201.

est moral » et qu'un traité consacré au concept de la religion doit « donner lui-même un exemple de cette obéissance »[1].

Pour faire revenir la Commission sur sa décision Kant entreprit d'abord de rédiger le traité en son ensemble et le soumit pour *approbation* à une Faculté prussienne de théologie – peut-être à celle de Königsberg. Nous ne sommes pas entièrement éclairés sur ce point et les grands interprètes de Kant du début du siècle se sont divisés[2]. Pourquoi à une faculté de théologie ? Essentiellement afin d'obtenir une adhésion, prouvant qu'il n'avait pas – contrairement à ce que pensaient Hermes et Hillmer – empiété sur le domaine de la théologie biblique. Kant s'adressa ensuite à une Faculté prussienne de philosophie qui lui décerna l'*Imprimatur*. Il est, en dépit de certains points obscurs, vraisemblable qu'il fit appel à la Faculté de philosophie de Königsberg[3]. Le sens de cette démarche était clair. Sans vouloir opposer les pouvoirs publics les uns aux autres, Kant voulait voir fonctionner la possibilité d'un appel, et que le tribunal de la censure fût appelé à réviser son jugement au vu de celui d'un tribunal éclairé et compétent, en l'occurrence l'Université prussienne. Dans toute cette affaire Kant a montré qu'il avait plus de sens de l'État que ses censeurs bornés.

Il semble tout à fait impossible de dire si en cette démarche soumise à l'autorité, Kant ne fut pas influencé, et si la *Religion* ne perdit pas quelque audace, car il faut bien convenir avec E. Troeltsch[4] que souvent l'analyse kantienne manque de vigueur et rejoint *volens nolens* le niveau de la critique de Hume et de Voltaire. – Il se peut aussi que Kant, qui fait allusion à son grand âge[5] n'ait plus possédé toute sa vigueur. Mais le plus clair pour l'interprète est que la révision du projet

---

1. *Die Religion,* AK, VI, 8.

2. E. Arnoldt, *Beiträge zu dem Material der Geschichte von Kants Leben und Schriftstellerthätigkeit im Bezug auf seine Religionslehre*, Berlin, 1888.

3. Nous croyons avec Dilthey que toute la procédure s'accomplit, en ce qui touche l'*Imprimatur*, à la faculté de philosophie de Königsberg.

4. E. Troeltsch, *Das Historische in Kants Religionsphilosophie*, Kant-Studien, 1904.

5. *Die Religion*, AK, VI, 13.

initial – les quatre articles destinés à la revue de Biester – a nécessairement entraîné des difficultés insurmontables. La *Religion* n'était pas au début comprise comme un *traité*, mais plutôt comme une libre réflexion relevant de la *philosophie populaire*. Kant insiste lui-même au terme de la seconde *préface* sur deux points. D'une part répondant à un obscur critique il déclare sans réserve qu'il n'est pas utile de connaître la *Critique de la raison pratique* et encore moins *celle de la raison spéculative*. C'est bien de la philosophie populaire, dont se distingue fondamentalement le Corpus transcendantal. Au mieux la *Religion* rejoint les *Parerga* de la philosophie critique. Ce qui procure, il est vrai, une mince consolation : la faillite de la pensée religieuse de Kant n'ôterait rien à la solidité de l'édifice critique. D'autre part l'auteur de la *Critique de la raison pure* insiste sur la laxité du vocabulaire employé. S'agit-il de l'expression *virtus phaenomenon* ? elle n'est employée que pour l'École et l'instruction religieuse dit les mêmes choses avec des mots différents[1]. Ces aveux étaient aussi logiques et compréhensibles à l'intérieur d'un conflit avec la censure, modifiant la visée initiale, qu'embarrassants. – C'est que Kant a déterminé d'une toute autre manière la *Religion* dans sa lettre à Stäudlin du 4 mai 1793. Il a reformulé les grandes questions de la philosophie transcendantale. D'une part la *Critique de la raison pure* devenait la réponse à la question : Que puis-je savoir ? D'autre part la *Critique de la raison pratique* se limitait à la question : Que dois-je faire ? et c'est à la *Religion* qu'il appartenait de répondre à la question : Que puis-je espérer ? L'inventeur de la philosophie critique ne s'en est pas tenu là : il a indiqué expressément que la *Religion* constituait la « troisième partie de son plan »[2], ce qui était cohérent dès lors qu'il réservait à ce travail la résolution de la troisième grande question critique.

On ne sait dès lors à quel niveau situer la *Religion*. D'une part elle tend vers la philosophie populaire comme *parergon* du Corpus transcendantal et on le comprend si l'on tient

---

1. *Ibid.*, AK, VI, 14.
2. AK. Bd. XI, p. 492.

compte des pesanteurs exercées malgré tout par la censure. Mais d'autre part la lettre à Stäudlin nous oblige à voir en la *Religion* un moment essentiel de l'édifice transcendantal.

Comment résoudre cette contradiction ou réduire cette tension ?

I

L'AMBIGUÏTÉ DE LA RELIGION – THÉORIE DE L'ESPÉRANCE – LA SYNTHÈSE NÉGATIVE

Il convient de méditer sur la question de la *Religion*

§ 3 – Si l'on considère la question qui intéresse fondamentalement la *Critique de la raison pure,* on se trouvera forcé de convenir qu'elle ne peut être ni posée, ni résolue dans le cadre d'une philosophie populaire. Tout au contraire c'est en repoussant toute philosophie populaire qu'on peut espérer parvenir à une juste solution du problème, et c'est pourquoi Kant n'a pas hésité à dire de la philosophie transcendantale spéculative qu'elle ne serait jamais populaire. Comment la science physico-mathématique, fondée sur la grandeur intensive[1], comme principe de constitution infinitésimale de l'objet et s'opposant de ce fait à la perception commune pourrait-elle avoir une valeur pour un point de vue rattaché à cette dernière ? Mais l'objet de la *Religion* est tout autre et bénéficie d'un statut exceptionnel – comme le devoir. *L'espérance* n'oppose pas *techniquement* philosophie transcendantale et philosophie populaire ; au contraire elle touche à l'une et à l'autre. Objet de réflexion pour le philosophe critique, l'espérance est vécue dans le cœur le plus simple. Certes la question de l'espérance devra se diversifier en s'articulant. Ainsi il ne suffit pas de savoir *ce que* je puis espérer mais aussi *si* je puis espérer. Serait-il sage de poser la question : Que puis-je espérer ? dans une philosophie qui au moins sous l'aspect pragmatique, établirait les fondements du désespoir ?

---

1. H. Cohen, *Kants Theorie der Erfahrung*, 3ᵉ éd. Berlin, 1918.

Il y a dans la réflexion sur l'espérance par conséquent, vue de très haut deux et non pas une, questions. La première est ainsi formulée : Puis-je espérer ? et la seconde, qui bien évidemment s'enchaîne à la précédente : Que puis-je espérer ? Il convient de préciser que l'espérance possède une certaine historicité : Quel est le temps où l'espérance peut se manifester dans une profondeur à la fois naïve et raisonnable ? Comme on le verra Kant ne juge pas que toute époque soit propice au déploiement fondamental et fondateur de l'espérance. Mais l'espérance doit aussi posséder ses moyens, pour ne pas se dissoudre en une rêverie inefficace. Dès lors la constitution et l'élaboration de la *Religion* comme théorie de l'espérance s'organisent. Il convient en premier lieu d'établir si le discours sur l'espérance est insensé ou cohérent. Si l'on suppose, par exemple, que l'homme est au point de vue de la morale et de la religion, un être voué au désespoir le plus affreux et le plus *définitif*, il sera évident que la doctrine de l'espérance devra s'en aller à l'abîme. En revanche si l'on parvient à établir que l'homme ne s'est pas définitivement perdu, on pourra souffler sur les braises de l'espérance. Toute la doctrine du *mal radical* contenue en la Ire dissertation vise à établir l'exacte proportion de *désespérance* et d'*espoir*. Supposons l'homme *absolument* devenu étranger à soi dans la dialectique du mal, se perdant même dans la *méchanceté,* alors il sera clair que la réflexion philosophique devra s'arrêter en ce point. Mais si l'homme n'est pas perdu, la philosophie de l'espérance ne sera pas vaine. L'espérance, sans doute, a besoin de béquilles, si l'on ose parler de béquilles en matière de religion. Le difficile problème qui se présentera ici sera celui de la *conversion* et de la *justification,* moments essentiels de la IIe partie. Ne dois-je point m'abandonner au désespoir si je vois que mon passé, ma dette, mes péchés ne sont point abolis par ma conversion (*Wiedergeburt*) et que je dois toujours trembler devant le Juge suprême... ? On dira : à quoi bon ? Pour ancrer l'espérance il faudra comprendre raisonnablement en quelle mesure la *Wiedergeburt* peut dans la sainte résolution du cœur abolir l'aporie. – Mais ces conditions réunies il faudra accomplir deux tâches. D'une part et c'est l'objet de la IIIe partie, il sera

nécessaire de situer l'espérance dans l'histoire et plus particulièrement dans l'histoire religieuse. Enfin la IVe partie sera
critique, au sens usuel du terme, tandis qu'elle s'efforcera de
détourner l'espérance des différentes modalités de la superstition. C'est alors que l'on comprendra peu à peu que, pouvant
espérer je peux espérer en quelque chose qui n'est que ma
liberté morale et spirituelle.

§ 4 – Dans ces conditions la théorie du mal radical doit
servir d'introduction à la théorie de l'espérance.

Il convient de l'aborder dans un esprit de rigueur.

La rigueur consiste à éviter les doctrines des latitudinaires.
Le latitudinaire, que ce soit par neutralité et alors il se réfugie
dans la pensée indifférentiste, que ce soit par coalition et alors
il se replie dans le syncrétisme[1], ne permet jamais à l'esprit de
se prononcer. Dans le bien ou dans le mal, il découvre des
moments qui sur leurs confins se neutralisent. Il en résulte tout
le contraire de ce que le latitudinaire espère : loin de chasser
l'angoisse, il l'injecte à nouveau dans le cœur toujours plus
saisi par *l'inquiétude* quant au sens des actions humaines.
Dans le premier moment on peut penser que l'indulgence
latitudinariste conforte le cœur humain. Mais on ne tarde pas à
s'apercevoir que toutes les cartes sont brouillées et encore une
fois c'est une véritable angoisse qui étreint l'âme. Mieux vaut
la chirurgie éthique ! Kant a délibérément adopté cette *méthode.*
Il a voulu traquer le mal sans pitié. Car c'est seulement lorsque
le mal aura été déterminé avec rigueur que l'on pourra décider
si l'espérance est concevable. Aussi ayant débuté en opposant
l'optimisme philosophique – de Sénèque à Rousseau[2] – et le
pessimisme, si répandu même dans les religions[3], il définit

---

1. Cf. *Die Religion*, AK, VI, 22, *Eine Vorlesung über Ethik* (Paul Menzer
ed. 1924), p. 93, AK. Bd. IX, p. 55. Cf. Baumgarten, *Ethica*, § 4. Cet
important prédécesseur de Kant parle d'une *ethica rigida,* ajoutant « *quo
severior ethica est, hoc perfectior* ». La rigueur exigée par Kant repose sur
une formule de la *Critique de la raison pratique* : « Le premier devoir d'un
philosophe est d'être conséquent... » AK. Bd., V, p. 24.

2. *Die Religion*, AK, VI, 20.

3. *Ibid.*, AK, VI, 19.

méthodiquement le mal comme *grandeur négative,* c'est-à-dire comme autre chose qu'une absence de bien[1], définition qu'on trouve chez Leibniz et plus loin encore chez saint Thomas. Il s'ensuit que le mal, grandeur négative, et le bien, grandeur positive, ne peuvent admettre en la morale un moyen-terme, qui serait un indifférent au sens stoïcien. On ne pactise pas avec le mal ou plus justement encore, la tendance à pactiser avec le mal relève déjà du mal. Schiller n'a pas aperçu l'orientation méthodique kantienne, tandis que se déclarant souvent en accord avec l'auteur de la *Critique,* il qualifiait de « dureté » une rigueur absolument nécessaire[2]. A dire le vrai en lisant les pages de l'auteur de *L'éducation esthétique de l'homme,* on a le sentiment qu'il n'a pas vu l'enjeu profond du débat : la possibilité ou l'impossibilité de l'espérance[3]. L'intervention de l'esthétique dans un débat engageant la *destination* de l'homme était inopportune, même si dans le champ anthropologique, le goût peut être considéré comme « le phénomène de la moralité ». Schiller se voulait « rigoriste » sans renoncer au charme de la nuance esthétique. Kant, qui savait quel prix il devrait payer pour son prétendu « ascétisme monacal »[4] a choisi la voie sévère. En tout état de cause dans une addition de la 2ᵉ édition, il n'a laissé planer aucun doute : « Et si l'on demande maintenant : De quelle nature est le caractère *esthétique,* en quelque sorte le *tempérament* de la *vertu :* *Courageux* donc *joyeux,* ou abattu par la crainte et découragé ? Eh bien, une réponse est à peine nécessaire ». Kant ajoute que la disposition servile suppose une haine cachée de la loi et nous pouvons résumer la suite de sa remarque en disant qu'au contraire le cœur joyeux implique un amour de la loi. Par là même l'orientation méthodique qu'on voulait réduire se

---

1. Cf. *L'essai pour introduire en philosophie le concept de grandeur négative.*

2. Cf. Schiller, *Ueber Anmut und Würde* (in Schillers Sämmtliche Werke (Vollständig in vier Bänden), *mit Einleitungen von K Goedeke,* Stuttgart, Cotta), SW. Bd. IV, p. 454 et 478-479.

3. Cf. *Die Religion I,* AK VI, 48 *sq.*

4. Kant, *Doctrine de la vertu,* éd. A. Philonenko, Paris, Vrin, p. 163 dans l'éd. de 1996.

renforce. L'opposition du mal et du bien se prolonge dans l'opposition de la haine et de l'amour de la loi morale.

Quand il s'agit de la possibilité de l'espérance les états d'âme sont déplacés.

Quelles sont les raisons s'opposant à l'espérance et conduisant au désespoir?

§ 5 – C'est presque une habitude chez Kant : il attaque dans la force de l'adversaire.

Qu'en est-il donc du vice? Le vice ne doit pas, selon la philosophie morale kantienne, être limité aux actions que nous pouvons constater, mais qu'il nous sera toujours impossible de juger en profondeur. Il faut remonter aux *maximes* qui le dictent et qui s'appuient sur l'intention morale intérieure. Une classification ne sera pas ici inutile. L'intention peut déterminer des maximes suivant les dispositions de l'homme à l'*animalité*, à l'*humanité*, à la *personnalité*[1].

Les deux premiers moments seuls peuvent abriter et développer le vice.

Dans l'*animalité* Kant dévoile « l'amour de soi physique » – qui comprend d'une part le souci de la conservation de soi-même, d'autre part l'instinct sexuel, enfin l'instinct de société. – Sur cette disposition des vices peuvent se greffer *(gepfropft werden)* ce qui revient à avancer les propositions suivantes. En premier lieu l'animalité n'est pas par elle-même une disposition vicieuse, même si la sexualité dans la mesure où elle nous rapproche de l'animal au sens strict nous semble chose honteuse[2]. La sexualité elle-même, comme moment cardinal de l'animalité, est une disposition qu'il serait légitime de considérer comme *neutre* et dans tous les cas pas plus condamnable que la *nature* en sa diversité. En second lieu l'animalité, même considérée comme mauvaise, livrerait *trop peu* pour expliquer le mal en l'homme[3]. C'est une des thèses les plus fondamentales de la pensée kantienne. Contrairement à

---

1. Sur la signification ontologique de la responsabilité, cf. A. Philonenko, *Études kantiennes (Kant und die Ordnungen des Reellen)*.

2. *Die Religion*, AK, VI, 80.

3. *Ibid.*, AK, VI, 34-35.

beaucoup de ses prédécesseurs Kant s'interdit de situer dans *la sensibilité en général,* le motif fondamental de la perversion humaine. Aussi la mortification des sens lui paraît-elle une erreur. Ce n'est pas dans la sensibilité que réside la source du mal, mais bien plutôt dans l'*appréhension* morale ou immorale que l'homme fait de celle-ci. Aussi ne conviendrait-il pas de dire que l'animalité est *pré-disposition* au vice; elle n'est qu'une *disposition* en elle-même saine – s'il en était autrement il faudrait expliquer comment Dieu a pu créer l'homme non seulement *fini,* mais encore *mauvais*! Tout dépend de la manière dont l'homme s'appréhende. En troisième lieu – nous examinerons plus loin l'appréhension de l'homme par soi – Kant commence à utiliser une terminologie dont on a assez souvent méconnu la signification. Il écrit que les vices peuvent *se greffer* sur la disposition. La greffe est à entendre dans le sens précis que lui confère la philosophie biologique. Sur la disposition naturelle se greffe tel vice et cela signifie que si la disposition est *essentielle,* le greffon n'est que *par accident.* Le mal *radical* sera d'abord un mal qui pousse ses *racines* dans le cœur de l'homme, racines qui pourront ou non être extirpées. Là se situera le débat entre l'espérance et le désespoir : si l'on dit que le mal ne peut être extirpé *(nicht ausgerottet werden kann)*[1], il ne restera qu'une *philosophie du désespoir.* Il faut bien apercevoir les données : d'une part la disposition est neutre et en aucun cas, chez Kant, on ne peut parler d'une disposition au mal. Dans son appréhension de soi l'homme greffe sur cette disposition le mal, radical en tant qu'il a des *racines* et ceci relève de l'ordre du *penchant (Hang, propensio)*[2]. Mais la connexion n'est pas essentielle, bien que, comme il arrive souvent dans l'accidentel, les éléments soient tellement endommagés qu'on puisse avoir le sentiment que « l'homme est mauvais par nature ». Le problème de l'espérance ne sera pas seulement par conséquent éthique – juger si oui ou non l'homme en son essentialité peut espérer – mais aussi

---

1. *Ibid.,* AK, VI, 31, ligne 36.
2. Baumgarten, *Metaphysica.* p. III. C.I.S. XXII, §. 732, cf. AK. Bd. XVII, p. 139. – Cf. J. Bohatec, *op. cit.,* p. 244.

pragmatique : dans quelle mesure et comment peut-on extirper les racines du mal[1]? En quatrième lieu Kant indiquant les vices qui peuvent se greffer sur cette disposition ne se soucie guère d'originalité. Comme l'a relevé J. Bohatec il semble suivre la *Sittenlehre der Vernunft* d'Iselin en dénonçant à son tour les vices bestiaux de l'intempérance, de la lascivité, de l'anarchie effrénée dans les rapports avec les autres hommes.

Les vices qui pourront se greffer sur la disposition à l'*humanité* ne supposent pas une analyse fondamentale distincte. Que la vie de l'homme parmi ses semblables soit, comme l'avait si profondément vu Rousseau, la quête acharnée d'une supériorité, au demeurant illusoire[2], Kant en était le premier convaincu. Mais poussés à l'extrême ces vices sont *diaboliques*[3]. Dans la parenthèse qui se trouve à la fin de la définition de la disposition pour l'humanité, Kant dit que ces vices « ne sont... que l'Idée d'un maximum de mal qui dépasse l'humanité ». – Pour bien comprendre cette précision fondamentale, il faut se reporter sans doute à la dialectique sociale exposée par Kant en 1784 dans l'écrit intitulé *Idée pour une histoire universelle au point de vue cosmopolitique*. L'auteur de la *Critique* montrait comment l'interaction des vices se révélait une opération de *neutralisation* en laquelle les tendances égoïstes se limitaient réciproquement de telle sorte qu'une « totalité morale extorquée » voyait le jour. Dans la *Religion* le point de vue n'a pas sensiblement évolué, en ce sens que Kant voit dans l'envie, la soif de pouvoir et la cupidité[4] les puissants ressorts égoïstes qui sont à l'œuvre dans la constitution de la société civile et le commentaire de la disposition à l'humanité, s'il insiste sur la dialectique de la supériorité, n'apporte rien de nouveau. – En revanche et c'est le sens profond de la parenthèse, la disposition à l'humanité est ce sur quoi peuvent se greffer les vices *diaboliques*. Ces vices

---

1. *Die Religion*, AK, VI, 17.

2. On sait que Kant a prétendu que Rousseau l'avait désabusé du sentiment de supériorité des « intellectuels ».

3. *Die Religion,* AK, VI, 27, lignes 25-28 : « teuflische Laster ».

4. *Die Religion*, AK, VI, 93, ligne 27 ; 94, ligne 1.

ne résultent pas de la disposition, mais peuvent s'enraciner en elle – mais comment ne pas voir l'étrangeté de l'affirmation ? Ce n'est pas comme on aurait pu s'y attendre au niveau de la disposition suprême que le diabolique peut s'enraciner, c'est seulement au niveau intermédiaire, en l'homme considéré comme une créature limitée et imparfaite comme le montre à l'évidence sa soumission plus ou moins volontaire aux passions.

Il faut donc énoncer clairement la conclusion de ces remarques : si l'homme en quelque manière ne dépasse pas l'homme, alors le règne du diabolique est fondé, en même temps que la *logique du désespoir* trouvera son sol et que toute philosophie de l'espérance s'effondrera. A moins qu'il n'y ait en l'homme quelque chose qui le passe, l'Idée d'un maximum du mal l'emportera.

Or il y a quelque chose qui en l'homme passe l'homme et c'est la raison pratique étroitement liée à la liberté morale. La disposition *à la personnalité*[1], c'est-à-dire l'aptitude à exister comme un être moral, aptitude suscitée par le respect pour la loi d'une part[2] et le remords d'autre part[3], désigne une disposition sur laquelle « ne peut être greffé absolument rien de mauvais »[4]. En un mot je découvre avec amertume la possibilité de l'espérance dans le *reproche* que m'adresse la conscience éthique. L'espérance n'est, d'un point de vue psychologique, en aucune façon quelque chose d'agréable. J'espère pour autant que je puis me juger. Si le poignant remords pouvait jamais s'évanouir, alors il faudrait désespérer de toute espérance. Mais aussi longtemps que subsiste ce sentiment qui me dépasse en me rattachant à la communauté des êtres raisonnables dans l'ordre des fins, le principe d'espérance demeure cohérent. Dans la théorie de l'espérance, en son moment synthétique, Kant ne

---

1. *Ibid.*, AK, VI, 27-28.

2. *Ibid.* « L'homme, même le plus mauvais, quelles que soient les maximes dont il s'agit ne renonce pas à la loi morale, en quelque sorte en rebelle... ». AK, VI, 30, lignes 1-3.

3. Qu'il faut ici distinguer de la crainte superstitieuse.

4. *Ibid.*, AK, VI, 27, ligne 37.

retient pour fondement que la conscience de la loi dictée par la
raison pratique qui s'y identifie comme à la liberté.

A cela deux remarques doivent s'ajouter. La première est
que la raison pratique ne peut jamais être pervertie[1]. On peut
seulement chercher à ne pas entendre sa voix. Comment
apprécier cette première thèse? Que l'homme puisse faire un
usage pervers de la raison, Kant l'admettrait sans doute et la
dialectique transcendantale nous le montre suffisamment au
niveau théorique déjà. Mais il faut bien reconnaître que
l'auteur de la *Critique,* dès qu'il pénètre dans le domaine
éthico-religieux, retrouve la grande coupure cartésienne entre
raison et folie. On peut, d'un point de vue évidemment
psychologique et anthropologique, « perdre » la raison; mais
la raison perdue n'est pas encore une raison pervertie en
elle-même. La perte désigne un rapport extrinsèque; en revanche la perversion signifie un rapport intrinsèque que Kant
relègue parmi les impossibilités métaphysiques. – La seconde
remarque découle de la première : si la raison ne peut être
pervertie, comme la disposition à l'animalité par exemple, il
s'ensuit qu'elle peut être le point de départ d'un effort visant à
purifier toutes les dispositions en extirpant les racines du mal.
Sans la raison pratique le mal *radical* serait *définitif.* Mais le
mal n'a fait que pousser des racines et on arrache des racines.
L'homme en sera-t-il capable par lui-même? Ne devra-t-il pas
s'appuyer sur un exemple supérieur et croire en une intervention transcendante? L'espérance en cette seule interrogation
déploie le champ du religieux.

§ 6 – Mais il convient d'approfondir notre réflexion en
cherchant à comprendre comment l'homme s'appréhende.

Kant va donc logiquement traiter du *penchant* au mal.

Là encore il semble avoir été mal compris.

Un penchant n'est jamais qu'un *fondement subjectif* et
nullement un *principe objectif* comme peut l'être, par exemple,
la catégorie. Le penchant appartient à la sphère de la *subjectivité ;* la catégorie relève du monde de *l'idéalité*[2]. C'est

---

1. *Ibid.,* AK, VI, 35.
2. E. Cassirer, *Substanzbegriff und Funktionsbegriff,* Berlin, 1923.

pourquoi ce serait chose vaine et illusoire que de prétendre *extirper* une catégorie ; ce serait vouloir que 2 + 2 ne fasse pas 4 ; la catégorie est *idéale* et *objective-objectivante* : elle est *a priori.* En revanche un penchant est toujours subjectif et aussi nécessaire que peut l'être la subjectivité bien entendue : c'est-à-dire pas du tout. Voilà pourquoi Kant le dira inné, non pas *a priori,* manière de dire qu'il a été *contracté,* qu'il ne dépend pas d'une raison, mais d'un fait en lui-même absolument contingent. – Il est vrai que si avec Schelling on veut voir en la philosophie kantienne un *subjectivisme,* on ne peut plus distinguer l'essentiel et le contingent, l'*a priori* et l'inné, l'idéalité et la subjectivité. Il ne reste alors, tout se trouvant confondu, qu'à envisager l'idée d'une *liberté* (et non plus seulement un *penchant)* pour le mal, ce qui suppose l'indémontrable perversion de la raison pratique, car on ne voit pas comment une raison pourrait établir sa perversion [1].

Le penchant au mal dans la nature humaine nous fait assister à la manière dont l'homme s'appréhende face au devoir et à la tentation. Comme les théologiens de son temps Kant distingue trois niveaux. Il est à peine besoin de commenter le premier de ces niveaux et qui est celui de la *fragilité.* L'auteur de la *Critique* cite saint Paul (*Rom,* 7, 15-26). Être fragile c'est vouloir sans avoir la force d'agir, sans être capable de mobiliser toute son énergie pour répondre à la décision de la volonté [2].

Le second niveau est celui de l'*impureté.* Kant avait déjà dans la *Critique de la raison pure* indiqué que celle-ci caractérisait l'homme. L'impureté ne doit pas hâtivement être entendue comme souillure ou dissimulation. C'est le sens chimique qui doit être retenu en premier lieu. L'homme n'est pas un métal pur. D'une part il écoute le *dictamen* de la conscience morale – peut-être parce que, comme le suggère la dialectique du remords, il ne peut faire autrement. D'autre part il écoute la voix de ses intérêts et de ses passions. Le tout se précipite dans une synthèse alchimique et dire que l'intention

1. Schelling, Sämmtliche Werke (Schröter) Bd. IV, p. 223 *sq.*
2. *Die Religion,* AK, VI, 29.

est impure, c'est souligner qu'elle est faite d'un métal indéfinissable, qui n'a ni la pureté de la loi morale, ni celle de la passion. Aussi voit-on que l'impureté consiste d'abord dans l'opacité de la conscience[1]. Opacité qui n'est pas seulement pour autrui, mais pour elle-même. Dans les *Fondements de la Métaphysique des mœurs,* Kant insiste fortement sur ce point en faisant dire au « Saint de l'Évangile » lui-même que seul Dieu, scrutateur des cœurs, peut regarder l'abîme des consciences et que par conséquent il ne saurait être appelé par un homme : « Bon maître »[2]. Il suit de là qu'autrui ne saura pas non plus distinguer si mon action est uniquement faite par devoir ou conforme seulement au devoir.

Mais la réflexion doit encore avancer. En droit, seule la loi morale devrait valoir comme motif. L'être éthique en son existence pure ne doit avoir d'autre principe déterminant de ses actions que précisément le *dictamen* de la conscience morale. Veut-on lier le commandement de la loi à d'autres motifs, on en fait un principe parmi d'autres, on lui ôte sa supériorité et sa pureté. Et c'est dire qu'on en *inverse* le sens. *Psychologiquement* cette inversion s'explicite dans le fait qu'on subordonne le commandement éthique pur à la loi d'autres motifs, qu'on recherche, même dans les plus belles actions par exemple, l'amour de la gloire au lieu de l'obéissance éthique pure. La psychologie ici est *édifiante.* Mais *métaphysiquement* elle ne fait que développer la conséquence originaire et qui consiste dans le fait – comme *Faktum* – que le motif moral a été rabaissé jusqu'à n'être qu'un motif parmi d'autres. L'inversion métaphysique – l'unique motif devient un motif parmi d'autres – se prolonge par suite nécessairement en inversion psychologique, si sensible et si vive. Mais l'on voit comment en son apparente neutralité, l'*impureté* se prolonge en une inversion des maximes. L'éthique kantienne est conçue sous le régime du tout et du rien, comme nous l'a enseigné une brève réflexion sur la grandeur négative. Si donc la loi morale n'est pas le seul motif au nom duquel on puisse « parler aux âmes », on se

---

1. Kant, AK, Bd. III, p. 489.
2. Voir le commentaire d'A. Philonenko, in *Fondements,* etc., p. 78.

trouve être *latitudinaire*. On pourrait ajouter que Kant précisément parce qu'il formulait l'éthique sous ce régime, n'a pas eu besoin de recourir à des exemples d'inversion massifs. Ceux-ci sont nombreux et il ne les ignore pas. Mais il lui a suffi d'indiquer ici la différentielle d'impureté. L'intégration des différentielles d'impureté n'apportera rien qui soit philosophiquement différent.

Donc l'homme s'appréhende dans l'inversion et cette inversion est une perversion.

Métaphysiquement le troisième niveau dans le penchant au mal, c'est-à-dire la *méchanceté,* n'apporte rien de nouveau structurellement par rapport à l'impureté. Psychologiquement on peut penser qu'il y a quelque chose de nouveau. En effet, l'inversion qui s'opère dans la demi-conscience de l'impureté est à ce niveau pleinement lucide : « On peut l'appeler aussi la perversité *(perversitas)* parce qu'elle inverse *(umkehrt)* l'ordre moral eu égard aux motifs du libre-arbitre »[1]. Kant déclare qu'alors « la manière de penser (relativement à l'intention morale) est corrompue en sa racine et que c'est pour cette raison que l'homme est dit mauvais »[2].

L'historien de la philosophie kantienne sera toutefois ici plus circonspect. Que tels soient les niveaux ou degrés dans le penchant au mal, il n'en disconviendra pas. En revanche il s'interrogera sur l'homme et ses capacités à s'élever, si l'on ose dire, au niveau suprême. – Que l'homme soit *fragile* l'apôtre l'atteste suffisamment. Que l'homme soit impur et en un sens confus, s'appréhendant sur le mode de ne pas s'appréhender dans la mesure où il ne cherche pas à être autre chose qu'un dosage mal équilibré de la vertu et des intérêts étrangers à la loi morale, – voilà qui est encore compréhensible (en première analyse du moins). Mais, en revanche, que l'homme soit *mauvais* au sens de méchant, Kant semble en douter. Il faut en effet se représenter dans une clarté que rien n'obscurcit l'existence déterminée à ce troisième niveau du penchant au mal. Elle aurait sa *logique* – ce que l'impureté ne possède pas –

---

1. *Die Religion*, AK, VI, 30.
2. *Ibid.*, AK, VI, 30.

et cette logique, résultat d'une inversion ultime, consisterait à vouloir le mal pour le mal. Le motif serait en cette logique la volonté de nier l'obligation imposée par la raison morale. En littérature nous savons que cela se peut – mais dans la vie? N'oublions pas combien nous sommes souvent songeurs devant une *mauvaise* action. Comme la vue d'un cadavre nous rend brusquement sérieux. Mais ce sérieux s'épuise dans la pénible recherche d'explications dont nous voulons qu'il s'en trouve au moins une de correcte. Le mal pour le mal nous déconcerte à tel point que nous ne l'évoquons pas. Le mal pour le mal suppose selon Kant deux conditions. La première est que la raison soit inversée et pervertie et si l'on peut écrire ces mots, on ne saurait en revanche en concevoir le sens. Mais outre la raison pervertie il faudrait que chez le sujet qui, pour son malheur, a dépassé les terres de l'impureté, se rencontre une chose tout aussi inconcevable : la pure intention du mal, transcendant non seulement le commandement moral, mais aussi tous les motifs de la *prudence*, du plaisir et de la simple volupté. Il était légitime qu'incapable de découvrir chez l'homme une vie guidée sur la droite intention, Kant hésitât à reconnaître la possibilité d'une vie appuyée sur le mal seul. L'eût-il acceptée, il lui aurait fallu reconnaître droit de cité à la philosophie du désespoir et s'embarrasser en une antithétique – celle de l'espérance et du désespoir – en laquelle il ne croyait pas. En effet une « volonté absolument mauvaise »[1], c'est trop pour l'homme, de même que la sensibilité renferme trop peu pour expliquer sa mauvaise vie. Si l'on voulait s'en tenir à la volonté absolument mauvaise, il faudrait non seulement justifier la logique du mal et la fonder en son socle, la philosophie du désespoir, mais il serait aussi nécessaire de limiter le sens du terme *diabolique* à cette incompréhensible intention[2].

Aussi l'homme ne peut-il s'appréhender dans le diabolique. On ajoutera que le diabolique est sans cesse tenté par le bien. Quel est le bourreau qui peut dire n'avoir jamais éprouvé aucun

---

1. *Die Religion*, AK, VI, 35, lignes 21-22, « ein schlechthin böser Wille ».

2. *Ibid.*, AK, VI, 35.

remords ? La logique du mal *absolu* – et non pas *radical* – se heurte *mutatis mutandis* au niveau de la psychologie aux mêmes apories que la logique du bien. La pure et sainte obéissance à la loi morale, sans le moindre doute, dans la transparence céleste d'une conscience pure n'est pas plus problématique que la respiration droite et sans faille de l'esprit au sein de la logique du mal[1].

Il s'ensuit que l'homme s'appréhende sur le mode de ne pas s'appréhender – tout étant si confus – dans l'impureté. Cette dernière ne connaît pas de clairs sentiers. Sans doute la voix du devoir se fait-elle entendre. Mais d'autres voix aussi. La religion peut alors apparaître comme un guide à deux niveaux. D'une part dans le brouillard de l'impureté elle peut ranimer les braises de l'espérance. D'autre part elle peut suppléer à la pure morale. Mais afin que cela se fasse en ordre, il faut qu'elle ait subi l'examen philosophique. Certes la morale n'a pas dans la rigueur métaphysique besoin de la religion, mais cette dernière, sage et consolante, peut lui ouvrir les portes du monde. – On ajoutera que l'*impureté* de l'homme complique tout.

§ 7 – Kant n'a pas inventé l'expression : *mal radical.*

On la trouve chez Baumgarten[2].

L'adjectif *radical* ne doit pas nous conduire à regarder dans le mal une simple limite, un peu à la manière leibnizienne *(limitatio radicalis).*

Le mal radical est une *grandeur négative* et, inné, peut être arraché à titre de *peccatum radicale*[3].

Donc le mal radical n'est pas définitif, et une philosophie de l'espoir est concevable[4].

Encore faut-il écouter l'expérience.

Or la leçon de l'expérience qu'on ne saurait négliger est double. D'une part l'expérience livre un enseignement ethnologique – d'autre part elle procure d'utiles données psycho-

---

1. Mais du côté du mal il n'existe aucune possibilité de grâce permettant une transformation du sujet.

2. Baumgarten, *Praelectiones theol. dogmaticae*, 1773, p. 205.

3. AK, Bd. XIX, p. 639, Refl. 8096.

4. J. Bohatec, *op. cit.*, p. 269-271.

logiques, qu'il faut réunir au sein de ce que Kant nomme très significativement l'enquête anthropologique[1]. Précisons que la thèse de Hermann Cohen, voulant que la morale possède son sens quand bien même l'homme n'existerait pas, est excessive[2]. Sans être susceptible d'une si haute valeur que l'éthique, l'anthropologie possède une valeur *systématique*[3]. C'est elle qui, rendant possible l'accès aux âmes de la loi morale[4] médiatise la morale avec l'homme et ce dernier avec lui-même[5].

Que nous enseigne la première orientation anthropologique, c'est-à-dire l'ethnologie? Kant – mais il n'est pas le seul – est un penseur passablement déçu par l'ouverture du monde. Il mentionne « les drames sanglants de *Tofoa,* de la *Nouvelle-Zélande,* des *îles des Navigateurs* » et pour faire bonne mesure se réfère au Capitaine Hearne, compagnon de l'illustre Cook. Et dans une note qui débute par une évocation des Indiens de l'Athasbasca et des Indiens Côtes de chien[6] il ose même écrire ces mots « ... der immerwährende Krieg »[7]. Le tableau n'est pas brillant, mais s'il interdit d'affirmer que l'homme est bon par nature et participe à la réfutation de la pensée de Rousseau par Kant[8], il est clair que le philosophe de Königsberg refuse pourtant de voir en l'homme un être diabolique. Sans doute cite-t-il Horace : *Vitiis nemo sine nascitur*[9]. Mais sans chercher à excuser ces drames sanglants, il ne les fait pas dériver d'une essence pervertie – qu'il y ait un penchant, nul ne le contestera ; en revanche que l'homme soit

1. *Die Religion*, AK, VI, 32.

2. H. Cohen, *Kants Begründung der Ethik.* Cf. aussi *Werke*, Bd. VII.

3. A. Philonenko, *L'œuvre de Kant*, t. II.

4. Kant, *Fondements de la métaphysique des mœurs*, p. 115.

5. *Die Religion*, AK, VI, 32 sq.

6. *Ibid.,* AK, VI, 33.

7. A. Philonenko, *Essais sur la philosophie de la guerre*, p. 33, relève cette assertion surprenante et opposée à un certain irénisme leibnizien. *PH. Schrf.* Bd. III, p. 424.

8. Kant a interprété Rousseau, bien plus qu'il ne l'a suivi et il n'est pas déraisonnable de dire que cette interprétation, comme toute interprétation en un sens, est une réfutation.

9. Horace, *Satires* I, 3-68.

mauvais par nature est dans le fond une expression inadéquate. Dune part, s'il s'agit de *nature*, tous les hommes devraient être *absolument* corrompus. D'autre part nous ne pouvons sonder les cœurs et il est préférable de dire que *pour nous* tout se passe comme si (*als ob*) l'homme était mauvais par nature. Ces deux directions se rejoignent dans une affirmation lucide, mais non pessimiste, de la malheureuse condition humaine. On ne peut manquer de souligner l'opposition avec Rousseau[1]. Kant semble persuadé que le progrès civilisateur *redressera* l'homme, et nous savons, en revanche, comme Alexis Philonenko l'a montré, que pour Jean-Jacques l'homme *se courbe* dans la fausse intégration sociale décrite dans le *Discours sur l'origine de l'inégalité parmi les hommes*. Tout se passe *comme si* l'homme était mauvais par nature et c'est dire que l'expérience ne contredit pas la déduction *a priori* caractérisant l'homme comme un *être impur*, mais éloigné du diabolique pur, c'est-à-dire voulant le mal pour le seul amour du mal – qui lors même qu'il paraît le faire, en ce sens absolu, obéit comme les sauvages à l'idée que la vertu guerrière est la plus haute, parce qu'elle exige au moins l'idée d'un sacrifice. Aussi bien l'en seignement ethnologique, dans ce qu'il a d'essentiel, n'interdit-il pas une philosophie religieuse de l'espérance.

Mais il faut envisager l'autre orientation, qui se détermine comme *psychologie*. L'analyse psychologique, fondée sur l'expérience, nous amène selon Kant à entendre une longue et mélancolique litanie contre les défauts de l'homme dont la duplicité n'est pas le moindre[2]. Il ne fait que résumer en quelques mots sa doctrine exposée avec précision en 1784 dans l'article fameux sur *L'Idée d'une histoire universelle au point de vue cosmopolitique*. Et l'on connaît la pensée du philosophe maintes fois exprimée : si l'homme nous apparaît comme un personnage peu sympathique, dominé par la soif de

---

1. Au demeurant lorsque Kant parle de la bonté naturelle que les philosophes croyaient trouver chez les peuples sauvages l'allusion est très claire. Cf. *Die Religion*, AK, VI, 33.

2. *Die Religion*, AK, VI, 33, lignes 14-15, « ... von geheimer Falschheit ».

domination, la frénésie des honneurs et la cupidité[1], en revanche dans le mouvement de la civilisation ces *courbures* se *compensent* par le jeu des intérêts[2]. Sans doute la compensation n'est-elle pas *volontaire,* mais enfin, ce qui n'est pas négligeable, « les vices se cachent sous l'apparence de la vertu »[3]. L'analyse psychologique révèle encore deux points essentiels. D'une part *le mal n'est jamais une erreur* et c'est pourquoi une analyse logique, au vilain sens de l'expression, ne saurait jamais apporter de solution. Il y a des degrés dans le mal, comme on l'a vu – mais il y a aussi des degrés dans la conscience du mal et ces degrés vont de pair ; ainsi l'homme impur est moins conscient de son impureté que l'homme méchant, adhérant à la maxime de faire le mal pour le mal. La lucidité ici est bien moins cause qu'effet révélateur et à la condition de médiatiser convenablement la pensée de Kant et de Platon, il est juste de dire que nul ne fait le mal involontairement – c'est-à-dire en l'ignorant absolument. Le second point est plus complexe. Il porte sur le mot *nature.* J.-L. Bruch après beaucoup d'interprètes a relevé la disjonction dans le sens donné à ce mot dans la *Religion* d'une part et dans les trois *Critiques* d'autre part[4]. Mais dés lors qu'on consent à écouter la voix de la psychologie comme interprète de l'expérience en la *Religion,* il convient de restituer à l'idée de nature le sens que lui conférait l'empirisme anglais[5]. On peut s'en offusquer. Mais il est constant que la chute de l'homme n'a pas la linéarité de celle d'une pierre. – Ainsi se fait-il que l'orientation psychologique puisse au sein de l'enquête anthropologique rejoindre l'orientation ethnologique. Ce qui compte ici c'est peut-être moins la thèse générale du redressement des courbures, que le flou et pour tout dire la demi-mesure. L'homme n'est pas assez déterminé pour se figer dans la *méchanceté,* comme volonté du mal pour le mal. En revanche,

---

1. AK, Bd. VIII, p. 21.

2. J. Svagelski, *L'idée de compensation en France*, p. 112, note 1.

3. *Die Religion,* AK, VI, 33, lignes 21-22.

4. J.-L. Bruch, *La Philosophie religieuse de Kant,* p. 71.

5. E. Troelstch, *Das Historische in Kants Religionsphilosophie,* 1904.

même si la présence du mal en lui est tout autre chose qu'une erreur, il se rencontre un climat d'incertitude, qui, répondant à la finitude, fait de lui un être ambigu et par la même condamnable.

Telle est la leçon de l'expérience. Elle ne dit pas formellement *ce que* je puis espérer, mais en revanche, confirmant les distinctions de la philosophie, elle affirme *que* je puis espérer.

§ 8 – Il se trouve une question supplémentaire à adresser au mal : « *Unde venis ?* ».

Dans l'opération *synthétique,* qui balayant les obstacles, établit la *possibilité négative* de l'espérance, il faut s'interroger sur l'origine du mal. On le doit d'autant plus que Kant ayant réduit le mal à un penchant *(Hang),* donc à une orientation contingente, cite *L'Épître aux Romains* (III, 23) : « Il n'y a ici aucune différence, tous sont également pécheurs – il n'en est aucun qui fasse le bien (d'après l'esprit de la loi), pas même un seul » [1]. Il y a donc sinon en pureté, du moins en quantité, une universalité du mal. Si cette universalité ne peut être ramenée à une *généralité de fait,* le moment négatif dans la synthèse négative de la possibilité de l'espérance s'effondrera.

Kant écarte dans une longue note [2] les explications des Facultés de médecine, de droit et de théologie. Son propos ne consiste pas à engager une polémique avec toutes les Facultés et celle qu'il considère avec le plus grand sérieux – je veux dire la Faculté de théologie – est significativement mise sur le même plan que les précédentes.

Il examine le récit biblique, moins pour en donner l'exégèse, – ne cite-t-il pas Horace (*Satires* I, 1, 69) parmi des textes appartenant au Pentateuque [3] ? –, que pour y redécouvrir ses thèses fondamentales... Or la thèse fondamentale de Kant est que le *péché originel,* au sens où l'Église l'entend, est un mythe : « Quelle que soit d'ailleurs l'origine du mal moral dans l'homme, la plus inadéquate de toutes les façons de se

---

1. Cf. Bruch, *op. cit.*, p. 71. La citation est incorrectement repérée par Bruch.

2. *Die Religion,* AK, VI, 40.

3. *Ibid.*, AK, VI, 42, lignes 19-20.

représenter sa diffusion et la propagation de celui-ci dans tous les membres de notre espèce et dans toutes les générations consiste à se le représenter comme nous étant venu de nos premiers parents par hérédité »[1]. Sans doute Kant aime-t-il à souligner que le mal est entré dans le monde, non par le crime, mais par le mensonge[2]. Mais quel que soit le mobile indiqué, mobile de toute façon opposé à la loi morale, il est clair – *meridiana luce clarius* – que l'adhésion (plus ou moins) clairvoyante au mal et donc à son entrée dans le monde fut un *acte de liberté*. On peut sans doute *imaginer* un Dieu bon créant l'homme mauvais, mais on ne saurait jamais le *concevoir*. Et de même il est impossible de concevoir que de par ma liberté un autre esprit raisonnable et libre puisse être enchaîné pour le bien ou pour le mal. *Ma liberté* est le moment infiniment solitaire et personnel dont tout suit pour moi : *Operari sequitur esse. Aussi* l'origine du mal, au sens de *Ursprung,* est à *indiquer* (bien plus qu'à connaître) dans la détermination vertigineuse de mon arbitre. *Les raisons nous viennent après* et expliquent moins le choix qu'elles ne le soulignent. – Aussi la métaphysique nous enseigne-t-elle qu'il ne peut jamais y avoir qu'une *généralité de fait* du mal et nullement une *universalité* lui conférant la cohérence d'une Idée transcendantale immanente à la raison. Si le mal n'est pas une Idée transcendantale, en dépit de ses lueurs métaphysiques, il retombe dans le royaume des faits et comme tous ceux-ci il n'est pas indestructible et ses racines peuvent être extirpées.

Kant s'est refusé, comme on sait, à décrire ce mouvement métempirique de la liberté métaphysique qui *peut s'orienter vers le mal.* Sa doctrine du monde intelligible le lui interdisait évidemment. Mais croyant comme Malebranche que la liberté est un *mystère*[3] il pressentait en ce mouvement une forme d'évidence inaccessible à la raison et qui, distincte de la logique, est *l'évidence du style.* Aussi l'acte de la liberté lui semblait échapper au discours rationnel, logique et critique. On

---

1. *Ibid.*, AK, VI, 40, lignes 8-12.
2. *Doctrine de la vertu* (éd. A. Philonenko), p. 105.
3. *Doctrine du droit* (éd. A. Philonenko), p. 159, note.

a dépassé la prudente réserve kantienne, se risquant à aller plus loin en prétendant sonder les abîmes affreux et sans bornes de la liberté pour le mal[1]. Et ce faisant on a manqué l'essentiel. Car s'il est vrai que le choix du mal relève de ma liberté, il reste encore plus vrai qu'il existe une sûre possibilité métaphysique pour que la liberté révise son choix. Si le mal était une orientation absolue, irréversible, ou si encore il m'était imposé par quelque cause extérieure sur laquelle je n'aurais aucune prise – quelles que soient les différentes figures *imaginables* – alors le mal m'échapperait et il ne resterait qu'une *philosophie du désespoir*. En revanche si le mal dépend de moi, s'il est caché au plus profond de moi, sans pourtant être plus intérieur à moi-même que je ne le suis, il est parfaitement évident, *au moins en théorie,* que dans la rigueur métaphysique je suis le *maître du mal.* Et si je suis le maître du mal la route de l'espérance n'est pas barrée. – On dira sans doute qu'il n'y a là qu'une pure supposition théorique. Mais dans la philosophie transcendantale la supposition théorique, lorsqu'elle est bien réglée et sérieuse, possède une valeur régulatrice que conforte la métaphysique. Il est possible donc d'affirmer que dans la problématique de l'espérance, aux résultats de l'enquête anthropologique répondent la réflexion rationnelle et la supposition théorique.

Il y a plus, semble-t-il, dans ces pages si denses de Kant. L'affirmation constante que le remords ne saurait disparaître du cœur de l'homme impliquait directement la négation d'une doctrine concluant à la nécessité du mal. Elle préservait par là même le pur élément de la liberté. Et le lecteur réfléchi devait sur ces fondements comprendre l'intime connexion de la liberté et de l'espérance. L'une ne va pas sans l'autre : la mesure de mon espérance est en ma liberté, comme cette dernière est le fondement inébranlable de ma *volonté* d'espérer. Rien ne s'oppose à la conquête de ma liberté : je suis *mauvais* sans être *méchant,* puisqu'en moi la voix du remords parle avec force. Sans doute je suis un être sensible, soumis à la tentation, mais

---

1. Voir l'analyse précise et nuancée de X. Tilliette, *Schelling, Une philosophie en devenir,* Paris, Vrin, 1969, 1992[2], t. 1, p. 531.

la sensibilité comprend trop peu pour que je sois damné et inversement la *pureté du diabolique* me dépasse. Certes s'il fallait admettre à la lettre le dogme du péché originel, tout serait perdu, car je serais mauvais en fonction d'une cause extérieure sur laquelle je ne saurais agir[1]. Mais Kant ne peut s'y résoudre et les éléments de sa pensée sont clairs : *le moment négatif de la synthèse de la possibilité de l'espérance s'appuie sur les forces conjuguées de l'expérience et de la philosophie transcendantale, qui me disent qu'il ne m'est point interdit d'espérer.*

Mais si je puis espérer, que puis-je espérer ?

Les dernières pages de la première section le laissent entrevoir. Kant, répétons-le, a justement soutenu que l'homme a « été créé pour le *bien* »[2]. Sa liberté est essentiellement une *liberté pour le bien*. Le philosophe n'a pas toujours été correctement entendu dans la mesure même où il soulignait les fautes de l'homme, paraissant en son prétendu pessimisme marquer avec une trop grande insistance la distance qui nous sépare du bien – le cœur de l'homme, selon Kant, est *avili*. Aussi juge-t-il inconcevable la réalisation de l'espérance, au moins au point de vue psychologique[3]. Mais ici interviennent beaucoup d'idées. En premier lieu – qui en douterait ? – il faut voir dans les passions des obstacles redoutables. Se défaire de la haine secrète, du goût pour la cruauté et de tant d'autres mouvements secrets du cœur est chose difficile, supposant un effort toujours renouvelé. Entre le bien et moi il se trouve une distance infinie[4] ou du Moins immense. En second lieu l'homme *n'a pas été créé bon,* mais pour le bien. Il faut donc cesser de concevoir le bien comme un état minéral – comme un état de choses, dont l'homme serait malheureusement déchu. Le bien est d'abord et essentiellement une *fin*, qu'il importe moins d'atteindre, que de toujours viser. Je suis libre signifie :

1. *Die Religion*, AK, VI, 39-40.
2. *Die Religion* : « ... er ist zum Guten erschaffen », AK, VI, 44, lignes 19-20.
3. *Ibid.*, AK, VI, 44-45.
4. On sait l'aporie rencontrée par Fichte devant l'idée d'un progrès à l'infini.

je dois être un effort permanent vers cette fin. Effort soutenu
sans relâche et en lequel, vivant mon espérance, j'acquiers peu
à peu et toujours plus mon autonomie. Être libre, *c'est se faire
(Sich-machen)* dans l'auto-pénétration du devoir et de l'intention. Le bien n'est jamais une jouissance marmoréenne, mais un
chemin difficile, où dans le respect de la loi morale, exerçant
ma disposition à la *responsabilité,* je deviens moi. Et alors la
question de l'espérance se formule clairement : Puis-je tendre
vers moi comme sujet libre et moral ? Fichte dira qu'*être* libre
n'est rien, mais que le devenir c'est le Ciel[1]. La philosophie de
la religion s'oriente en ce sens, en se démarquant de la *Critique
de la raison pratique*[2]. La problématique du bonheur est relé-
guée à l'arrière-plan. Enfin en troisième lieu, en raison de la
finitude de l'homme, la doctrine impose une juste limitation à
l'espérance. L'espérance sera le moteur d'une activité consciente de ses limites et par là-même guidée par la sincérité
laborieuse.

II

THÉORIE DE L'ESPÉRANCE – LA SYNTÈSE POSITIVE

Mais il faut passer au moment *positif* de la synthèse. Ce
moment s'explicite comme le précédent au point de vue
psychologique et au point de vue métaphysique. Il est
développé dans la seconde section de l'ouvrage de Kant.

§ 9 – Après avoir déterminé la situation de l'homme envers
le mauvais principe, Kant entreprend de nous entretenir du bon
principe.

La *possibilité positive de l'espérance au point de vue
psychologique* fera l'objet d'un développement essentiel-

1. A. Philonenko, *La liberté humaine dans la philosophie de Fichte*,
Paris, Vrin, 1999, conclusion.
2. Kant détermine alors le Souverain Bien comme constitué de deux
moments, l'un moral, l'autre empirique. Fichte l'a vivement critiqué,
IIᵉ Conférence sur la destination du savant. La Religion insiste moins sur le
bonheur comme élément du Souverain Bien.

lement consacré à l'*exemple* proposé aux hommes et susceptible de les guider dans les sentiers épineux de la vertu.

Cet exemple est celui d'un *homme* agréable à Dieu et il
s'agit naturellement du Christ. Kant relate brièvement sa vie. Il
a tout souffert jusqu'à la mort la plus ignominieuse et on ne
sait point qu'il ait commis d'actions mauvaises. Dans l'ordre
philosophique il faut d'abord savoir que le Christ n'est pas
identique, en la rigueur métaphysique, avec le bon principe.
Les citations du prologue de l'*Évangile selon Saint-Jean*[1]
montrent avec la dernière évidence que le bon principe en son
essence est existant de toute éternité : « *Dieser allein Gott
wohlgefällige Mensch ist in ihm von Ewigkeit her* ». Ainsi tout
de même que le Fils, chez Malebranche[2], est antérieur à la
Création et à l'Incarnation, tout de même le bon principe chez
Kant est de toute éternité. Kant est donc partisan – si l'on force
quelque peu, mais pas beaucoup son texte – d'une double
nature du Christ, l'une transcendante, l'autre immanente. Il
convient ici d'être précis : la double nature du Christ à laquelle
songe Kant n'est pas l'unité hétérogène de deux natures en un
seul être, mais deux dimensions – dont l'une nous est
inconcevable, en raison même des limites de notre raison –, la
transcendante et l'immanente, dont l'unité infinie est la
réalisation de la liberté morale. Nous ne pouvons *penser* cette
dualité qu'appuyés sur la raison pratique. La transcendance
confère à la dimension immanente valeur et signification sans
doute – si bien que le bon principe peut revendiquer son droit
à la domination sur l'homme. En ce sens l'humanisation du
Christ, si visible dans la *Religion,* est bien moins naïve qu'on
le pense généralement[3]. La différence logique se résume en ce
que le bon principe est une *Idée* tandis que le Christ est, comme
personnification de ce principe l'*Idéal* de la perfection morale[4].
L'*Idéal* est moins qu'une *Idée,* mais ce « moins » est encore

1. *Die Religion*, AK, VI, 60.
2. F. Alquié, *Le cartésianisme de Malebranche*, Paris, Vrin, 1974,
p. 415.
3. Par exemple, V. Delbos, *La philosophie pratique de Kant.*
4. Sur la distinction de l'Idée et de l'Idéal, cf. J. Bohatec, *op. cit.*, p. 361.

trop pour l'intelligence humaine et c'est pourquoi Kant n'hésite pas à affirmer qu'il vaut mieux dire qu'il est descendu du Ciel[1].

Là encore il faut être prudent. C'est que la vertu observée avec cette rigueur ne laisse pas d'être sublime. Dans les *Fondements de la métaphysique des mœurs*, le Christ, revendiquant son humanité selon Kant, refusait d'être appellé « bon maître »[2] et Kant se référait à *Marc*, X, 17 et *Luc*, XVIII, 18. Mais dans la *Religion* le propos décisif peut-être attribué au Christ est le suivant : « Qui d'entre vous peut me convaincre d'un péché ? » (*Jean*, VIII, 46)[3]. L'exemple du Christ est alors difficile à saisir en sa profondeur. Si l'on s'en tient à la philosophie de l'*Aufklärung* la plus plate, on dira, après E. Troeltsch, que Kant ne fait que rejoindre Hume. Si, en revanche, on ne perd pas de vue la double nature du Christ, au sens précisé plus haut, ni la citation des Écritures, relevée par Kant avec grand soin – en mesurant toute son audace – on sera tenté de voir dans le Christ de Kant la pure expression du sublime dans l'Idéal de la perfection morale. Par là même, comme l'enseigne la première partie de la *Critique de la faculté de juger*, cette vertu sublime, qui n'est pas la loi, mais le respect libre et courageux de celle-ci, sera en quelque sorte la torche flamboyante éclairant le chemin vers le bien. – Sans s'attarder aux aspects seulement esthétiques de la sublimité du Christ, on observera que distinct de l'Idée du bon principe – puisqu'il n'en est que l'Idéal – le saint de l'Évangile, tout en accomplissant la loi, doit se tenir, imperceptiblement certes, en retrait de la loi morale. Sinon sa place, qu'on aimerait dire stratégique, serait indiscernable. Il est entre le commandement éthique et l'homme et pour cette raison, sublime[4]. Ou encore, si l'on préfère, il est le *médiateur*.

---

1. *Die Religion*, AK, VI, 61, lignes 10-11.

2. *Fondements de la métaphysique des mœurs*, p. 78.

3. *Die Religion*, AK, VI, 66, lignes 4-5.

4. Le sublime est la catégorie esthétique qui se rapproche le plus de l'éthique, cf. par exemple *Critique de la faculté de juger* (éd. A. Philonenko), p. 110 et de manière générale dans l'index, p. 299.

Le Christ est le médiateur, mais uniquement à l'intérieur du cadre systématique de la pensée kantienne peu soucieuse de donner des armes aux bigots et cagots. Kant multiplie les mises en garde contre une divinisation du Christ et cela pour deux raisons. D'une part voulant interdire la *superstition, il* nie la divinité du Christ – surtout lorsque les esprits échauffés ne savent pas distinguer entre l'Idée et l'Idéal et concevoir les rapports difficiles qui s'y mêlent. Si Kant est, comme on l'a cru, un infidèle, c'est dans l'exacte mesure où l'on a été incapable *de* préciser ces rapports. Assurément Kant n'est pas un adepte acharné de la complexité dialectique en morale et le jugement des enfants, dans les cas de conscience, lui a toujours semblé sûr. Mais pour reprendre la terminologie de Pascal, il se défie des *semi-habiles.* Autant dès lors rejoindre le langage clair et net *de* la philosophie refusant toute superstition. Comme cela ne change rien à la fonction stratégique du Christ, suivant ses concepts, la voie est préférable. D'autre part *l'exemple* du Christ doit pouvoir être imité.

Quant à l'espérance elle trouve là le moment positif psychologique de sa synthèse. Un homme a existé qui fut bon et c'est pourquoi il faut le nommer le médiateur. Mais ce moment doit être développé.

§ 10 – La fondation psychologique de la synthèse de l'espérance suppose une analyse plus fine de l'exemplarité du Christ. Un exemple peut attirer ou repousser ou servir d'excuse. Or la sublimité du Christ pourrait bien servir de motif de *désespoir* : comment ne pas se découvrir humilié en son humaine nature, même définie par la seule *fragilité* et même pas par l'impureté, au récit de la vie glorieuse, soutenue par une volonté inébranlable et une vigilance morale sans relâche dont le Crucifié a donné l'exemple ? La tentation mortelle, au point de vue psychologique, est, la plus légère comparaison faite, de s'abandonner et de croire le Christ trop grand pour être imité. L'homme dira : « Qu'on me donne une volonté entièrement sainte et toute tentation mauvaise échouera contre moi d'elle-même, qu'on me donne la certitude intérieure la plus parfaite de participer aussitôt après une brève vie terrestre (en consé-quence de cette sainteté) à toute l'éternelle magnificence céleste, je supporterai toutes les souffrances quelque dures qu'elles puissent bien être, jusqu'à la mort la plus ignominieuse non seulement volontiers, mais même avec joie puisque je vois de mes yeux devant moi l'issue glorieuse et prochaine » [1]. De ce raisonnement on a cru pouvoir conclure ceci : Si l'exemple du Christ doit avoir un sens pour l'homme, il faut que le Christ ne soit qu'un homme. En gros cela est juste et c'est bien ce que Kant veut dire. Mais il s'exprime cependant de manière plus nuancée. Il ne confond pas légèrement le Christ et la nature humaine – il demande seulement que l'écart, la *Distanz,* ne soit pas démesuré, de telle sorte que l'*imitation* ne soit pas inconcevable. La possibilité de l'imitation réalise concrètement le moment positif de la synthèse de l'espérance.

Comme l'y obligeait son orientation limitée aux bornes de la simple raison, Kant s'est interdit de développer dans sa riche plénitude le concept éthico-religieux de l'imitation. Mais il en a considéré deux aspects importants. Nous avons déjà eu l'occasion de faire allusion au premier : on ne peut concevoir l'imitation de l'Idéal en lequel se personnifie le bon principe que comme un progrès à l'infini. Cela signifie qu'en tout temps mon opération sera déficiente [2]. Ici point de commentaires qui puissent dépasser les réflexions de Fichte, expliquant qu'un progrès à l'infini n'est pas comme le juge Hegel une contradiction *in adjecto,* tant on se trouve persuadé que dix pas en avant vers l'infini sont, puisqu'il s'agit de l'infini, tout aussi bien égaux à zéro [3]. C'est que le progrès, toujours déficient aux yeux de l'homme, ne l'est pas devant l'esprit de Dieu qui aperçoit dans une pensée qui transcende tout calcul, la transfor-

---

1. *Die Religion*, AK, VI, 64, lignes 16-24.
2. *Ibid.*, AK, VI, 67.
3. Fichte, *Das System der Sittenlehre,* SW (I. Fichte) Bd. IV, p. 150. L'interprétation à tendance hégélienne de G. Gurvitch – qui adhère au concept hégélien confus de la bonne infinité – ne saurait être reçue. Cf. *Fichte's System der konkreten Ethik* (Tübingen, 1924), p. 270-271. On ne saurait pas plus suivre les critiques de R. Kroner, *Von Kant bis Hegel,* Bd. I (Tübingen, 1921). La conscience de l'effort est le témoignage irrécusable du progrès.

mation de l'intention. L'homme qui imite l'exemple du Christ doit savoir que s'il lui appartient d'accomplir des efforts, en revanche c'est à Dieu seul qu'il revient de les apprécier. L'esprit d'*humilité*, creuset de la vraie gloire, consiste dans l'effort, dans le *courage,* dans l'acceptation fondamentale qui consiste à ignorer pour quel degré de vertu on est sauvé et, prenant appui sur la déficience constatée à chaque moment en soi, à redresser son intention suivant l'exemple du Christ. On peut aussi appeler cela la finitude morale vécue. Ce qui serait grave serait de ne point éprouver cette finitude éthique. Mais cela n'est possible qu'en l'*âme diabolique* et l'homme est, selon Kant, incapable de sombrer en un état si horrible. C'est peut-être ici en dépit de son style barbare que Kant a eu un moment le sentiment de la prédominance du fait religieux sur le fait éthique. – Le second aspect n'est pas moins remarquable. Supposons qu'en suivant l'exemple du Christ, le seul homme auquel Kant reconnaît l'éminent mérite d'avoir réussi une révolution, je transforme mon intention, alors j'atteindrai « le bonheur moral »[1] car la permanente recherche du Royaume de Dieu (*Matth*. VI, 33) – pour reprendre le texte de l'Évangile cité par Kant – vaut titre[2].

§ 11 – Ce moment psychologique de la synthèse de l'espérance introduit enfin au moment métaphysique positif de celle-ci. Il s'agit de la conversion.

Le thème de la conversion a été souvent mal compris. L. Brunschvicg a été malheureusement inspiré en caractérisant ainsi le problème : « Or, la plus impérieuse des évidences s'impose ici : la notion de conversion, fût-elle réduite à sa simple expression verbale, implique la dualité radicale du *vieil homme* et de *l'homme nouveau*, un renversement d'attitude et d'âme entre ce qu'il était autrefois et ce qu'il est depuis, une séparation, par *Uebergang* entre *l'avant* et *l'après,* c'est-à-dire le

---

1. *Die Religion*, AK, VI, 67, ligne 20.
2. *Ibid.*, AK, VI, 67-68. C'est le texte qui rapproche le plus Kant et Fichte. *L'esse* dépend ici pour la conscience scrupuleuse de *l'operari.*

temps lui-même en son essence et à sa racine »[1]. J.-L. Bruch qui veut éviter cette interprétation ainsi que la lecture proposée par Lachelier[2], estime que ces interprètes « semblent partir d'une conception » trop rigide de la phénoménalité du temps »[3] et pour conforter cette thèse cite un passage de *La fin de toutes les choses* en lequel Kant parle de *duratio noumenon*. Ces interprétations sont discutables.

1. Le principe fondamental de toute l'éthique kantienne est que l'homme ne peut *jamais* définir en pleine clarté son intention. L'intention la plus noble peut obéir à des motifs vicieux et cachés au fond du cœur. Il appartient à l'homme d'être de bonne volonté, non de *savoir* dogmatiquement s'il l'est. Ce privilège revient à Dieu comme Scrutateur des cœurs. Il faut donc aller plus loin : le savoir de la conversion est refusé à l'homme. Tel pourrait se *croire,* perdu, qui serait converti par le Dieu omniscient. Le lot de l'homme n'est pas, même d'après l'éthique élémentaire, de *savoir (Wissen),* mais de *croire (Glauben).* Il n'y a que Dieu qui puisse savoir s'il m'a converti en m'orientant vers le bien à partir d'un cœur mauvais. Du seul point de vue éthique seul Dieu peut *savoir* en la rigueur métaphysique, si je suis converti. Je n'ai donc pas à sonder plus profondément qu'un homme ne le peut faire mes intentions. Mais en revanche je dois créer ma « *félicité avec crainte et tremblement* » (Ep. aux Phil, 2, 12 ; I, Pierre, 1, 17)[4]. La *sincérité,* fondatrice d'espoir, est en la crainte. Je ne peux *savoir* si je suis converti, mais je peux le croire si je ressens la crainte. – Tout ceci n'exige en rien un remaniement de la doctrine du temps. Il suffit que je puisse croire, sans prétendre avec insolence fixer dans le monde des phénomènes l'instant de la

---

1. L. Brunschvicg, *Le progrès de la conscience dans la philosophie occidentale,* 2ᵉ éd., t. I, p. 331.

2. J. Lachelier, *Bulletin de la Société française de philosophie,* 27 octobre 1904.

3. J.-L. Bruch, *La philosophie religieuse de Kant.*

4. *Die Religion,* AK, VI, 68, ligne 13. C'est une erreur monumentale que de croire l'espérance inconciliable avec la « crainte et le tremblement ». Si je ne craignais rien je ne me donnerais pas même la peine d'espérer ; je serais assuré. On a trop souvent méconnu le sens de cette nuance.

conversion – comme si dorénavant la ligne de démarcation franchie, il ne serait pas inconcevable de me proposer en exemple aux autres hommes – ni oser substituer mon regard à celui du Scrutateur des cœurs.

2. Vouloir introduire dans le monde intelligible la distinction de *l'avant* et de *l'après* c'est, en ce qui touche la conversion, vouloir *savoir* spéculativement. Loin que le système kantien autorise une telle opération, il la condamne formellement. C'est énoncer une thèse *dialectique* et aucun texte, pas même celui qui parle de la *duratio noumenon,* ne nous y autorise. Il faut donc respecter soigneusement la théorie de l'idéalité du temps et de l'espace. Au reste le *savoir* transcendant de Dieu portant sur la conversion, en tant qu'*intellectus archetypus,* tandis qu'il se déploie par delà le temps et l'espace, obéit à des lois qui nous sont totalement inconnues. Transposer nos catégories et nos intuitions dans l'inconnaissable (pour nous) est une aberration sans excuses. En revanche l'homme peut *espérer* métaphysiquement, sans se mêler d'un *avant* et d'un *après* intelligible, que Dieu a bien voulu concourir à sa conversion. La question n'est pas en ce domaine : Que puis-je savoir ? – mais seulement et uniquement : Que puis-je espérer ? Et cette espérance réside en une chose très simple : la *confiance* en Dieu. Il faudrait dire pour être plus exact que je dois me *méfier* de moi dans l'exacte mesure où je me *confie* à Dieu. Cette méfiance et cette confiance constituent *l'orientation morale dans la pensée.* L. Brunschvicg exige *l'Erkennen,* alors qu'il s'agit du *Denken.* Mais ainsi il se ferme la synthèse de l'espérance.

3. Il est clair que le problème de la conversion ainsi développé implique celui de la grâce. Car on ne saurait concevoir que la conversion, comme arrachement au mal radical, soit, en fonction de sa *fragilité*, en la puissance de l'homme. La grâce pose bien un problème relativement à la justification, qui veut que les comptes soient apurés, en suivant une logique commune, cette fois, à Dieu et à l'homme. Mais, à notre connaissance – la problématique de la justification mise entre parenthèses – Kant dans toute la *Religion* n'avance jamais de *manière formelle* l'idée d'une

conscience de la grâce comme conscience *effective*. Je ne peux *savoir* que Dieu m'a gracié mais seulement l'espérer. Avec crainte et tremblement je forge en moi l'espérance de la grâce, sans que cette expérience interne s'élève au savoir. Tout au plus pourrait-on dire que *je sais espérer en la grâce*. Et le savoir de cette espérance est le moment positif solide de la synthèse de l'espérance. En effet la question s'éclaircit : de l'intelligible je ne sais rien – rien de ses structures ontologiques et gnoséologiques – mais le cœur fidèle, devant cet abîme, peut dégager une maxime : *Je dois vivre et agir comme si (als ob) Dieu m'avait gracié*. Tout est dans le *comme s*i, relation immanente et critique envers la transcendance. Le problème de la conversion dans les limites de la simple raison ne s'énonce pas sur le mode du « parce que » (*darum*), mais sur celui infiniment plus humble et sérieux de la bonne supposition éthique. Peut-être ne suis-je pas gracié et au demeurant je n'ai aucun moyen de le savoir – mais la religion et l'éthique commandent que je le suppose. Vouloir s'élever au-dessus de cette supposition serait ou bien prétendre entrer dans le Conseil de Dieu, comme le désirait un roi de Castille, ou bien retomber dans la plus plate philosophie de *l'Aufklärung,* qui se révélait incapable de saisir la dimension d'espérance.

4. Nous ne pouvons ici relever toutes les erreurs d'interprétation. Mais l'on peut dire de manière générale que les commentateurs ont proposé une analyse réifiante. Nous avons cité le texte lapidaire de L. Brunschvicg. Or il est manifeste qu'il pense guidé par un *chosisme* surprenant de sa part. Lorsqu'il parle d'un *avant* et d'un *après* il semble – et le mot « sembler » est trop faible… ! – penser à des *choses*, ou si l'on préfère à des *états* puisqu'il s'agit du temps. La dialectique immanente de l'opération de la conscience ce mouvement d'espérance, cette *fonction* d'espérance lui échappent. Ni Bohatec, ni J.-L. Bruch, sans parler de Troeltsch n'ont évité la difficulté. Tous, avec une rigueur plus ou moins grande, ont cru que l'espérance était le cadre qu'il fallait accrocher quelque part – par exemple dans la structure ontologique du temps. Aucun n'a vu correctement qu'il raisonnait en termes de savoir, tandis qu'il ne s'agissait que de foi. Les embarras d'A. Philonenko

dans son *Œuvre de Kant* alors qu'il s'efforce de constituer la notion d'un *temps pratique* mais non plus *intelligible* sont révélateurs. Il a hésité manifestement à poursuivre la théorie de la fonction jusque-là, et tout en cette hésitation indiquée par de courtes réflexions montre combien elle lui était chère.

5. Et cependant une mince réflexion orientait le commentateur sérieux vers une théorie fondamentale de l'espérance comme fonction principielle. Kant dit, en débutant, que tout se passe *comme si* l'homme était mauvais par nature. Mais dès lors que le *désespoir* diabolique passe l'homme, tout se passe *comme si* ce dernier ne pouvait renoncer à l'espérance. Est-il possible de ne pas espérer ? sans doute devant la porte de l'Enfer de Dante : « Vous qui entrez ici abandonnez toute espérance » écrit le poète. Mais l'homme seulement homme ne peut qu'espérer – en sa grâce sans doute, mais aussi en son amélioration éthique, qui certes dans le monde des phénomènes ne sera pas drastique, mais toujours croissante. Il est vrai qu'il y aura des rechutes. Il n'est point d'homme qui ne retombe en ses vices – souvent pour mieux s'en dégager. Mais alors l'idée de la grâce se dédouble. On trouve d'une part cette grâce transcendante dont nous ne pouvons rien savoir. Mais d'autre part, en raison même de ce « non-savoir » l'espérance conduit à l'effort et toutes réserves faites[1] il est raisonnable de parler d'un pélagianisme chez Kant. Aussi lorsqu'il distingue les choix de l'homme, fondés en sa plus ou moins grande puissance d'espérance, il n'hésite pas à considérer que l'homme qui s'efforce d'être vertueux a devant lui un avenir à perte de vue (souhaité heureux, c'est-à-dire offrant de plus en plus de force sur soi-même pour arracher les racines du mal radical), ou alors, cas contraire, mais supposition impossible en la rigueur métaphysique, une misère à perte de vue. Mais cette misère infinie, écho de la pensée pascalienne, n'est guère

---

1. J.-L. Bruch, *La philosophie religieuse de Kant*, p. 105. J.-L. Bruch a distingué avec beaucoup de subtilité les divergences entre Kant et Pélage, le point d'accord essentiel étant constitué par la commune défiance envers une conception de la grâce qui paralyserait l'homme assuré que son salut ne vient que de Dieu. Sur Pélage, cf. G. de Plinval, *Pélage, ses écrits, sa vie et sa réforme* (Lausanne, 1943).

concevable s'il est vrai que l'homme n'est pas diabolique et il faut l'entendre en un sens psychologique mineur indiquant les rechutes répétées dans le vice[1]. De là suivent deux propositions conformes au volontarisme pélagien et à la doctrine de l'espérance. D'une part, si profond que soit l'abîme où l'homme est tombé et même retombé, l'espérance de la grace peut toujours être efficace – il n'existe pas dans l'abîme du vice un moment où le mal radical deviendrait définitif. Cette proposition reflète *l'optimisme* kantien. Le psychologue dira : « cet homme est définitivement perdu » – mais il sera toujours contredit par le philosophe moraliste et religieux, qui consentirait tout au plus à voir dans le mal un indéfini, mais jamais un infini. D'autre part insistant avec une telle vigueur sur l'effort qui doit être accompli dans l'espérance de la grace, Kant, appuyé sur l'impureté de l'homme *(Unlauterkeit des Menschen)* éprouve les doutes les plus fondés sur le courage de l'homme. Ses remarques sarcastiques sur la fonction du prêtre appelé comme « consolateur »[2] à la fin de la vie suffisent à démontrer où se situe le *pessimisme* de Kant. Ainsi Kant est à la fois optimiste et pessimiste ; pessimiste en fonction de son optimisme ! La doctrine de l'espérance montre assez qu'une possibilité de régénération *(Wiedergeburt)* est offerte à l'homme ; encore faut-il qu'il se saisisse avec ardeur de cette possibilité, mais Kant ici doute[3].

§ 12 – La justification est le complément logique de la doctrine de la grâce. Comme Bohatec l'a montré elle soulève de grandes difficultés dans la mesure où cette section de la dogmatique n'est pas la plus familière à Kant[4].

---

1. *Die Religion*, AK, VI, 68 sq.

2. *Ibid.*, AK, VI, 78, ligne 33. Kant refuse tout « opium pour la conscience ».

3. M. Schulze, *Kants Religion innerhalb der Grenzen der blossen Vernunft*, Königsberg, 1927 et bien sûr Bohatec, *op. cit.*, p. 381 sq.

4. J.-L. Bruch, *La philosophie religieuse de Kant.* L'auteur a exposé avec clarté la complexité du problème sans manquer de souligner les imprécisions de Kant, p. 105 sq.

Tentons de rester dans les limites kantiennes. Comme chacun pourra le voir Kant se représente le Christ comme remplaçant *(Stellvertreter* ou *vicarius),* sauveur *(Erlöser* ou *redemptor)* et avocat *(Sachverwalter* ou *causae patronus)*[1]. Mais il se refuse à considérer que le Christ puisse, conformément à la doctrine de l'Église catholique ou luthérienne, se substituer à moi dans le châtiment qu'en tout état de cause je mérite, puisque *j'ai commencé par le mal. Si* réparation ou satisfaction, comme fondement de la justification, doivent s'effectuer, alors il faut que ce soit moi précisément qui répare le mal et la faute. Dans son texte Kant fait intervenir de manière indifférente deux instances : ou bien Dieu ou bien ma raison. Dieu peut juger comme la raison et réciproquement – mais la raison, et c'est peut-être pourquoi il y a religion, ne peut appliquer les conséquences de la sentence. Telle est la première lecture de la théorie de la justification. Si on la relie au *rigorisme* de Kant, on se persuadera que jamais l'homme ne saurait être quitte devant Dieu et par conséquent on développera à nouveau une doctrine du désespoir, ou alors une philosophie mystique dont le leit-motiv se condensera dans ces mots : « *Agnus Dei qui tollis peccata mundi* ». Dans l'un ou l'autre cas on dira adieu à la philosophie, telle que l'entend Kant.

On sent bien la difficulté. Plus que la divinité du Rédempteur, c'est tout le problème de la signification de la religion qui se pose, comme religion à l'intérieur des limites de la simple raison.

Kant ne pouvait résoudre son problème qu'en alignant la doctrine de la justification sur celle de la grâce. Il a présenté très simplement – trop simplement même – sa solution en partant d'une aporie logique. Le châtiment rédempteur ne peut avoir lieu *avant* la conversion, parce que l'image de Dieu n'est pas encore restituée dans le pécheur ; mais, en revanche il serait injuste que l'homme une fois converti et renaissant à la vertu

---

1. *Die Religion*, AK, VI, 172, ligne 5. Le terme *Erlöser* n'a pas grand sens. Kant ne se servira du terme *Erlösung* qui lui répond AK, VI, 74, lignes 25-30, que dans un sens négatif. J'emprunte les équivalents latins à la traduction latine de F. G. Born (*Im., Kantii Opera*, t. II, p. 42, 1).

soit puni. Donc *avant* la conversion l'homme ne saurait admettre la nécessité du châtiment et *après* Dieu serait injuste[1]. Et pourtant il faut satisfaire la Justice divine qui ne saurait laisser un crime impuni. Aussi Kant veut-il écarter la formule *Olim peccator, nunc justus,* parce qu'elle supposerait un intervalle en lequel la dialectique de l'avant et de l'après pourrait se déployer. En outre puisque toute lecture fondée sur une interprétation réifiante de la temporalité pratique qui devient l'idée informe d'un temps intelligible (*duratio noumenon*) doit être écartée, il ne reste que la *simultanéité transcendante* : Je dois espérer être justifié en même temps (si l'on ose dire) que je suis converti, de telle sorte que la formule sera : *Simul peccator et justus.* C'est, croyons-nous, le sentiment de Kant. Il s'exprime au demeurant avec une netteté qui ne laisse philosophiquement rien à désirer : « La conversion est en effet l'abandon du mal et l'entrée dans le bien ; on dépouille le vieil homme et l'on en revêt un nouveau puisque le sujet meurt au péché... pour vivre selon la justice. Dans la conversion toutefois en tant que détermination intellectuelle, il n'y a pas deux actes moraux séparés par un intervalle de temps, mais elle n'en forme qu'un parce que l'abandon du mal n'est possible que grâce à la bonne intention, cause de l'entrée dans le bien et inversement. Le bon principe est donc compris aussi bien dans le délaissement du mal que dans l'admission de la bonne intention et la douleur qui accompagne légitimement le premier acte découle entièrement du second »[2].

C'est sans doute une erreur que de croire que Kant ignore tout de la charité. A lire un théologien comme Nygren on le pourrait penser et il est vrai que le Dieu de Kant – comme tous les commentateurs l'ont souligné – est d'abord un Juge suprême. De là, toutes les finesses écartées – l'idée d'une religion qui ne connaît pas l'amour divin[3]. On dira que le Dieu de Kant ne fait aucune *folie* et si l'on compare avec le Dieu de Madame Guyon, cela est bien certain. Mais l'analyse plus

1. *Die Religion*, AK, VI, 73-74.
2. *Ibid.*
3. Cf. Nygren, *Eros et Agape*. II, liv. 2 (Aubier, 1952).

réfléchie montrera que dans le seul acte de me juger il s'intéresse à moi et cet intérêt, sans doute conforme à la raison est déjà un acte d'amour. On conçoit fort bien dans le système kantien, encore dominé par un théocentrisme supérieur *(O Altitudo... !)* que Dieu tout intéressé par sa Gloire, ne se soucie de l'homme que comme d'un *moyen.* Et alors la doctrine de la justification deviendrait un jouet pour bacheliers. Mais Dieu s'intéresse à moi. Je puis espérer que me régénérant il me punira, me lavant de mes péchés avec une désirable rigueur qui dissipe toute équivoque. *Je ne dois pas seulement penser que Dieu me punira, mais je dois l'espérer.* Ainsi la doctrine de la justification rejoint-elle celle de la conversion comme élément fondamental du moment synthétique dans la fondation de l'espérance.

Mais aussi la religion ainsi élaborée sera morale et rationnelle.

III
THÉORIE DE L'ESPÉRANCE – PASSAGE À LA SYSTÉMATIQUE

La synthèse de l'espérance a été élaborée négativement, puis positivement sous le double rapport de la psychologie et de la métaphysique. Il faut alors passer au point de vue *systématique.*

Comme l'ont montré H. Cohen et A. Philonenko – essentiellement en fonction de la théorie du jugement réfléchissant[1] – seule la systématique réalise *in concreto* la synthèse en son actualité. Peut-être en ceci héritier de Malebranche, Kant comme il l'a maintes fois laissé entendre, juge l'entendement humain trop borné pour démêler un écheveau complexe de rapports de la cause et de l'effet et en somme, estime comme l'auteur de *La Recherche de la Vérité* notre capacité de penser limitée[2]. Il faut

---

1. A. Philonenko, *Études kantiennes,* p. 125. E. Cassirer a lui aussi insisté sur cette dialectique du système et de la synthèse, si négligée par les commentateurs de langue française.

2. *Critique de la faculté de juger,* p. 33.

alors que la nature se donne elle-même comme un système cohérent pour que les catégories puissent s'appliquer.

§ 13 – Il convient alors, dans ce même ordre d'idée, que la vie religieuse puisse être *systématique* et cela à deux points de vue.

1. La synthèse de l'espérance ne constituait rien d'autre que l'analyse du cœur de l'homme, implicitement décrit comme *individu*. Supposé réglé le problème fondamental de cette analyse, il reste pour donner à la conversion sa force la plus active à introduire le sujet au sein d'une *totalité* organisée et s'organisant. La question n'est plus celle de l'homme individuel, mais de la totalité systématique générale en laquelle il doit espérer et cette totalité coïncide ici avec la notion d'*Église*. *Systématique* signifie ici : qui se tient ensemble, ou encore : qui est organisé. Kant use sans équivoque du terme « système » : « ... *zu einem System wohlgesinnter Menschen...* »[1].

L'Église kantienne, précisément parce qu'elle est rationnelle, représente le point de vue systématique de la totalité sans jamais devenir totalitaire. Conformément à la synthèse de l'espérance, sa systématique libère l'homme des superstitions odieuses. Dans le système la synthèse devient claire. C'est à partir de là que s'est, selon toute vraisemblance, organisée la critique kantienne de la religion positive. L'*Aufklärung* en sa platitude ici nullement exagérée s'est limitée à détruire les croyances idolâtres, sans jamais s'appuyer sur des fondements inébranlables, sur l'idée d'un système. A sa manière elle a opéré une *censure*, avec tout ce que cela compte d'arbitraire et d'indécis. Mais Kant, lui, a suivi la voie assurée et équitable de la *critique*. Les longues pages rédigées dans un esprit juridique – mais dont malheureusement l'intérêt s'est perdu – sont les fermes témoins d'une orientation dans la pensée systématique. C'est à la lumière de celle-ci que les choix seront faits. Et il n'est pas dit que tout sera jugé mauvais – simplement chaque chose rejoindra son lieu naturel.

2. Le second motif est à la fois plus clair et plus obscur.

---

1. *Die Religion*, AK, VI, 98, ligne 1.

D'une part il est évident que Kant, si attaché à l'intersubjectivité [1], ne peut concevoir que la synthèse de l'espérance
débouche sur un monde où, vulgairement dit, chaque homme
aurait son Église, dont il serait en même temps le Souverain
Pontife, l'exégète, le ministre, l'officiant et le simple fidèle. Ici
l'impossibilité n'est pas tellement d'essence théorique ou
pratique que pragmatique. La maxime de la *prudence* sans
commander suggère que l'homme s'associe à l'homme dans
une totalité organique systématique. Que l'on transpose le
concept de *correction fraternelle* et tout sera dit. Mais bien
entendu cela laisse la porte ouverte à quiconque ne veut point
s'obliger à la fréquentation d'une Église barbare et ignorante.
Le *système* réalise la synthèse, mais celle-ci ne dépendra jamais
de lui, au moins sur le plan du droit pur.

D'autre part si Kant s'est appliqué à définir une totalité
religieuse systématique, il ne faut pas douter qu'il ait voulu, ce
faisant, marquer sa réprobation devant la prolifération des
sectes. Il n'est pas bon que l'homme soit seul – mais toute la
question est de savoir avec qui il est. La systématique joue
alors un rôle de fil conducteur *(Leitfaden)* ou, si l'on préfère de
pierre de touche.

Ces idées sont grandes et c'est justement ce qui fait le plus
peur à Kant. Dans les mains de l'homme tout se rapetisse.
L'homme est courbe *(krumm)*, *curvus*, *curvus in se*, *incurvatus
in se* (Ep. aux Romains), *versus in sui amorem*. Cette courbure
signifie l'égoïsme et après Luther, Kant définit l'homme
comme un bois courbe qui retourne en soi-même. L'Idée d'un
Royaume de Dieu – réalisation fondamentale du système de
l'espérance – s'éloigne dans la mesure même où l'homme est
égoïste. Il est vrai que Kant n'a jamais cru en un progrès
mécanique de l'humanité et l'on sait comment le progrès,
acceptation du réel, et l'utopie, refus du réel, convergent
bizarrement dans l'écrit de 1784 consacré à *l'Idée d'une*

---

1. Nous suivons ici entièrement les thèses d'Alexis Philonenko, dont la
meilleure expression peut-être est l'introduction à sa traduction de la
Critique de la faculté de juger. Intersubjectivité et idéalisme selon cette
perspective sont indissociables.

histoire universelle au point de vue cosmopolitique[1]. Cette
réserve, seule la forte espérance peut l'atténuer, sans pourtant
suffire. Aussi bien la *Civitas Dei,* comme système des âmes
bien intentionnées, devra-t-elle autoriser des totalités qu'on
aimerait dire « en approche ». C'est pourquoi le système pur de
la foi religieuse dans sa rationalité intrinsèque sera *l'Église
invisible.* En revanche le système empirique de la foi sera fondé
sur l'histoire[2]. Le mouvement fondamental de l'espérance
consistera à œuvrer pour passer des totalités historiques à la
totalité rationnelle. Mais il est évident que cette tension entre
le système pur de l'espérance et les totalités historiques
donnera lieu à une dialectique, portant pour l'essentiel sur la
superstition. Cette dialectique formera le cœur de la IVe partie,
mais trouvera ses fondements dans le § 7 de la Première section
de la Troisième partie.

§ 14 – J.-L. Bruch dans sa thèse sur *La philosophie
religieuse de Kant* a plus clairement que Bohatec qui suit une
démarche trop analytique, décrit la structure de la communauté
ecclésiastique. A vrai dire il n'y a là rien qui soit d'une extrême
difficulté dans l'ouvrage de Kant[3].

Kant qui n'ignore pas les vertus du bon sens ne se pose en
fait qu'une seule question. Puisqu'il est évident que la
croyance historique a précédé la vraie foi religieuse, bien que
moralement les choses eussent dû se présenter autrement, le
problème essentiel est de savoir qui, au sein de ces totalités
historiques, devra expliquer et interpréter les faits et les
Écritures.

1. Trois interprètes se présentent : la raison, la science de
l'exégèse des textes sacrés, le sentiment intérieur. Kant écarte
avec vigueur le sentiment intérieur : « Mais pas plus qu'on ne
peut s'élever d'un quelconque sentiment à la connaissance des
lois et de leur moralité, on ne peut et encore moins déduire

1. Cf. A. Philonenko, *Études kantiennes*, p. 63 *sq.*

2. *Die Religion*, AK, VI, 105, 106 et 102 *sq.*

3. La structure catégoriale de l'Église comme système pur (p. 143-144)
ne semble pas exiger de commentaires. Néanmoins on se reportera à
l'ouvrage de Bohatec.

d'un sentiment ou découvrir grâce à lui le signe certain d'une influence divine immédiate... »[1]. La thèse n'est pas nouvelle. Kant l'avait très précisément développée en 1786 contre Jacobi[2] qu'il était loin de considérer comme dépourvu de lucidité. Le sentimentalisme piétiste – qu'il assimile à la bigoterie[3] – et qui l'incommode dès lors que, suivant la formule de Spener, il faut mettre la tête dans le cœur, ne lui semblait pas un meilleur interprète[4].

Il considère avec plus de bienveillance la science exégétique. Dans la mesure où le système empirique de la religion s'appuie sur des textes et des faits, l'exacte délimitation de la signification de ceux-ci est intéressante. Mais la borne de la science exégétique ne tient pas seulement en ce que, pour chaque système empirique de la religion, l'exégèse ne porte que sur un domaine particulier dans le champ de la sociologie religieuse, mais encore en ce qu'elle est *science* et limitée dans la mesure où dans une matière si importante elle est autre que la *simple* raison. Ce que l'homme inculte doit néanmoins savoir par l'effort d'une réflexion sincère peut sans doute recevoir une confirmation de la science, sans pourtant jamais en dépendre.

Aussi la raison, comme raison pratique, sera l'interprète de toute foi religieuse *positive*. Il est à peine besoin de souligner l'orientation de la lecture rationnelle selon Kant. Tout ou presque a déjà été dit là-dessus. Sans doute convient-il de se limiter à mentionner que le processus interprétatif est une dialectique du *fait* et du *sens*[5]. Dans le fait, il ne faut retenir que le sens pour autant qu'il favorise l'amélioration morale de l'homme. On pourrait préciser toutefois que Kant, sensible évidemment à la valeur de la religion chrétienne, n'exclut pas formellement les données des autres religions et c'est en ce sens qu'il cite un passage du Nouveau Testament : « Toute

1. *Ibid.*, AK, VI, 110 *sq.*
2. Cf. *Qu'est-ce s'orienter dans la pensée ?*
3. *Die Religion*, AK, VI, 185, ligne 29.
4. Il est plausible que Kant ait été réticent à pratiquer dans la mesure où il avait connu en son enfance une vie religieuse pas tout à fait sereine au niveau de la raison. Mais ce n'est qu'une hypothèse.
5. E. Weil, *Problèmes kantiens,* Paris, Vrin, 1998, passim.

Écriture inspirée de Dieu est utile pour instruire, châtier, rendre meilleur » (2. Tim. III, 26).

2. La loi fondamentale qui gouverne l'interprétation rationnelle est une progressive approche de la *Civitas Dei*. Deux moments sont à considérer et le premier fera l'objet de ce paragraphe. La *progression* de la foi historique vers la *foi* religieuse pure et rationnelle, de la totalité systématique empirique (telle confession) vers le système pur de la raison, sera une *réduction*. Kant a maintes fois exprimé l'idée que la foi chrétienne pour s'introduire dans le monde avait sans doute eu besoin de miracles et de jolis contes. L'interprétation transcendantale doit libérer le sens du fait dans la mesure même où l'on peut croire comme Kant que l'humanité est devenue adulte[1]. En ceci se manifeste le cœur de la relation entre la raison pratique transcendantale et l'histoire si bien étudiée par E. Troeltsch[2]. Mais on peut lui reprocher de n'avoir pas vu assez clairement que le processus de réduction était, vu d'un autre côté, un enrichissement de la raison, dont il ne serait pas exagéré de dire que dans l'interprétation elle accomplit sa propre genèse et réalise son auto-pénétration. Fichte a bien aperçu ce mouvement et si la raison n'est jamais créée par l'histoire, c'est en elle qu'elle s'engendre. L'interprétation donnée par la raison dans la dialectique infinie du sens et du fait est la réalisation de la raison.

3. Le second moment peut alors être considéré en toute son ampleur. Assurément l'architectonique kantienne, se développant dans les quatre moments de la synthèse de l'espérance – moment psychologique négatif, moment métaphysique négatif, moment psychologique positif et enfin moment métaphysique positif et passage (*Uebergang*) à la totalité systématique – peut paraître *statique*. Mais la théorie de l'interprétation introduit une dimension nouvelle, celle d'une *phénoménologie de l'esprit* dont le dynamisme double l'architecture systématique.

---

1. Le texte le plus clair est dans une lettre à Lavater (AK, Bd. X, p. 177). – La maturité de l'homme, même si elle n'est pas sociologiquement universellement répandue, est pour Kant un fait indiscutable.

2. E. Troeltsch, *op. cit.*

Aussi l'exposé de la *Religion dans les limites de la simple raison* est une *histoire* de l'Esprit (ou de la raison) qui commençant par le mal, présente le rétablissement du bon principe, sa lutte contre le mauvais, pour définir comme but final l'instauration d'un système pur de l'espérance.

Par là s'expliquent les apparentes redites de la *Religion*. On n'en finit pas de dénoncer les contradictions. La différence avec la *Phénoménologie de l'Esprit* de Hegel est qu'on ne sent point l'effet d'une dialectique toute mécanique, poussant en avant telle une machine aveugle, mais celui d'une dialectique de l'effort toujours menacée par la *fragilité* de l'homme. Kant *espère* dans l'avènement du jour spirituel de la présence ; mais il se garde ici de toute déduction. La lucidité critique est ici exemplaire – elle accorde, sans insister sur la ruse de la raison *(List der Vernunft)* la possibilité d'une phénoménologie éthique systématique de l'esprit destiné à l'espérance. – Le seul problème qui puisse se poser est de savoir si Kant a reconnu la spécificité du fait religieux et sa transcendance absolue. A cela il faut répondre que l'unique transcendance que l'auteur de la philosophie critique veut reconnaître est celle de la raison. Et il ne connaît qu'une fin : la *Civitas Dei* comme système des êtres raisonnables.

La grande faute des lecteurs de Kant fut de ne point considérer l'entrecroisement subtil de la détermination architectonique et du mouvement phénoménologique dynamique. Ou bien on ne retint que quelques aspects de la synthèse de l'espérance – sans d'ailleurs délimiter le sens des moments, ni même leur nombre – ou bien on suivit la perspective historique, mais avec une légèreté telle qu'on y vit une simple succession. Alors on ne pouvait apercevoir l'ordre des raisons si fin et profondément conçu de la *Religion*.

§ 15 – L'homme ne peut réaliser concrètement la synthèse de l'espérance s'il est seul.

Il lui faudra donc appartenir à un système empirique de la foi, c'est-à-dire confesser une adhésion à une totalité empirique.

Kant pense bien entendu que cela n'est possible que dans l'Église chrétienne, même si elle est divisée en sectes.

Mais sa pensée concernant le Judaïsme, père involontaire de la doctrine chrétienne, mérite quelque attention. – Qu'il se soit fourvoyé ou non, que très peu probablement il se soit laissé entraîné par l'antisémitisme, cela peut être excitant pour les « bêtes à cornes », mais n'est d'aucun intérêt philosophique. Ce qui est essentiel – parce qu'à partir de là on pourra généraliser – c'est dans son refus l'idée qu'il se fait d'une totalité religieuse vraie, même s'il ne se fait guère d'illusions sur les capacités humaines en ce qui regarde l'édification des systèmes empiriques religieux. Le Judaïsme est, selon Kant, ce que ne doit pas être un système empirique religieux.

1. Le premier reproche que formule Kant envers le Judaïsme fut d'avoir constitué moins une Église qu'un *État temporel*[1]. Kant donne une interprétation, non sans fondements bien que curieuse, de l'idée du Messie. Celle-ci n'est point à ses yeux une notion *religieuse,* mais purement *politique.* Elle répond en effet à un souci temporel. Supposé que l'État soit morcelé, le Messie sera le réparateur politique. Bien évidemment disant cela[2], Kant veut trancher l'ambiguïté judaïque qui veut associer le royaume terrestre limité et une croyance dont on soutient l'universalité de droit. Le judaïsme n'est pas un système religieux empirique, mais une simple totalité historique et temporelle. Que des éléments moraux se soient glissés de plus en plus dans le judaïsme et plus précisément sous l'influence de la philosophie grecque[3], Kant ne songe pas à le nier. Mais il estime que cela ne change rien à la définition du judaïsme comme pure totalité politique. Or si la religion ne doit pas combattre l'État, elle ne doit pas non plus prétendre le régenter. Ce sont deux sphères étrangères l'une à l'autre par essence – bien qu'il existe entre elles des relations, toujours contingentes, qui forment le concret historique et la faute principale de la théocratie juive fut de les confondre.

2. Que le judaïsme soit fondé sur des lois statutaires, Kant ne saurait le lui reprocher particulièrement. Il n'est point

---

1. *Die Religion*, AK, VI, 125-126.
2. *Ibid.*
3. *Ibid.*, AK, VI, 127-128.

d'Église, qui dès lors qu'elle s'appuie sur la tradition, ne repose du même coup sur des lois statutaires. Mais, en revanche, il blâme les lois statutaires judaïques, pour autant qu'elles ne se rapportaient pas à la conscience interne, mais à la seule conduite extérieure. Même les dix commandements ne concernaient pour les Juifs que leurs démarches extérieures. On peut bien, maintenant, les lire moralement, mais il ne faut point se dissimuler que leur orientation originelle, selon Kant, était politique et devait servir à l'édification d'une constitution politique. La grande révolution chrétienne consistera à promouvoir une pure compréhension éthique des commandements, à exiger en plus de l'observance extérieure, l'intention morale[1].

3. Le judaïsme n'était donc pas selon Kant une religion – sans compter le fait qu'il n'y a qu'une seule religion, celle de la raison et que les prétendues religions comme systèmes empiriques ne sont jamais que confessions, plus ou moins proches de l'unique religion de la raison[2] et qui sont les Églises visibles – parce que sa pratique de la satisfaction, c'est-à-dire la conception des châtiments et des récompenses, était strictement limitée à la vie dans le monde sensible. Or, selon Kant, une telle pratique et une telle conception sont étrangères à toute visée religieuse pure dans la mesure où elles ne supposent pas le concept d'une vie future[3]. C'est un des moments les plus remarquables de la *Religion dans les limites de la simple raison*. En effet des savants éminents, comme Eric Weil, tendaient à réduire la place occupée par le postulat de l'immortalité de l'âme, pièce visiblement surajoutée dans la *Critique de la raison pratique* et en partie destinée à apaiser Herder[4]. Mais ici il est parfaitement clair que ce postulat non seulement est requis pour la validation de toute pensée religieuse, mais encore autorise seul la définition de la vraie religion qui consiste à regarder tous nos devoirs comme des

1. *Ibid.*, AK, VI, 126.
2. *Ibid.*, AK, VI, 109 sq.
3. *Ibid.*, AK, VI, 126.
4. A. Philonenko, *L'œuvre de Kant*, t. II. Eric Weil, *Problèmes Kantiens*.

commandements divins[1], fournissant du même coup sa plus
sûre assise à la doctrine de l'espérance. – Qu'offrait, selon Kant,
la foi juive ? Rien d'autre que la croyance en la durée des peines
ici-bas de génération en génération, principe de prudence
politique, mais non de foi vivante et religieuse[2]. De là à dire
que le judaïsme fut un total malentendu, il y a un pas que Kant
hésite à franchir, mais auquel on peut bien penser qu'il invite.
On notera en passant que la quasi-totalité des textes issus de
l'Écriture Sainte cités par Kant provient du Nouveau Testament.

   4. Kant n'a pas esquivé le problème de la subsistance du
judaïsme après la Révolution du Christ.

   A vrai dire le problème est complexe. D'une part le phénomène de la diaspora – la persécution la plus sauvage que le judaïsme ait connue tout au long de son martyrologe – n'ayant
point altéré la conscience juive, il est, sinon légitime, à tout le
moins psychologiquement compréhensible qu'on se pose la
question de ce que signifie la survie du peuple élu, à travers
tant de larmes et de sang et tant de révolutions spirituelles.
Mais d'autre part cette survie est étonnante pour qui embrasse
d'un coup d'œil l'histoire du Christianisme, déchiré entre
l'Orient et l'Occident, source de guerres et de discordes affreu-
ses : « *Tantum religio potuit suadere malorum !* » (Lucrèce, *De
rerum natura*, V, 101)[3]. – Ne pourrait-on dire que la survie de
la conscience juive est un miracle ? Ne devrait-on pas
reconnaître en cette indestructibilité le sens du sacré et réviser,
dès lors, toutes les conceptions kantiennes !

   On sait la réponse de Kant : la solidité culturelle du
judaïsme s'enracine en la possession de ses Écritures, véritable
ciment sociologique, qui à travers les âges et les persécutions a
forgé l'unité des générations. On pourrait dire qu'un peuple
sans *livre,* sans Écriture, est un peuple sans âme et Kant a
l'honnêteté de reconnaître qu'à la différence des Juifs, des
peuples dépourvus de textes sacrés se sont dissous dans les

---

1. *Die Religion*, AK, VI, 153 *sq.*
2. *Ibid.*, AK, VI, 126.
3. *Ibid.*, AK, VI, 131, lignes 19-20.

vagues de l'histoire [1]. Même s'il se refuse, avec raison, à voir dans le problème de la permanence de la conscience juive – plus accordée avec elle-même que la conscience chrétienne divisée par tant de conflits – un miracle, il n'est pas sûr que Kant ait mesuré la dimension pleine du problème. C'est qu'en ce cas précis – même si l'on apporte à la croyance juive les limitations qu'y découvre Kant – il est clair que la *lettre soutient l'esprit* et que le livre sacré est l'Esprit existant en soi. Par là se pose la question de savoir si les données scripturaires n'ont pas une plus haute valeur que celle qu'on veut bien leur accorder. Le texte reconduit l'Esprit à lui-même ou dans le texte l'Esprit se retrouve. Il ne s'agit pas d'épouser ici l'hégélianisme d'un Kojève, méditant avec profondeur sur le *Vorhandensein* du livre qui renferme un *Dasein*. Mais il est clair que placé devant ce problème pour le moins étonnant, Kant donne une réponse purement sociologique et historique peu satisfaisante. En effet ne faudrait-il pas concevoir que chaque système empirique religieux, dans la mesure où il vise le système pur et général de la religion de la raison, devrait impérativement, au moins à titre de moyen, se fonder sur une Écriture, ou des textes réputés sacrés ? La raison pure comme *Denken* ne supposerait-elle pas pour qu'on s'approche d'elle une Écriture réputée sainte et dans le progrès de la conscience vouée à une *Aufhebung* ?

5. Kant s'est séparé de Lessing dans son appréhension du Judaïsme. On connaît assez la fable des trois anneaux dans *Nathan le Sage* [2]. Trois religions se découvrent moralement une : la chrétienne, la musulmane et la juive. Or pour Kant la « religion juive » n'est pas un anneau religieux ; elle trouve sa vérité sur le plan politique et temporel – et c'est peut-être pour cela, mais par des voies si tortueuses que nous hésitons à y entrer, que la subsistance de la judaïté pourrait s'expliquer. En tout ceci, le plus clair est la rupture avec l'idéologie de Lessing et le refoulement du judaïsme hors du champ religieux. En schématisant d'une manière abusive on pourrait dire que selon

---

1. *Ibid.*, AK, VI, 136-138.
2. Cf. la bonne édition de R. Pitrou chez Aubier.

Kant jamais un homme de bien n'est tel parce qu'il est juif, mais uniquement parce qu'il est un homme conscient de la majesté de la loi morale.

§ 16 – Mais alors ?

D'une part le judaïsme manifestant une vitalité telle qu'on ne peut pas dire sérieusement qu'un juif soit religieusement l'ennemi d'un autre juif – ou si peu !

D'autre part les schismes, les divisions, les dénaturations de l'enseignement du Christ. Des scandales gravés en toutes les mémoires et que Kant mentionne[1], et en lesquels il discerne « l'intérêt politique ». Était-ce là une vraie religion – susceptible d'être opposée, comme telle, au système temporel théocratique judaïque ?

On voit la profondeur de l'alternative. Kant va la rompre avec une clarté rare, mais *moins* en théoricien de la raison pure – ce qui signifie autre chose que *pas du tout* – qu'en philosophe de l'histoire[2]. Après tant de scandales, tant d'injustices, tant d'erreurs malveillantes il pose la question de savoir : « *Quelle a été l'époque la meilleure dans toute l'histoire de l'Église connue jusqu'à ce jour ?* » Et en dépit des aberrations de la censure qu'il a pu connaître il donne sa réponse claquante comme un coup de fouet : « Je n'hésite pas à dire : c'est l'époque actuelle ». Traduisons : jamais de toute son histoire, l'homme n'a été plus proche de l'espérance. Kant emploie une métaphore biologique : « le germe de la vraie foi religieuse » peut maintenant se développer librement[3]. De cette germination, Kant se fait une idée précise, elle sera lente croissance, mais d'autant plus sûre. En aucun cas il ne faut rêver à une révolution orageuse et violente[4] et si ce rêve devenait réalité, le genre humain illusionné croirait aller de l'avant, alors qu'il retomberait en arrière dans le sectarisme et l'intolérance. La philosophie de l'espérance est une pensée de la réforme. La

1. *Die Religion*, AK, VI, 130 *sq.*

2. Cf. Alexis Philonenko ; *L'œuvre de Kant,* t. II, § 27, et suiv. *Études kantiennes*, p. 52 et suiv.

3. *Die Religion*, AK, VI, 131.

4. *Ibid.*, AK, VI, 121-122. La Révolution française pèse sur cette page.

pensée de la réforme s'accompagne du sentiment précis que le temps est venu où le message religieux originel peut être compris et saisi. L'idée de réforme présuppose l'être du concept dans le temps et ainsi l'apparition d'un optimisme spirituel. Si Kant se distingue de Hegel ici – en écartant la doctrine de l'Esthétique transcendantale –, c'est que cette explicitation du Concept (Verbe ou bon principe) n'achève pas l'histoire, mais l'inaugure[1]. Il faudra un temps infini pour que par l'homme l'auto-pénétration du Concept s'effectue. Mais Kant croit vivre l'heure exaltante où s'inscrit le point zéro de l'histoire nouvelle de l'humanité. La philosophie de l'espérance comme détermination *transcendantale* a conquis ses *fondations*.

Alors on peut bien jeter un regard apaisé sur les déchirements de l'Église chrétienne dans son histoire concrète dès lors qu'on sait que religion et raison vont tendre désormais l'une vers l'autre à l'infini. La vraie religion est dynamique et *mutatis mutandis*, Kant oppose le caractère statique du judaïsme à la vérité dynamique du christianisme. Enfin il y a sens et bon sens à parler d'une Église *militante* qui au moins dans l'Idée de la raison se découvre comme Église *triomphante*.

IV

CRITIQUE DE L'ILLUSION RELIGIEUSE

L'Église militante possède sa dialectique.

C'est l'objet de la quatrième et dernière section de la *Religion*.

Mais cette dialectique est particulière. – Kant présente bien dans la troisième section (III, 1, 7, p. 169 et suivantes) une remarquable *(sic)* antinomie de la raison humaine. Mais cette antinomie qui regarde le problème de la satisfaction ne semble pas s'imposer, en ce sens que son vrai lieu se trouvait dans la seconde section et plus particulièrement dans la théorie de la

---

1. Ici Kant serait proche du jeune Fichte, cf. A. Philonenko, *Théorie et praxis dans la pensée morale et politique de Kant et de Fichte en 1793.* IIe partie, au début.

justification et de la satisfaction. La dialectique finale est tout autre et Kant n'a pas su, à notre sens, l'élaborer suivant les règles de l'architectonique. C'est qu'il s'agit d'une dialectique de la totalité historiquement conçue.

§ 17 – Le titre de la quatrième section est révélateur : *Vom Dienst und Afterdienst unter der Herrschaft des guten Prinzips – oder : von Religion und Pfaffentum*[1]. Il y a donc bien une thèse et une antithèse, un vrai culte de Dieu et un faux culte de celui-ci, une opposition entre la religion et quelque chose qu'on pourrait nommer le cléricalisme[2].

Si Kant n'a pas élaboré architectoniquement l'antithétique du vrai et du faux culte, il se peut fort bien que ce soit parce qu'il rencontrait, sans doute pour la première fois, une contradiction sociale et historique et que les techniques raffinées de la dialectique transcendantale faisaient preuve d'impuissance. Et, en effet, on imagine mal comment le faux culte, comme moment antithétique, aurait pu tenter de se soutenir par une réfutation apagogique de la preuve de la thèse constituant le vrai culte[3]. Kant n'ignore pas la fonction de la contradiction historique ; mais il semble impuissant à la « dialectiser ». A notre sens cette impuissance est une limite grave. Mais on pourra juger tout autrement que nous et considérer cette impuissance prétendue comme le signe d'un respect du réel dans sa diversité historique. Le monde ne se limite pas à ce que j'en dis, ni même à ce que j'en pense – je perçois des ébranlements sourds et massifs dont le sens est à venir. Bien malgré elle sans doute, cette quatrième section pose le problème de la valeur de la logique.

§ 18 – J.-L. Bruch, pour les lecteurs de langue française est encore le meilleur guide dans cette ultime analyse. Ses appréciations de détail et détaillées sont justes. Il a défini avec

1. *Die Religion*, AK, VI, 151, lignes 2-5.

2. *Pfaffentum* est intraduisible. Dans la mesure où une religion peut être infestée en son cœur, nous avons conservé le terme : sacerdoce.

3. Sur les principes antithétiques, cf. A. Philonenko, *Études kantiennes* (seconde étude).

beaucoup de clarté le sens du faux culte[1]. Celui-ci consiste en
ce que l'observance morale, qui ne doit être suivie que pour
tenter en améliorant son cœur, d'être un homme agréable à Dieu,
est détournée de son sens et devient un moyen, dont on croit
qu'il est propre à satisfaire les désirs ou à chasser la peur.
J.-L. Bruch écrit fort justement : « En subordonnant la loi
morale à des besoins nés de la peur et du désir, l'Église subordonne la raison à la sensibilité et reproduit les conditions du
mal radical. » Le mal radical n'était, on l'a vu, rien d'autre que
la subordination par inversion des mobiles de la raison, venant
après (dans la simple mesure où ils n'étaient pas *seuls*
considérés comme le veut l'impératif catégorique). – Le thème
fondamental est toujours le même. Si par exemple je considère
en même temps mes besoins et les prescriptions de la raison,
alors en réalité j'aurai considéré *après* les prescriptions de la
raison. Car des directives *inconditionnées*, dès lors qu'elles
sont considérées *en même temps* que d'autres qui ne le sont pas
perdent en fait leur dignité catégorique.

Or, s'il est vrai que l'époque actuelle est la meilleure, que
de choses, au sein de l'Église militante, choquent Kant. Le faux
culte ainsi défini, mal radical de l'Église, a laissé s'introduire
les pratiques les plus superstitieuses. L'Église militante ne
doit pas seulement travailler à se répandre, mais aussi travailler
sur soi. Le progrès de l'Église doit se faire au-dehors et au-
dedans guidé par l'idée si sage de la réforme. La question n'est
pas fondamentalement celle de savoir si dans sa structure
l'Église doit être monarchique, aristocratique ou démocratique.
Ce qui importe, c'est que son mode de gouvernement cesse,
appuyé sur le faux culte, d'être despotique, pour devenir
républicain[2]. Mais ce gouvernement républicain de l'Église,
qui ne dépend pas de sa structure monarchique, aristocratique ou démocratique, ne deviendra une république des êtres

---

1. J.-L. Bruch, *op. cit.*, p. 191.

2. On sait que dans la *Doctrine du droit* Kant définit le républicanisme
comme l'esprit du gouvernement de telle sorte qu'un gouvernement
aristocratique pourra être dit républicain et en revanche un gouvernement
démocratique despotique. C'est la lecture de Platon (en particulier
l'Apologie de Socrate) qui semble être la source de cette conception.

raisonnables que si ceux-ci parviennent à se défaire de la superstition, quelque sens qu'on veuille donner à celle-ci.

Je n'ai rien à demander à Dieu et n'ai aucun devoir envers lui – pour la seule raison que je ne puis honnêtement me dire que je conçois clairement quel il est. Mais la superstition, fondée sur le principe du faux culte, comme inversion des maximes, se glisse partout. – Kant cite des exemples frappants. D'abord le Thibétain qui croit que ses vœux atteindront leur but pourvu qu'ils soient écrits et *remués*. De là les drapeaux flottant au vent ou le moulin à prières. Le sage croyant – qui fait vœu de se rendre à Notre-Dame de Lorette est sans doute plus instruit que le Thibétain, mais au total moins avisé. Il donne toute l'eau de son corps en ce pèlerinage ; le Thibétain assis tourne son précieux moulin. Ensuite le *schaman* tongouse que Kant n'hésite pas à mettre sur le même pied qu'un « *prélat* d'Europe ». Enfin le *Vogul*, épaisse brute issue d'une tribu asiatique, qui pratique le culte de l'ours et le matin se place sur la tête (en prononçant une prière – qui a le mérite d'être brève – : « Ne me tue pas ») une patte d'ours. Est-il si différent de l'Indépendant du Connecticut... ? En ce qui touche la forme il y a assurément une distinction. Mais Kant estime que le *principe* est le même.

Toute l'histoire de la superstition comme faux culte de Dieu ne consiste qu'à croire, pour des intérêts divers, mais dans la rigueur métaphysique, étrangers à la loi morale, qu'on peut *agir* sur Dieu. Deux, points sont alors à relever. D'une part, même dans le sacerdoce tel qu'on imagine le comprendre en toutes ses vertus, peut s'insinuer la croyance qu'on peut agir sur Dieu. D'autre part on peut s'illusionner au point de croire que pouvant agir sur Dieu, on peut agir sur une foule d'autres êtres et la chose, pour absurde qu'elle soit, est plus logique puisque ces êtres, à la différence de Dieu, sont finis, et alors on tombe dans la magie, qui elle-même se dégradant en magie noire se révèle être la vérité de la superstition.

Kant se sert d'un mot précis pour dénoncer cette aberration de l'esprit : *Wahnsinn.* Traduire par *illusion,* c'est faible ; *folie* serait beaucoup trop fort. On s'en tiendra à *illusion,* en gardant toujours la conscience que celle-ci peut dégénérer en *folie.*

§ 19 – Kant se rapproche-t-il de Hume ?

On a pu le penser, tant la critique de la superstition était voisine chez les deux philosophes. Beaucoup d'aspects leur sont communs, si on se limite à la quatrième partie. La critique de Kant n'est pas moins intellectualiste que celle de Hume, bien que, différence très considérable, elle s'appuie sur la raison morale considérée en ses structures *a priori*. Mais Kant devait assurer son originalité dans la conception de la prière.

Dans la *Doctrine de la vertu* Kant soulignait – une fois de plus – que nous n'avions pas à proprement parler de devoir envers Dieu, mais qu'avoir de la religion est « un devoir de l'homme envers lui-même »[1]. La prière est pacte religieux le plus répandu, le plus reçu cependant. – Contre la prière, Kant fait valoir souvent qu'elle est mal comprise, car on ne saurait agir sur Dieu, qui doit être conçu comme Juge suprême, ni à ce titre acquérir quelque obscure familiarité que défend une section confuse de la philosophie de l'oraison. Kant ne reconnaît pas non plus l'efficacité de la prière sur le plan psychologique, tant il est vrai qu'un mot sans cesse présenté et représenté à l'esprit perd et sa clarté et son efficacité. Enfin dans ses notes sur la prière[2], il découvre de l'hypocrisie en cet acte puisqu'on ne peut s'adresser en mots à la divinité sans « se la représenter comme quelque chose qui peut être livré aux sens alors qu'elle n'est qu'un principe que la raison force à admettre ». La prière ne constitue pas l'antithèse de la dialectique de la quatrième section, mais en donne l'image saisissante. Toutes les totalités systématiques religieuses empiriques en lesquelles l'homme doit s'engager pour progresser dans la foi de la raison – c'est-à-dire le concept global de l'Église militante – sont plus ou moins dominées par les formes de la prière, formes plus ou moins éloignées de la raison. Ce ne sont jamais que des moyens de grâce, dont l'intérêt doit céder devant l'orientation pratique pure.

Mais dans *l'esprit de la prière* comme constituant l'illustration du vrai culte, donc de la *thèse,* on peut lire

---

1. *Doctrine de la vertu*, p. 118-119.
2. AK, Bd. XIX, p. 637 *sq.* Refl. 8092.

l'essence de l'authentique religion qui réside dans la seule intention d'être agréable à Dieu. Comme l'ont bien vu Bohatec et Bruch, l'esprit de la prière ne peut se concevoir dans le seul sens d'une réflexion solitaire et privée. C'est là un des aspects les plus curieux de la pensée kantienne. On aurait pu croire que, plus naturelle que positive, la religion kantienne se « détournerait des institutions en faveur d'une vie spirituelle purement intérieure et personnelle »[1]. Or récusant la prière privée, il ne pense pas que l'esprit de la prière soit contraire à la prière publique. Du même coup cependant s'éclairait la logique kantienne : dès lors qu'elle entendait parachever la synthèse de l'espérance dans la systématique de l'espérance, elle devait dépasser l'individu vers la totalité.

Ainsi l'opposition de la prière et de l'esprit de la prière comme illustrations du faux et du vrai culte se surdéterminent comme opposition de la simple synthèse et du système.

Et la totalité de la *Religion* se rassemble et se déploie tout à la fois. On trouve une unité quelque peu comparable à celle de la *Critique de la faculté de juger*. Les apparentes répétitions de Kant peuvent s'ordonner selon des axes philosophiquement logiques et l'œuvre donne et sa mesure et son économie.

L'historien de la philosophie peut, parvenu à ce terme, non pas proposer une interprétation, car si une introduction suffit pour esquisser la systématique générale de la question de l'espérance, elle ne peut la résoudre en ses détails ; si donc l'historien ne peut pas proposer une interprétation, il doit pouvoir, en revanche, proposer une appréciation.

Que l'on reprenne les différents éléments fondamentaux depuis la définition du mal radical, on verra que – peut-être forcé par la censure, mais ce n'est pas évident et de toute manière la question n'est pas là – Kant semble ne pas posséder *le sens du religieux*. Il est très rare qu'il reconnaisse la transcendance du « fait » religieux. *Le sens du religieux* ne doit pas nécessairement être confondu avec le *sentiment du religieux* : mais il n'est que trop vrai que Kant passe à côté du sens du mot *heilig* en sa double dimension : sacré et saint. De ce point de vue,

1. J.-L. Bruch, *op. cit.*, p. 217.

la doctrine peut paraître un échec au moins partiel, et que n'explique pas seulement le manque de familiarité avec la dogmatique théologique. Avec beaucoup de prudence nous avancerons deux thèses. La première est que le succès de la *Religion* s'explique par son concept de mal radical. Ce concept était emprunté à Baumgarten, comme on l'a dit. Mais sous la plume de Kant, il devait acquérir un pouvoir de fascination étrange et inquiétant. La question ne fut plus, en traitant de ce concept, de voir en lui, comme le voulait Kant, la limitation de l'homme dans le mal, homme incapable de s'élever au diabolique et par conséquent encore soustrait à une théorie fondamentale du désespoir. Obnubilés par l'adjectif radical, maints penseurs y virent l'affirmation de l'essentialité du mal. Il serait fastidieux, mais non inutile de relever les noms de ceux dont la pensée fut pour ainsi dire infusée par ce contre-sens. On en trouverait beaucoup. Faut-il ajouter que les atrocités des guerres – atrocités que Kant n'aurait su imaginer – ont apporté un puissant crédit à cette ligne de pensée ? – La seconde thèse résiderait dans l'affirmation suivante. Kant assurément n'a pas inventé le concept de la pensée historique et spéculative. Mais il a, avec une telle vigueur, au niveau le plus haut, celui de la *foi* et de l'espérance, délimité le champ possible pour une *Phénoménologie de l'Esprit*, dialectiquement en marche vers le « jour spirituel de la présence », conquête ou reconquête de l'homme par soi, que la pensée hégélienne n'était pas loin. Sans doute à la fin des deux parcours il y aura une divergence fondamentale. Hegel pense s'élever au point où le concept est dans le temps, résolution de toutes les irrésolutions – Kant, en revanche, déclarant que son époque est la meilleure jusque-là, croit qu'il faudra un progrès infini avant la réalisation unitaire de la *Civitas Dei*. La différence est grande, mais elle est *d'abord* spéculative. Et de Kant à Hegel un progrès était nécessaire, dans la mesure où ayant manqué le sens du religieux, sans fermer la porte, Kant pouvait paraître n'avoir que trop bien réussi en ramenant parfois brutalement le monde religieux à celui d'une raison pratique, vénérable mais impersonnelle.

M. NAAR (Carnac 1982)

Emmanuel Kant

LA DOCTRINE PHILOSOPHIQUE
DE LA RELIGION

|PRÉFACE DE LA PREMIÈRE ÉDITION
(1793)

La morale qui est fondée sur le concept de l'homme, en tant qu'être libre s'obligeant pour cela même, par sa raison, à des lois inconditionnées, n'a besoin ni de l'Idée d'un Être différent, supérieur à lui pour qu'il connaisse son devoir, ni d'un autre mobile que la loi même pour qu'il l'observe. Tout au moins c'est la propre faute de l'homme s'il se rencontre en lui semblable besoin auquel dès lors il ne peut être remédié par rien d'autre ; car ce qui n'a pas sa source en lui-même et en sa liberté, ne saurait compenser sa déficience morale. – Donc en ce qui la concerne (aussi bien objectivement quant au vouloir que subjectivement, quant au pouvoir), la morale n'a aucunement besoin de la religion, mais se suffit à elle-même, grâce à la raison pure pratique. En effet, puisque ses lois obligent en vertu de la simple forme de légalité universelle des maximes, qu'on doit prendre en conformité avec elle, comme condition suprême (elle-même inconditionnée) de toutes les fins, elle n'a d'une manière générale, aucunement besoin d'un motif matériel déterminant le libre arbitre[1], c'est-à-dire d'une fin, ni

1. Ceux auxquels ne paraît pas suffire le simple principe formel de détermination (celui de la conformité à la loi) comme principe de détermination dans le concept du devoir, avouent toutefois qu'il ne peut se rencontrer dans l'*amour de soi* qui n'a en vue que le *bien-être* particulier. Mais alors il ne reste que deux principes de détermination : l'un, rationnel, la

4   pour reconnaître |en quoi consiste le devoir, ni pour être
    poussé à le faire ; mais elle peut et elle doit, quand il s'agit de
    devoir, faire abstraction de toutes les fins. Ainsi par exemple
    pour savoir, si, en justice, je dois fournir un témoignage
    véridique ou si je dois (ou si je puis) agir loyalement quand on
    me réclame le bien d'autrui qui m'a été confié, je n'ai pas à
    rechercher une fin que je pourrais me proposer de réaliser en
    faisant ma déclaration ; car peu importe la nature de cette fin ;
    bien mieux, celui qui, alors que sa déposition lui est légale-
    ment réclamée juge encore nécessaire de s'enquérir d'une fin
    est, de ce fait déjà, un misérable.

        Mais, quoique la morale pour son usage, n'ait pas besoin
    de la représentation d'une fin qui devrait précéder la détermi-
    nation de la volonté, il peut bien se faire qu'elle ait un rapport
    nécessaire avec une fin de ce genre, non comme à un
    fondement, mais comme aux conséquences nécessaires des
    maximes adoptées en conformité avec les lois. – En effet, sans
    rapport de finalité, aucune détermination volontaire ne peut se
    produire en l'homme, car elle ne peut être dépourvue d'un effet
    quelconque, dont la représentation doit pouvoir être admise,
    sinon comme principe de détermination de l'arbitre et fin
    antécédente dans l'intention, du moins comme conséquence

---

perfection propre, et l'autre, empirique, le *bonheur* d'autrui. – Si donc, par le
premier, ils n'entendent pas déjà la perfection morale qui ne peut être qu'une
(à savoir une volonté obéissant sans condition à la loi) – et leur explication
4   serait dans ce cas |un cercle vicieux – ils devraient désigner par là la per-
fection naturelle de l'homme en tant qu'elle est susceptible d'élévation et il y
en a de bien des sortes (par exemple aptitude aux arts et aux sciences, goût,
agilité du corps, etc.). Tout ceci toutefois ne vaut que conditionnellement,
c'est-à-dire seulement à la condition que l'usage qu'on en fait ne contredise
pas à la loi morale ; cette perfection donc, devenue fin, ne peut être le
principe des concepts de devoir. Il en est de même de la fin qui a pour but le
bonheur d'autres hommes. Une action en effet doit tout d'abord être évaluée
en soi selon la loi morale avant de la faire servir au bonheur d'autrui ; car
l'avancement des autres n'est un devoir que conditionnellement et ne peut
être utilisé comme principe suprême de maximes morales.

de sa détermination par la loi en vue d'une fin *(finis in consequentiam veniens)*; sans laquelle un libre arbitre qui n'ajoute pas par la pensée à l'action qu'il a en vue quelque objet objectivement ou subjectivement déterminé (qu'il a ou devrait avoir), et sachant sans doute *comment,* mais non *dans quel sens* il doit agir, ne saurait aucunement se satisfaire. Ainsi pour bien agir il n'est pas besoin en morale d'un but; la loi qui comprend d'une manière générale la condition formelle |de l'usage de la liberté lui suffit. De la morale cependant une 5 fin se dégage; car il est impossible que la raison soit indifférente à la réponse faite à cette question : *que peut-il donc résulter de ce bien agir qui est le nôtre* et vers quoi pourrions-nous, même si cela ne dépendait pas entièrement de notre puissance, diriger notre activité, comme vers une fin, afin qu'il y ait tout au moins accord avec elle. Il ne s'agira certes que de l'Idée d'un objet qui comprend, réunis en lui, la condition formelle de toutes les fins telles que nous devons les avoir (le devoir) et en même temps tout le conditionné correspondant à toutes ces fins qui sont les nôtres (le bonheur conforme à l'observation du devoir), c'est-à-dire l'Idée d'un Souverain Bien dans le monde, dont la possibilité nous oblige à admettre un Être suprême, moral, très saint, et tout puissant, pouvant seul unir les deux éléments qu'il comporte; toutefois cette Idée (considérée pratiquement) n'est pas vide; parce qu'elle pourvoit à notre besoin naturel de concevoir pour notre activité prise en son ensemble quelque fin ultime qui peut être justifiée par la raison; s'il n'en était ainsi il y aurait là un obstacle pour la détermination morale, or, ce qui est ici l'essentiel, c'est que cette Idée se dégage de la morale et n'en est pas le fondement; se proposer cette fin suppose déjà des principes moraux. Donc, ce ne peut être indifférent pour la morale de concevoir ou non l'idée d'une fin ultime de toutes choses (son accord avec celle-ci n'augmente pas, il est vrai, le nombre de ses devoirs, mais leur procure cependant un point particulier de convergence où toutes les fins viennent s'unir);

car c'est ainsi seulement que la liaison de la finalité par liberté avec la finalité de la nature dont nous ne pouvons aucunement nous passer, peut devenir une réalité pratiquement objective. Supposez un homme, respectant la loi morale, à qui vient l'idée (difficilement évitable) de rechercher quel monde, il *pourrait bien créer,* guidé par la raison pratique, s'il en avait le pouvoir et s'y plaçait lui-même comme membre ; il le choisirait certes, non seulement comme précisément le comporte l'idée morale du Souverain Bien, si le choix lui en était laissé, mais il voudrait de plus qu'il existât un monde d'une manière générale, la loi morale exigeant que le plus grand bien, possible par nous, soit réalisé, même si, conformément à cette Idée, il se voyait en danger de perdre, pour sa personne, |une bonne part de sa félicité ; il est possible en effet qu'il ne puisse satisfaire à ce qu'exige cette dernière et que la raison pose comme condition ; dès lors il se sentirait contraint par la raison de reconnaître comme sien aussi ce jugement porté d'une façon tout à fait impartiale, en quelque sorte par un étranger ; l'homme prouve par là qu'il a le besoin d'origine morale de concevoir au-delà de ses devoirs une fin ultime qui en serait comme le résultat.

6

La morale conduit donc immanquablement à la religion, s'élargissant ainsi jusqu'à l'Idée d'un Législateur moral tout puissant, extérieur à l'homme[1] en la volonté duquel est une fin ultime (de la création du monde), ce qui peut et doit être également la fin dernière de l'homme.

1. La proposition : il y a un Dieu, donc il y a dans le monde un Souverain Bien (comme article de foi) si elle doit dériver uniquement de la morale, est une proposition synthétique *a priori,* qui, admise seulement d'un point de vue pratique, dépasse néanmoins le concept de devoir, renfermé dans la morale (et qui ne suppose aucune matière de l'arbitre, mais seulement les lois formelles de celui-ci) et ne peut en être tirée analytiquement. Or, *comment une proposition a priori de ce genre est-elle possible ?* L'accord avec la simple idée d'un législateur moral de tous les hommes est, il est vrai, identique en général avec le concept moral de devoir et, à cet égard, la proposition qui

Si la morale reconnaît dans la sainteté de la loi un objet du plus grand respect, elle représente, au niveau de la religion dans |la Cause suprême, exécutrice de ces lois, un objet **7** d'*adoration* et paraît dans sa majesté. Tout cependant, même ce qu'il y a de plus sublime s'amenuise sous les mains des hommes s'ils en |emploient l'Idée à leur usage. Ce qui ne peut **8**

ordonne cet accord est analytique : Toutefois admettre l'existence d'un tel objet dit plus que d'en admettre la possibilité. Au sujet de la clef propre à donner la solution de la question autant que je crois la comprendre, je ne puis ici donner qu'une indication sans entrer dans le détail.

La fin est toujours l'objet d'une appropriation, c'est-à-dire d'un désir immédiat de posséder une chose par le moyen d'une action ; de même la loi (qui ordonne pratiquement) est objet de *respect*. Une fin objective (c'est-à-dire celle que nous devons avoir) est celle qui nous est donnée comme telle par la simple raison. La fin qui renferme la condition indispensable et en même temps suffisante de toutes les autres est la fin *ultime*. La félicité personnelle est la fin ultime subjective d'êtres raisonnables de l'Univers (fin que chacun d'eux *a* du fait de sa *nature* qui dépend d'objets sensibles et dont il serait absurde de dire que chacun doit l'avoir) et toutes les propositions pratiques qui ont pour fondement cette fin dernière sont synthétiques, et empiriques en même |temps. Cependant, que chacun doive se **7** proposer pour fin *dernière* le bien le plus grand possible au monde, c'est là un principe pratique synthétique *a priori* et certes objectivement pratique donnée par la raison pure, parce que c'est une proposition qui dépasse le concept des devoirs dans le monde, et ajoute une conséquence de ces devoirs (un effet) que les lois morales ne renferment pas et qui, par conséquent, ne peut en être tirée analytiquement. Ces lois, en effet, ordonnent de manière absolue, quoi qu'il s'en suive, bien plus elles obligent de faire totalement abstraction de l'événement quand il s'agit d'une action particulière, faisant ainsi du devoir l'objet du respect suprême, sans nous proposer et nous fixer une fin (et une fin ultime) qui en serait en quelque sorte la recommandation et constituerait le mobile pour l'accomplissement de notre devoir. Ceci pourrait suffire à tous les hommes, s'ils s'en tenaient uniquement (comme ils devraient) à ce que prescrit la raison pure. Qu'ont-ils besoin de connaître quel résultat de leur activité morale sera produit par le cours du monde ? C'est assez pour eux d'accomplir leur devoir ; quand bien même tout serait terminé par cette existence terrestre et que de plus dans celle-ci peut-être bonheur et mérite ne s'accorderaient jamais. Or, c'est une des bornes inévitables de l'homme (et aussi peut-être de tous les autres êtres de l'Univers) et de sa faculté de raison pratique de s'inquiéter du résultat de

être véritablement honoré qu'en tant que le respect en est libre,
est obligé de s'accommoder à des formes auxquelles seules
des lois de contrainte peuvent donner de la considération et ce
qui spontanément s'expose à la critique publique de tout
homme, doit se soumettre à une critique qui dispose de la
force c'est-à-dire une censure.

Cependant, comme le commandement : Obéis à l'autorité,
est lui aussi moral et que son observation, comme celle de
tous les autres devoirs, peut être rapportée à la religion, il
convient à un traité consacré au concept déterminé de celle-ci,
de donner lui-même un exemple de cette obéissance, qui
toutefois ne peut être prouvée seulement simplement par

toutes ses actions pour y découvrir ce qui pourrait lui servir de fin et
démontrer aussi la pureté de l'intention, résultat qui dans la pratique (*nexu
effectivo*) vient en dernier lieu, mais en premier lieu dans la représentation et
l'intention (*nexu finali*). En cette fin, encore que proposée par la simple
raison, l'homme cherche ce qu'il peut *aimer* ; la loi donc qui ne lui inspire que
du respect, bien qu'elle ne le reconnaisse pas comme un besoin, s'élargit
cependant, pour sa satisfaction, de façon à admettre la fin morale ultime de la
raison parmi ses motifs déterminants ; c'est-à-dire que la proposition : Fais du
plus grand bien possible dans le monde ta fin ultime, est une proposition
synthétique *a priori*, introduite par la loi morale elle-même et par laquelle
pour ainsi dire la raison pratique dépasse cette dernière : ce qui est rendu
possible par ceci que la loi morale est rapportée à la propriété naturelle qu'a
l'homme de concevoir outre la loi pour toute action nécessairement une
autre fin (propriété qui fait de lui un objet de l'expérience) et n'est possible
(comme les propositions théoriques, qui sont aussi synthétiques *a priori*), que
si elle renferme le principe *a priori* de la connaissance des motifs de détermination du libre arbitre dans l'expérience en général, en tant que celle-ci, qui
présente les effets de la moralité dans ses fins, procure au concept de
moralité, comme causalité dans le monde, une réalité objective encore que
simplement pratique. – Si toutefois l'observance la plus stricte des lois
8 |morales doit être conçue comme cause de la production du souverain bien
(en tant que fin) il faut admettre, parce que la puissance de l'homme ne suffit
pas pour réaliser dans le monde l'harmonie de la félicité avec le mérite
d'être heureux, un être moral tout-puissant comme Maître du monde, par les
soins duquel cela s'accomplira, c'est-à-dire que la morale conduit infailliblement à la religion.

l'attention respectueuse de la loi portant sur une seule ordonnance de l'État, en demeurant aveugle pour toutes les autres, mais par un respect général pour toutes les ordonnances ensemble. Or, le théologien qui censure les livres peut avoir été nommé soit pour se préoccuper seulement du salut des âmes, soit aussi du salut des sciences ; le premier juge n'est nommé que comme ecclésiastique, mais le second comme savant également. A ce dernier, comme membre d'une institution publique à laquelle (sous le nom d'Université) sont confiées toutes les sciences pour les cultiver et les préserver de tout préjudice, il incombe de restreindre les prétentions du premier pour que sa censure ne cause aucun dommage dans le domaine des sciences, et s'ils sont l'un et l'autre des théologiens bibliques, la censure supérieure reviendra au dernier en tant que membre universitaire de la Faculté chargée d'examiner cette théologie ; car en ce qui concerne le premier objet (le salut des âmes) tous deux ont la même mission ; mais en ce qui concerne le second (le salut des sciences) le théologien, en tant que savant et universitaire, doit s'acquitter en outre d'une fonction particulière. Ou si l'on écarte de cette règle, on en arrivera enfin où l'on est déjà arrivé (par exemple au temps de Galilée) ; à savoir que le théologien biblique, pour humilier l'orgueil des sciences et s'en épargner l'étude, se risque à des incursions même dans le domaine de l'astronomie |ou d'autres sciences par exemple l'histoire 9 ancienne de la terre ; et que, pareil à ces peuples qui ne trouvent, en eux-mêmes ni la force, ni le sérieux suffisant pour se défendre contre de dangereuses attaques, transforment en désert tout ce qui les entoure, il ne mette un frein sur tous les essais de l'entendement humain[a].

Cependant, dans le champ des sciences, il s'oppose à la théologie biblique, une théologie philosophique qui est le bien confié à une autre Faculté. Cette théologie, si toutefois

---

a. Ce passage fait allusion aux démêlés de Kant avec la censure.

elle demeure dans les limites de la simple raison et utilise, pour confirmer et appliquer ses propositions, l'histoire, les langues, les livres de tous les peuples, même la Bible, mais seulement pour elle-même, sans vouloir introduire ses propositions dans la théologie biblique ni modifier les dogmes officiels de celle-ci, ce qui est le privilège des ecclésiastiques, doit avoir pleine liberté de se développer aussi loin que s'étend sa science. Et même, s'il est établi que le philosophe est allé vraiment au-delà de ses limites, empiétant sur la théologie biblique, le droit de censure ne peut être contesté au théologien (considéré comme ecclésiastique seulement). Cependant, s'il subsiste encore quelque doute et que par suite la question se pose de savoir si la cause en est un livre ou quelque exposé public du philosophe, la censure supérieure ne peut revenir qu'au théologien biblique, en tant que *membre de sa faculté*, parce qu'à lui a été confié également le second intérêt de la chose publique qui est d'avoir soin de la floraison des sciences et que sa nomination est aussi légitime que celle du premier.

Assurément la première censure revient dans ce cas à cette Faculté et non à la Faculté de philosophie ; parce qu'elle seule conserve le privilège de certaines doctrines, tandis que l'autre fait des siennes un commerce ouvert et libre, il s'ensuit que la première seule peut se plaindre si l'on porte tort à son droit exclusif. Un doute au sujet de cette violation est facile à éviter en dépit de la proximité des deux doctrines dans leur ensemble et la crainte qu'a la théologie philosophique de ne pas dépasser ses limites, pourvu que l'on considère que ce désordre ne résulte pas de ce que philosophe fait quelques emprunts à la théologie biblique pour en user selon ses fins (car celle-ci même ne contestera pas qu'elle renferme bien des choses qui lui sont communes avec les doctrines de la simple raison, et de plus maint détail relevant de l'histoire, de la philologie et de leur censure) ; il n'y aurait pas de désordre même en **10**   admettant qu'il emploie ce qu'il lui emprunte, en un |sens conforme à la simple raison, quoique peu agréable peut être à cette théologie ; mais le désordre provient de ce que le philosophe *y introduit*, en voulant ainsi la détourner vers des fins que ne permet pas son institution. – Ainsi on ne peut dire par exemple que le professeur de droit naturel qui emprunte pour sa philosophie du droit au codex romain des expressions et des formules classiques, *empiète* sur lui, même s'il n'en use pas comme souvent il arrive, exactement dans le sens qu'elles devraient avoir suivant les commentateurs de ce droit ; il suffit qu'il ne prétende pas que les juristes proprement dits et même les tribunaux les emploie aussi dans ce sens. Car s'il n'était pas autorisé à agir ainsi, on pourrait aussi inversement accuser le théologien biblique et le juriste statutaire de porter atteinte un nombre incalculable de fois au domaine de la philosophie parce que tous deux, ne pouvant se passer de la raison, et s'il s'agit de science, de philosophie, se voient obligés de lui faire des emprunts très nombreux, il est vrai dans leur intérêt particulier à tous deux. Si toutefois il s'agissait pour le théologien biblique de ne point si possible entrer en matière avec la raison en ce qui touche la religion, il est facile de prévoir de quel côté serait la perte ; une religion, en effet, qui, sans hésiter, déclare la guerre à la raison, à la longue ne saurait se soutenir contre elle. J'ose même proposer ceci : Ne conviendrait-il pas, après l'achèvement des études académiques de théologie biblique de leur annexer toujours comme conclusion, une leçon spéciale sur la pure doctrine philosophique de la religion (doctrine qui utilise tout, même la Bible) d'après un guide, comme par exemple ce livre-ci (ou un autre si en ce genre on en peut trouver un meilleur) en vue d'un équipement complet du candidat. – Les sciences, en effet, n'avancent qu'en se séparant en tant que chacune formant d'abord un tout par elle-même, l'on essaye seulement ensuite de les considérer dans leur union. – Il est alors loisible au théologien biblique d'être d'accord avec le philosophe ou de croire qu'il doit le réfuter ; pourvu qu'il l'écoute. Ainsi seulement en effet, il peut à l'avance être armé contre toutes les difficultés que celui-ci pourrait lui créer. Mais en faire mystère, ou même les décrier comme impies, c'est là un expédient misérable sans consistance ; d'autre part, mélanger les deux choses et n'y jeter, en ce qui concerne le théologien biblique, que des regards fugitifs à l'occasion, accuse un défaut de solidité qui fait que |finalement, personne ne sait bien ce qu'il doit penser de la doctrine religieuse dans l'ensemble.

11

Des quatre dissertations qui suivent dans lesquelles, pour montrer le rapport de la religion à la nature humaine affectée de bonnes, comme de mauvaises dispositions, je représente la relation du bon et du mauvais principe, comme celle de deux causes efficientes existant pour elles-mêmes et influant sur l'homme, la première a été insérée déjà dans la *Revue mensuelle de Berlin* d'avril 1792 ; toutefois, à cause de l'étroite connexion des matières, elle ne pouvait être écartée de cet ouvrage qui en offre le développement entier grâce aux trois autres dissertations qui ont été maintenant adjointes[a].

a. Dans la première édition on trouve encore à la suite ces quelques lignes : « Le lecteur voudra bien excuser l'orthographe qui dans les premières feuilles s'écarte de la mienne, diverses personnes s'étant en effet chargées de la copie et peu de temps m'étant resté pour réviser ».

|PRÉFACE DE LA DEUXIÈME ÉDITION
(1794)

Dans cette édition rien n'a été changé sauf les fautes d'impression et quelques termes peu nombreux qui ont été amendés. Les additions nouvelles sont désignées par une lettre et placées sous le texte[a].

Au sujet du titre de cet ouvrage (car on a manifesté aussi des doutes concernant l'intention qui s'y cachait), je remarque encore que, comme la *révélation* peut au moins comprendre en soi aussi une pure *religion de la raison,* mais non celle-ci inversement l'élément historique de la révélation, je pourrai considérer l'une comme une sphère *plus large* de la foi, qui, en elle-même, enferme l'autre comme une sphère *plus étroite* (non par suite comme deux cercles extérieurs l'un à l'autre, mais comme des cercles concentriques) ; le philosophe doit se tenir à l'intérieur de la seconde comme pur théoricien (en vertu de simples principes *a priori*) et faire par conséquent abstraction de toute expérience. Partant de là je puis faire une seconde recherche : prenant comme point de départ quelque révélation tenue pour telle et faisant abstraction de la pure religion de la raison (en tant que constituant un système existant en soi), considérer la révélation, *en tant que système historique,* comme seulement fragmentaire pour ce qui est des concepts moraux et examiner si ce système ne ramène pas au même pur *système*

a. Ces additions sont signalées expressément dans les notes.

rationnel de la religion, qui serait non sans doute au point de vue théorique (qui comprend aussi le côté technique et pratique de la méthode d'enseignement en tant que *technologie*), mais bien au point de vue moral et pratique, autonome, et suffisant pour une religion proprement dite, laquelle comme concept de raison *a priori* (demeurant après élimination de tout élément empirique) ne se présente que sous ce rapport. Si
13   cela réussit, il sera |permis de dire qu'entre la raison et l'Écriture, il peut y avoir non seulement compatibilité, mais encore unité en sorte que celui qui se conforme à l'une (sous la direction des concepts moraux), ne manquera pas de s'accorder avec l'autre. S'il n'en était pas ainsi, on aurait soit deux religions dans une personne, ce qui est absurde, soit une *religion* et un *culte* auquel cas, puisque ce dernier n'est pas (comme la religion) fin en soi, mais n'a quelque valeur qu'en tant que moyen, il faudrait souvent les mêler ensemble afin de les réunir pour peu de temps ; car ils se sépareraient comme l'huile de l'eau, tout de suite après, en laissant nécessairement surnager le pur élément moral (la religion de la raison).

J'ai remarqué dans la première préface que cet accord ou l'essai pour y parvenir est une affaire revenant de plein droit au savant qui étudie la religion au point de vue philosophique et que cela n'est pas empiéter sur les droits exclusifs du théologien biblique. Depuis j'ai trouvé cette affirmation énoncée dans la *Morale* de feu Michaelis (1re Partie, p. 5-11), homme fort versé dans ces deux branches, et mise en œuvre dans tout le cours de son ouvrage, sans que la Faculté supérieure y ait vu quelque chose pouvant porter préjudice à ses droits.

Quant aux jugements d'hommes honorables au sujet de ce livre, que ceux-ci se nomment, ou qu'ils gardent l'anonymat, comme ils parviennent fort tard dans nos régions (il en est ainsi d'ailleurs pour tout ce qui nous arrive du dehors en fait de littérature) je n'ai pu en tenir compte, comme j'eusse voulu, notamment en ce qui concerne les *Annotationes quædam theologicae*, etc., du célèbre M. Storr de Tubingue qui a examiné cet ouvrage avec sa perspicacité ordinaire, et aussi avec un soin et dans un esprit d'équité dignes de la plus grande gratitude ; j'ai, il est vrai, le projet d'y répondre, mais je ne me risque pas à le promettre à cause des incommodités que la vieillesse notamment, oppose au maniement des idées abstraites. Quant à la réponse à l'appréciation parue dans les *Dernières nouvelles critiques* de Greifswald, numéro 29, je peux l'expédier aussi promptement qu'en a usé le critique à l'égard de l'ouvrage lui-même. Car, suivant son jugement, celui-ci n'est autre chose que la réponse à la question que je me suis posée à moi-même : « Comment le système de la dogmatique de l'Église est-il possible, en ses concepts et en ses propositions, d'après la raison pure (théorique et pratique) ? » – Donc, selon lui, cet essai ne concerne en aucune façon ceux qui ne connaissent ni ne comprennent son système (de Kant) ni ne désirent aussi le connaître, et ceux-ci par suite, |peuvent le considérer comme inexistant » – A quoi je **14** réponds : « Pour connaître le contenu essentiel de cet ouvrage, il suffit de la morale commune, sans qu'on ait à se préoccuper de la *Critique de la raison pratique* et encore moins de *celle de la raison théorique* ; et quand par exemple la vertu, en tant qu'aptitude à des actes conformes au *devoir* (d'après leur légalité) est appelée *virtus phaenomenon,* mais, en tant que *disposition* constante à de tels actes par devoir (à cause de leur moralité), *virtus noumenon* ces expressions ne sont employées que pour l'École, et la chose elle-même se trouve comprise dans l'instruction pour les enfants ou les sermons les plus populaires, il est vrai avec des mots différents, et est aisément intelligible. Si seulement l'on pouvait parler en termes aussi élogieux des mystères de la divine nature contenus dans la doctrine de la religion et introduits dans le catéchisme comme s'ils étaient tout à fait populaires, mais qui, plus tard doivent, en tout premier lieu, être transformés en concepts moraux si l'on veut qu'ils deviennent intelligibles pour tous !   Koenigsberg, le 26 janvier 1794

LA DOCTRINE PHILOSOPHIQUE
DE LA RELIGION

|DE L'INHÉRENCE DU MAUVAIS PRINCIPE   19
À CÔTÉ DU BON OU DU MAL RADICAL DANS
LA NATURE HUMAINE

Que le monde est mauvais, c'est là une plainte aussi ancienne que l'histoire et même que la poésie plus vieille encore, bien plus, aussi ancienne que le plus vieux de tous les poèmes, la religion des prêtres. Pour eux tous néanmoins le monde commence par le Bien ; par l'âge d'or, la vie au Paradis, ou par une vie plus heureuse encore, en commun avec des êtres célestes. Toutefois, ils font bientôt disparaître ce bonheur comme un songe ; et alors, c'est la chute dans le mal (le mal moral avec lequel le physique alla toujours de pair) qu'ils font se précipiter en l'accélérant pour notre chagrin [1] ; en sorte que maintenant (mais ce *maintenant* est aussi vieux que l'histoire) nous vivons aux derniers temps, que le dernier jour et la fin du monde sont proches. Aussi dans quelques contrées de l'Hindoustan le juge et le destructeur de l'Univers Ruttren

---

1. *Aetas parentum, pejor avis tulit*
Nos nequiores, mox dataros
Progeniem vitiosorem.

           Horace

(nommé aussi Siba ou Siwen) est honoré comme le dieu détenant actuellement le pouvoir, après que le conservateur du monde, Wischnou, fatigué de ses fonctions, reçues du Créateur de l'Univers Brahma, les a déjà résiliées depuis des siècles.

L'opinion héroïque opposée qui s'est établie sans doute seulement parmi les philosophes et à notre époque notamment chez les pédagogues, est plus nouvelle, mais bien moins répandue, à savoir que : le monde |progresse précisément en sens contraire, du mal vers le mieux, sans arrêt (il est vrai d'une manière à peine sensible) et que tout au moins on trouve une disposition à cet égard dans la nature humaine. Assurément, ils n'ont pas puisé cette opinion dans l'expérience, s'il est question du bien ou du mal *moral* (et non de la civilisation) ; car l'histoire de tous les temps s'élève trop puissamment là-contre ; ce n'est probablement qu'une hypothèse bienveillante des moralistes depuis Sénèque jusqu'à Rousseau, pour nous pousser à cultiver sans relâche le germe du bien qui peut-être se trouve en nous ; si du moins l'on pouvait compter qu'en l'homme il y a, à cet égard, une disposition naturelle. A cela s'ajoute que, du moment qu'il faut admettre l'homme comme étant sain physiquement par nature (c'est-à-dire comme il naît d'habitude), il n'y a pas de raison pour qu'on ne le considère pas aussi bien de par sa nature, comme sain et bon en son âme ; la Nature même par conséquent, nous seconderait pour développer en nous cette disposition morale au bien *Sanabilibus aegrotamus malis, nosque in rectum genitos, natura, si sanari velimus adjuvat,* dit Sénèque.

Toutefois comme il a bien pu se faire qu'on se soit trompé en prétendant appuyer sur l'expérience ces deux opinions, la question se pose de savoir si une solution moyenne ne serait pas à tout le moins possible, en sorte que l'homme, en son espèce, ne soit ni bon, ni mauvais, ou, en tout cas, l'un autant que l'autre, bon d'un côté et de l'autre mauvais ? – Cependant on dit qu'un homme est mauvais, non pas parce qu'il accomplit des actions qui sont mauvaises (contraires à la loi), mais parce que celles-ci sont de telle nature qu'on en peut conclure que ses maximes sont mauvaises. Il est vrai qu'on peut remarquer d'après l'expérience, des actes qui sont contraires à la loi et (au moins d'après soi) qu'ils le sont consciemment ; mais on ne peut observer les maximes, même pas toujours en soi ; par suite, on ne peut avec sûreté, établir d'après l'expérience que l'auteur des actes est un mauvais homme, il faudrait donc conclure de plusieurs ou même d'une seule mauvaise action consciente, *a priori* à une mauvaise maxime comme fondement ; et de cette maxime à un principe général, inhérent au sujet, de toutes les maximes moralement mauvaises, lequel serait une maxime à son tour, afin de pouvoir qualifier un homme de mauvais.

Toutefois afin qu'on ne soit pas dès l'abord choqué par l'expression de *nature* qui, au cas où (comme d'ordinaire) elle signifierait le contraire du principe des actes accomplis en vertu de la *liberté,* et devrait être en contradiction |directe avec **21** la qualification de bon ou mauvais *moralement* ; il faut remarquer qu'ici on n'entend par *nature de l'homme* que le fondement subjectif de l'usage de sa liberté d'une manière générale (sous des lois morales objectives) qui précède toute action tombant sous les sens ; peu importe d'ailleurs où il se trouve. Toutefois ce fondement subjectif doit toujours être aussi lui-même un acte de liberté (car sans cela l'usage ou l'abus de l'arbitre de l'homme, par rapport à la loi morale, ne pourrait lui être imputé, ni le bien ou le mauvais en lui être qualifié de moral). Par suite, le fondement du mal ne saurait se trouver dans un objet déterminant l'arbitre par *inclination,* dans un penchant naturel, mais seulement dans une règle que l'arbitre se forge lui-même pour l'usage de sa liberté, c'est-à-dire dans une maxime. Cependant au sujet de celle-ci, il ne faut pas aller plus loin et demander quel est le fondement subjectif en vertu duquel l'homme l'adopte intérieurement plutôt que la maxime opposée. Car si finalement ce fondement n'était plus une maxime, mais un simple instinct

naturel, l'usage de la liberté pourrait alors se ramener
entièrement à une détermination par des causes naturelles ; ce
qui est en contradiction avec elle. Donc quand nous disons :
l'homme est bon par nature, ou bien, il est mauvais par nature,
ceci signifie seulement qu'il a en lui un principe premier[1]
(insondable pour nous) lui permettant d'admettre de bonnes
ou de mauvaises maximes (c'est-à-dire contraires à la loi) : il
est vrai, d'une façon générale en tant qu'homme, en sorte que
par là il exprime aussi le caractère de son espèce.

Nous dirons donc de l'un ces caractères (qui distinguent
l'homme d'autres êtres raisonnables possibles) qu'il lui est
inné ; mais nous nous résignerons toujours aussi à penser que
la faute n'en revient pas à la nature, s'il est mauvais, ni le
mérite, s'il est bon, mais que l'homme en est lui-même
l'auteur. Or, comme |le principe premier de l'admission de
nos maximes qui lui-même doit toujours à la fin se trouver
dans le libre arbitre et ne peut être un fait, qui pourrait être
donné par l'expérience, le bien ou le mal dans l'homme (en
tant que principe premier subjectif de l'adoption de telle ou
telle maxime par rapport à la loi morale) se dit *inné* seulement
mais en *ce* sens qu'il est posé comme fondement antérieurement à tout usage de la liberté donné dans l'expérience (depuis
la prime jeunesse en remontant en arrière jusqu'à la naissance),
et qu'on se le représente comme existant dans l'homme dès sa
naissance sans que cette naissance en soit la cause.

---

1. Que le fondement premier subjectif de l'admission des maximes
morales soit insondable, on peut au préalable s'en apercevoir du fait que
cette admission est libre et que le principe (pour lequel par exemple j'ai
adopté une mauvaise et non pas plutôt une bonne maxime) ne doit être
recherché en aucune manière dans un mobile venant de la nature, mais
toujours encore dans une maxime ; et comme celle-ci aussi bien doit avoir son
fondement et qu'en dehors de la maxime, on ne doit et ne peut indiquer aucun
principe déterminant du libre arbitre, on est toujours renvoyé plus loin en
arrière à l'infini dans la série des principes déterminants subjectifs, sans
pouvoir arriver au premier.

Remarque

Le conflit des deux hypothèses établies ci-dessus repose sur une proposition disjonctive : *L'homme est* (par nature) *ou bon moralement ou mauvais moralement,* toutefois il vient aisément à l'esprit de chacun de demander si cette disjonction est exacte et si l'on ne pourrait soutenir que l'homme par nature n'est rien de ces deux choses ; et par ailleurs : qu'il est ces deux choses en même temps à savoir bon en partie, et en partie mauvais. L'expérience paraît même confirmer cette conception moyenne entre les deux extrêmes. Toutefois il importe beaucoup d'une façon générale à la théorie des mœurs de n'accorder aucun moyen terme moral, soit en ce qui concerne les actions *(adiaphora),* soit les caractères humains, dans la mesure du possible ; c'est qu'en une pareille ambiguïté, toutes les maximes courent le risque de perdre leur précision et leur solidité. Communément on appelle ceux qui sont attachés à cette sévère façon de penser des *rigoristes* (expression qui à ce qu'on prétend renferme un blâme, mais qui en fait est un éloge) ; quant à leurs antipodes, on peut les nommer *latitudinaires.* Ces derniers sont des latitudinaires soit de la neutralité et il est loisible de les nommer *indifférentistes ;* soit de la coalition et on peut les nommer *syncrétistes*[1].

1. Si le bien est = a, ce qui s'oppose à lui contradictoirement, est le non-bien ; et il résulte soit de la simple carence d'un fondement du bien = 0, soit d'un fondement positif de son contraire = -a. Dans ce dernier cas, le non-bien peut s'appeler aussi le mal positif. (Par rapport au plaisir et à la douleur, il existe un moyen terme de ce genre, car si le plaisir = a, la douleur = -a et l'état où ni l'un, ni l'autre ne se rencontrent l'indifférence = 0.) Or, si la loi morale en nous |n'était pas un motif agissant sur l'arbitre, le bien moral (l'harmonie de l'arbitre avec la loi) serait = a, le non-bien = 0, celui-ci étant toutefois la simple conséquence de la carence d'un motif moral = a x 0 ; mais elle est en nous un motif = a ; par suite le défaut d'accord de l'arbitre avec lui

23 |La réponse à la question précédente d'après la méthode de résolution rigoriste[1] se fonde sur la remarque suivante, importante pour la morale, que la liberté de l'arbitre est de

24   cette nature toute particulière |qu'elle ne peut être déterminée à

(= 0) n'est possible que comme conséquence d'une détermination *realiter* contraire de l'arbitre, c'est-à-dire d'une répugnance de celui-ci = -a, c'est-à-dire seulement par suite d'un libre arbitre mauvais; donc entre une bonne et une mauvaise disposition d'esprit (principe intérieur des maximes), d'après laquelle aussi il faut juger de la moralité de l'action, il n'y a pas de moyen terme. Une action moralement indifférente *(adiaphoron morale)* ne serait qu'un acte résultant de lois naturelles, sans relation aucune par conséquent avec la loi morale comme loi de liberté; puisqu'elle n'est pas un fait *(factum)* et que par rapport à elle, il ne saurait exister, ou être nécessaire, ni *ordre,* ni *interdiction,* ni même une *permission (autorisation légale)* [(a)].

(a) Le texte de la note depuis : Une action moralement indifférente... est une addition à la 2ᵉ édition.

1. M. le professeur Schiller juge défavorablement dans sa dissertation rédigée de main de maître, sur *La grâce et la dignité* dans la morale *(Thalia,* 1793, n° 3), cette façon de se représenter en morale l'obligation comme comportant un état d'esprit de chartreux; cependant je ne puis, du moment que nous sommes d'accord sur les principes les plus importants, admettre un désaccord sur celui-ci; si toutefois nous pouvons arriver à nous entendre l'un l'autre. – Je reconnais volontiers que je ne puis associer nulle *grâce* au *concept du devoir,* précisément à cause de sa dignité. Car il contient une obligation inconditionnelle, ce qui est en contradiction directe avec la grâce. La majesté de la loi (semblable à celle du Sinaï) inspire le respect (non la crainte qui repousse, ni le charme non plus qui invite à la familiarité) qui excite la *considération* du subordonné à l'égard de son maître et, en ce cas, comme ce maître est en nous, le *sentiment du sublime* de notre propre destinée qui nous ravit plus que toute beauté. – La *vertu* cependant, c'est-à-dire l'intention, solidement ancrée de faire son devoir exactement est dans ses conséquences également *bienfaisante* plus que tout ce que peuvent dans le monde la nature ou l'art, et la magnifique image de l'humanité, présentée sous cette forme qui est la sienne, tolère bien sans doute le cortège des *Grâces,* lesquelles cependant, se tiennent à distance respectueuse étant donné qu'il n'est question encore que de devoir. Toutefois, si l'on considère les conséquences aimables que la vertu répandrait dans le monde, si elle était accueillie partout, en ce cas la raison que dirige la morale met aussi dans son jeu la sensibilité (par le moyen de l'imagination).

l'action par aucun motif, *à moins que l'homme l'ait admis dans sa maxime* (qu'il s'en soit fait pour lui une règle générale suivant laquelle il veut se conduire); c'est ainsi seulement qu'un motif quel qu'il soit peut se maintenir à côté de l'absolue spontanéité du libre arbitre (de la liberté). Toutefois la loi morale est par elle-même un motif, au jugement de la raison; et qui en fait sa maxime, est *moralement* bon. Or, si la loi ne détermine pas l'arbitre d'une personne à l'égard d'un acte qui se rapporte à cette loi, il faut qu'un motif contraire influe sur son libre arbitre; et comme ceci, en vertu de l'hypothèse, ne peut avoir lieu que si l'homme admet ce motif (donc un écart de la loi morale) dans sa maxime (auquel cas c'est un homme mauvais), son intention par rapport à la loi morale n'est jamais indifférente jamais, ni l'un ni l'autre, c'est-à-dire ni bonne, ni mauvaise).

De même, l'homme ne peut être à certains égards moralement bon et à d'autres en même temps mauvais, car s'il est bon en une chose, c'est qu'il a admis la loi morale dans sa

Ce n'est qu'après avoir dompté les monstres qu'Hercule devient *Musagète ;* mais devant ces travaux ces bonnes sœurs reculent en frémissant. Ces compagnes de Vénus Uranie sont des courtisanes dans la suite de Vénus Dionée dès qu'elles se mêlent de la détermination du devoir et veulent fournir les motifs. – Et si l'on demande maintenant : De quelle nature est la disposition *esthétique* pour ainsi dire le |*tempérament* de la *vertu, courageux* donc *joyeux* ou abattu par la crainte et découragé ? Eh bien, une réponse est à peine nécessaire. Cette dernière disposition de l'âme propre à un esclave ne se rencontre jamais sans une *haine* cachée de la Loi et le cœur joyeux dans l'accomplissement de son devoir (il ne s'agit pas de la douceur à le *reconnaître*) est un signe de l'authenticité d'une intention vertueuse, même dans la *piété* qui consiste non dans les mortifications que le pécheur repentant s'inflige à lui-même (elles sont très équivoques, n'étant communément que le reproche intérieur d'avoir transgressé la règle de prudence), mais dans la ferme résolution de mieux agir à l'avenir; encouragée par les bons résultats elle peut faire naître une joyeuse humeur dans l'âme, sans laquelle on n'est jamais sûr de s'être *affectionné* le bien, c'est-à-dire de l'avoir admis dans sa maxime [a].

    (a) Cette remarque est une addition à la 2e édition.

maxime ; mais si par ailleurs il était mauvais aussi, comme la
loi morale de l'observance du devoir est d'une manière
générale unique et universelle, la maxime qui s'y rapporte
serait universelle et aussi particulière ; ce qui est contradictoire [1].

25 |Posséder par nature l'une ou l'autre intention en tant que
disposition innée, ne signifie pas ici non plus que celle-ci ne
soit pas du tout acquise par l'homme qui la cultive, c'est-à-
dire qu'il n'en soit pas l'auteur ; mais seulement qu'elle n'est
pas acquise dans le temps (que l'homme est *dès sa jeunesse*
l'un ou l'autre *pour toujours*). L'intention c'est-à-dire le
fondement subjectif premier de l'admission des maximes, ne
peut être qu'unique et se rapporte d'une manière générale à
l'usage entier de la liberté. Elle-même cependant, doit avoir
été admise aussi par le libre-arbitre, car, sans cela, elle ne
pourrait être imputée. Toutefois le fondement subjectif, ou la
cause de cette admission à son tour ne peut être connu
(quoiqu'il soit inévitable de le rechercher, car il faudrait encore
en effet produire une maxime où aurait été admise cette
intention, et celle-ci devrait de nouveau avoir son fondement).
Or, parce que nous ne pouvons déduire cette intention ou

1. Les anciens philosophes moralistes qui ont à peu près tout épuisé ce
que l'on peut dire au sujet de la vertu, n'ont pas négligé d'agiter les deux
questions ci-dessus. Ils exprimèrent la première de la façon suivante : La
vertu peut-elle s'enseigner ? (c'est-à-dire l'homme est-il de par sa nature
indifférent au vice et à la vertu ?) Voici quelle était la seconde : Existe-t-il
plus d'une vertu ? (arrive-t-il par suite que l'homme |soit à certains égards   25
vertueux, et à d'autres vicieux ?) A ces deux questions ils répondirent
négativement avec une détermination rigoriste et à bon droit ; car ils
considéraient la vertu *en soi* dans l'Idée de la raison (comme l'homme doit-
être). Mais lorsqu'on veut juger moralement cet être moral, l'homme,
comme phénomène, c'est-à-dire comme l'expérience nous le fait connaître,
on peut répondre affirmativement aux deux questions précédentes : car en
ce cas, il n'est pas pesé sur la balance de la raison pure (devant un tribunal
divin), mais suivant un critère empirique (par un juge humain). De tout cela il
sera encore traité dans la suite.

plutôt son principe suprême de quelque acte premier de l'arbitre accompli dans le temps, nous l'appelons une disposition de l'arbitre qui lui vient de la nature (alors qu'en réalité elle a son fondement dans la liberté). Cependant, que nous ayons le droit d'entendre par l'homme dont nous disons qu'il est par nature bon ou mauvais non un individu particulier[a] (car alors l'un pourrait être considéré comme bon par nature et l'autre comme méchant), mais bien toute l'espèce, c'est ce qui ne pourra être démontré que plus tard, quand l'enquête anthropologique aura fait voir que les raisons qui nous autorisent à attribuer à un homme l'un des deux caractères comme inné, sont telles qu'il n'y a pas lieu d'en excepter un seul homme et que ce qui vaut de lui vaut de l'espèce.

II

DE LA DISPOSITION ORIGINELLE AU BIEN
DANS LA NATURE HUMAINE

Nous pouvons, par rapport à sa fin, la ramener à juste titre à trois classes, comme éléments de la destination de l'homme :

1) La disposition de l'homme, en tant qu'être *vivant, à l'animalité* ;

2) Sa disposition *à l'humanité,* en tant qu'être vivant et aussi *raisonnable* ;

3) A la *personnalité* en tant qu'être raisonnable et aussi apte à la *responsabilité*[1].

---

a. 1ʳᵉ édition : tout individu particulier.

1. On ne peut considérer cette disposition comme contenue déjà dans le concept de la précédente, mais il faut la considérer comme une disposition particulière. Car, de ce qu'un être a de la raison, il ne s'ensuit pas du tout que celle-ci contienne une faculté pour déterminer inconditionnellement l'arbitre par la simple représentation de la qualification de ses maximes en vue d'une législation universelle et par conséquent pour être en soi pratique ; du

1. On peut placer la disposition à *l'animalité* dans l'homme sous le titre général de l'amour de soi physique et simplement *mécanique* c'est-à-dire d'un amour de soi qui n'exige pas de raison. Elle est triple ; elle se rapporte, *premièrement,* à la conservation de soi-même ; *deuxièmement* à la propagation de l'espèce, par l'instinct sexuel, et à la conservation de ce que procrée l'union des sexes ; *troisièmement,* à l'association avec d'autres hommes, c'est là l'instinct de société. – Sur cette disposition peuvent se greffer toute sorte de vices (mais ceux-ci ne proviennent pas spontanément de celle-ci comme d'une racine). Ils peuvent s'appeler |vices de la *grossièreté* de la nature et se nomment, quand ils s'écartent le plus de la fin de la nature, les *vices bestiaux* de l'intempérance, de la lascivité et de l'anarchie effrénée (dans les rapports avec d'autres hommes).

2. Les dispositions pour *l'humanité* peuvent être mises sous le titre général de l'amour de soi physique il est vrai, mais qui *compare* (ce qui exige une part de raison) ; en effet on ne s'estime alors heureux ou malheureux que par comparaison avec d'autres. De cet amour de soi provient l'inclination de *se ménager une certaine valeur dans l'opinion d'autrui ;* à l'origine sans doute on ne veut que l'*égalité ;* on n'accorde à personne de la supériorité sur soi, tout en redoutant constam-

moins autant que nous pouvons nous en rendre compte, il se pourrait que l'être du monde le plus raisonnable de tous ait cependant toujours besoin de certains mobiles, qui lui viennent des objets d'inclination, pour déterminer son libre arbitre et qu'il utilise dans ce but la réflexion la plus raisonnable aussi bien en ce qui concerne la plus grande somme de mobiles que les moyens pour atteindre la fin par là déterminée, sans même pressentir la possibilité d'une chose telle que la loi morale, ordonnant d'une façon absolue et se faisant connaître elle-même, en vérité comme le motif suprême. Si cette loi n'était pas donnée en nous-mêmes nous ne saurions en produire une semblable par aucune subtilité de la raison, ni l'imposer à l'arbitre par quelque bavardage ; et pourtant c'est cette loi seule qui nous rend conscients de l'indépendance de notre arbitre quant à la détermination par tous les autres motifs (de notre liberté) et, en même temps, de l'imputabilité de tous les actes.

ment que d'autres l'ambitionnent ; d'où résulte peu à peu le désir injuste de l'acquérir pour soi-même sur les autres.

Là dessus, c'est à savoir sur la *jalousie* et la *rivalité*, peuvent se greffer les plus grands vices des hostilités secrètes et patentes contre tous ceux que nous considérons comme des étrangers pour nous ; ces sentiments, en réalité, ne proviennent pas spontanément de la nature comme de leur racine ; mais étant donnée la crainte que nous avons que d'autres cherchent à acquérir sur nous une supériorité qui nous est odieuse, ce sont là des inclinations qui ont pour fin de nous procurer, par raison de sécurité, la supériorité sur autrui, en tant que mesure de précaution ; alors que la Nature ne pensait employer l'idée d'une semblable émulation (qui n'exclut pas en soi l'amour réciproque) que comme principe de culture. Les vices qui se greffent sur cette disposition peuvent donc être nommés aussi vices de la *culture ;* et au plus haut degré de leur malignité (car ils ne sont alors que l'Idée d'un maximum de mal qui dépasse l'humanité), on les appelle *vices diaboliques* par exemple *l'envie, l'ingratitude, la joie provenant du mal d'autrui,* etc.

3. La disposition à la *personnalité* est l'aptitude à ressentir le respect de la loi morale *en tant que motif en soi suffisant de l'arbitre.* Cette aptitude au simple respect de la loi morale en nous, serait le sentiment moral qui, considéré en lui-même, ne constitue pas encore une fin de la disposition naturelle, mais dans la mesure seulement où il est un motif pour l'arbitre. Or, ceci n'étant possible que si le libre arbitre l'admet dans sa maxime il s'ensuit que la condition d'un libre arbitre de ce genre, est le bon caractère ; lequel, comme en général tout caractère du libre arbitre, est une chose qui ne peut que s'acquérir ; toutefois pour le rendre possible, il doit y avoir dans notre nature nécessairement une disposition sur laquelle ne peut être greffé absolument rien de mauvais. |Il ne convient **28** pas d'appeler *disposition* pour la *personnalité,* l'Idée seule de la loi morale avec le respect qui ne s'en peut séparer ; c'est la personnalité même (l'Idée d'humanité considérée d'une façon

tout intellectuelle). Mais le fondement subjectif pour admettre dans nos maximes ce respect comme motif paraît être une addition à la personnalité et mériter pour cette raison le nom de disposition au bénéfice de celle-ci.

Si nous considérons ces trois dispositions d'après les conditions de leur possibilité, nous trouverons que la *première* n'a aucune raison pour racine, que la *seconde*, il est vrai, a pour racine la raison pratique, subordonnée entièrement toutefois à d'autres motifs, seule la *troisième* est par elle-même pratique et trouve sa racine dans la raison légiférant absolument. Toutes ces dispositions dans l'homme ne sont pas seulement (négativement) *bonnes* (elles ne s'opposent pas à la loi morale), mais sont aussi des dispositions *au bien* (en avancent l'accomplissement). Elles *sont originelles,* en tant que faisant partie de la possibilité de la nature humaine. L'homme, il est vrai, peut user des deux premières à *l'encontre de leur fin,* mais n'en peut anéantir aucune. Par dispositions d'un être, nous entendons aussi bien les parties constitutives qui lui sont nécessaires que les formes de leurs liaisons, requises pour qu'il soit tel. Elles sont *originelles,* si elles font nécessairement partie de la possibilité de cet être; mais *contingentes* si l'être sans elles était aussi en soi possible. Il faut encore remarquer qu'il ne s'agit ici d'aucune autre disposition que de celles qui se rapportent immédiatement à la faculté appétitive et à l'usage du libre arbitre.

II

DU PENCHANT AU MAL DANS LA NATURE HUMAINE

Par *penchant (propensio)* j'entends le fondement subjectif de la possibilité d'une inclination (désir habituel, *concupiscentia)*[a] en tant que contingente pour l'humanité en

---

a. « *Concupiscentia* » addition à la 2e édition.

général[1]. Il se distingue |d'une disposition par là, que pouvant **29**
être inné, il est vrai, il ne doit pas être représenté comme tel ; au
contraire il peut être conçu (quand il est bon) comme *acquis* ou
bien (s'il est mauvais) comme *contracté* par la faute de l'homme
lui-même. – Toutefois, il n'est question ici que du penchant au
mal proprement dit c'est-à-dire au mal moral ; or, comme il n'est
possible qu'en tant que détermination du libre-arbitre et que,
d'autre part, ce libre-arbitre ne peut être jugé bon ou mauvais,
qu'en vertu de ses maximes, il doit consister nécessairement
dans le fondement subjectif de la possibilité de s'écarter des
maximes de la loi morale ; et si ce penchant peut être admis
comme appartenant en propre d'une manière générale à l'homme
(c'est-à-dire au caractère de son espèce), on l'appellera un
penchant *naturel* de l'homme au mal. – On peut encore ajouter
que l'aptitude ou l'inaptitude de l'arbitre, provenant du
penchant naturel, à admettre ou non dans sa maxime la loi
morale, s'appellent le *bon ou le mauvais cœur.*

On peut distinguer trois degrés divers dans ce penchant.
Premièrement, d'une manière générale la faiblesse du cœur
humain lorsqu'il s'agit de se conformer aux maximes
adoptées ou la *fragilité* de la nature humaine ; *deuxièmement,*

---

1. A proprement parler, un *penchant* n'est autre chose que la *pré-
disposition* à désirer une jouissance ; mais il produit *l'inclination* à celle-ci
quand le sujet en a fait l'expérience. C'est ainsi que tous les gens grossiers ont
un penchant pour ce qui enivre, car, bien que beaucoup d'entre eux ne
connaissent pas du tout l'ivresse et que par suite ils n'ont en aucune manière
le désir de ce qui la produit, il suffit cependant de le leur faire goûter une
seule fois pour en faire naître en eux la convoitise à peu près inextinguible. –
Entre le penchant et l'inclination qui suppose |la connaissance de l'objet du **29**
désir, se trouve encore *l'instinct,* besoin que l'on ressent de faire une chose
ou d'en jouir, alors qu'on n'a pas encore l'idée de cette chose (tel est
l'instinct industrieux chez les animaux, ou l'instinct sexuel). En partant de
l'inclination, il existe encore un degré de la faculté d'appétition, c'est la
passion (non *l'affection,* qui relève du sentiment de plaisir et de peine), c'est-
à-dire une inclination qui exclut l'empire sur soi-même (Addition à la
2ᵉ édition).

le penchant à mêler des motifs immoraux aux motifs moraux (même si cela arrivait dans une bonne intention et au nom de maximes du bien); c'est-à-dire *l'impureté*; *troisièmement*, le penchant à adopter de méchantes maximes, c'est-à-dire la *méchanceté* de la nature humaine ou du *cœur humain*.

Premièrement : la *fragilité (fragilitas)* de la nature humaine est exprimée même dans la plainte d'un apôtre[a]. J'ai bien la volonté, mais l'accomplissement fait défaut, c'est-à-dire : j'accueille le bien (la loi) dans la maxime de mon arbitre, mais ce bien qui, objectivement, dans l'Idée *(in thesi)*, constitue un motif invincible, est subjectivement *(in hypothesi)* quand il s'agit de suivre la maxime, le motif le plus faible (comparé à l'inclination).

Deuxièmement : l'*impureté (impuritas, improbitas)* du cœur |humain consiste en ce que la maxime, d'après l'objet (accomplissement intentionnel de la loi) est sans doute bonne et peut-être aussi assez énergique pour l'exécution, mais en revanche elle n'est pas purement morale, c'est-à-dire qu'elle n'a pas accueilli en elle-même la loi *seule* comme motif *suffisant*, mais qu'elle a besoin en outre la plupart du temps (et peut-être toujours) d'autres motifs encore pour déterminer par leur moyen le libre-arbitre à faire ce que le devoir requiert. En d'autres termes, des actions conformes au devoir ne sont pas en ce cas accomplies purement par devoir.

Troisièmement : la *méchanceté (vitiositas, pravitas)* ou si l'on préfère, la *corruption (corruptio)* du cœur humain, est le penchant de l'arbitre à des maximes qui font passer les motifs issus de la loi morale après d'autres (qui ne sont pas moraux). On peut l'appeler aussi la perversité *(perversitas)* du cœur humain parce qu'elle renverse l'ordre moral eu égard aux motifs du vrai *libre* arbitre, et bien qu'ainsi des actions bonnes selon la loi (légales) puissent toujours subsister, la manière de penser néanmoins se trouve par là pervertie en sa

a. Rom. VII, 15-16.

racine (en ce qui concerne l'intention morale) et pour cette raison on désigne l'homme comme mauvais.

On remarquera qu'ici le penchant au mal est établi relativement à l'homme, même le meilleur (d'après les actes) et cela est nécessaire, si l'on veut démontrer l'universalité du penchant au mal parmi les hommes, ou, ce qui revient au même, que ce penchant est inhérent à la nature humaine.

Il n'y a pas de différence entre un homme de bonnes mœurs *(bene moratus)* et un homme moralement bon *(moraliter bonus)* en ce qui concerne la concordance des actions avec la loi (il ne doit pas au moins y en avoir) ; sauf que chez l'un, les actes n'ont pas toujours et peut-être jamais la loi pour motif unique et suprême, tandis que chez l'autre ils l'ont *toujours*. Du premier l'on peut dire qu'il se conforme à la loi selon *la lettre* (c'est-à-dire en ce qui concerne l'action que la loi ordonne), mais de l'autre, qu'il l'observe suivant l'*esprit* (l'esprit de la loi morale consiste en ceci que cette loi seule suffit comme motif). *Ce qui ne se fait pas dans cette croyance, est péché* (suivant l'ordre de la pensée)[a]. Car si d'autres motifs que la loi même sont nécessaires pour déterminer l'arbitre à des actions conformes à la loi (par exemple l'ambition, l'amour de soi en général, même, un instinct bienveillant tel que la |pitié), la concordance de ces actes avec la loi **31** est purement contingente ; car ils pourraient aussi bien pousser à sa transgression. Ainsi la maxime dont la bonté doit faire apprécier toute la valeur morale de la personne est par conséquent contraire à la loi et l'homme alors même qu'il n'accomplirait que de bonnes actions, est cependant mauvais.

L'explication qui suit est encore nécessaire pour définir le concept de ce penchant. Tout penchant est soit physique, c'est-à-dire relevant de l'arbitre de l'homme comme être de la nature ; soit moral, c'est-à-dire relevant de son arbitre, en tant qu'il est un être moral. – Dans le premier sens, il n'y a pas de

a. Rom. XIV, 23.

penchant au mal moral; car celui-ci doit résulter de la liberté; un penchant physique (fondé sur des impulsions sensibles) pour un usage quelconque de la liberté, soit en vue du bien, soit en vue du mal, est une contradiction. Ainsi, un penchant au mal ne peut être attaché qu'à la faculté morale du libre arbitre. Or, rien n'est mauvais moralement (c'est-à-dire imputable), si ce n'est ce qui est notre *action* propre. Au contraire, on entend par le concept d'un penchant, une raison déterminante subjective du libre arbitre, *précédant toute action* et qui par conséquent n'est pas encore un acte; or, dans le concept d'un simple penchant au mal il y aurait donc une contradiction, si cette expression ne pouvait être prise de quelque manière en deux acceptions différentes toutes deux conciliables néanmoins avec le concept de liberté. Donc, le terme d'acte en général peut s'appliquer aussi bien à cet usage de la liberté par lequel la maxime suprême (conforme ou contraire à la loi) est accueillie dans le libre arbitre, comme aussi à celui d'exécuter conformément à cette maxime les actions mêmes (d'après leur matière c'est-à-dire en ce qui concerne les objets du libre arbitre). Ainsi, le penchant au mal est un acte au premier sens du mot *(peccatum originarium)* et en même temps le principe formel de tout acte contraire à la loi au deuxième sens du mot, acte qui, relativement à la matière, s'oppose à la loi et est appelé vice *(peccatum derivativum);* et la première faute demeure même si la seconde (provenant de motifs qui ne consistent pas dans la loi même) se trouvait évitée d'une foule de manières. La première est un acte intelligible connaissable seulement par la raison, sans aucune condition de temps; l'autre est sensible, empirique, donné dans le temps *(factum phœnomenon)*. Or, la première se nomme, surtout par comparaison avec la seconde, un simple penchant, inné aussi parce qu'il ne peut être extirpé (pour cela, en effet, la maxime suprême devrait être celle du bien, mais dans ce penchant même, elle est admise comme mauvaise): cependant surtout parce que nous ne pouvons pas plus expliquer pourquoi le mal en nous a précisément corrompu la maxime suprême quoique ce soit notre acte même, que nous ne pouvons indiquer la cause d'une propriété fondamentale qui fait partie de notre nature. – On trouvera dans ce qui vient d'être dit la raison pour laquelle nous avons cherché, tout au début de cette section, les trois sources du mal moral uniquement dans ce qui, suivant des lois de liberté, affecte le principe suprême en vertu duquel nous acceptons ou suivons nos maximes et non dans ce qui affecte la sensibilité (en tant que réceptivité).

III

L'HOMME EST MAUVAIS PAR NATURE

> *Vitiis nemo sine nascitur*
> Horat [a]

La proposition : L'homme est mauvais, ne peut vouloir dire autre chose d'après ce qui précède que : Il a conscience de la loi morale et il a cependant admis dans sa maxime de s'en écarter (à l'occasion). Il est mauvais *par nature* signifie que ceci s'applique à lui considéré en son espèce ; ce n'est pas qu'une qualité de ce genre puisse être déduite de son concept spécifique (celui d'un homme en général) (car alors elle serait nécessaire), mais, dans la mesure où on le connaît par expérience, l'homme ne peut être jugé autrement, ou bien on peut présumer ce penchant comme subjectivement nécessaire chez tout homme, même le meilleur. Or, du moment que ce penchant doit lui-même être nécessairement considéré comme mauvais moralement et non par conséquent comme une disposition naturelle, mais comme une chose qui peut être imputée à l'homme ; qu'il doit par conséquent nécessairement

---

a. Sat. I, 3-68.

consister en maximes de l'arbitre contraires à la loi, et qu'il faut considérer celles-ci, à cause de la liberté, comme en soi contingentes, ce qui, à son tour, ne saurait s'accorder avec l'universalité de ce mal si ce suprême fondement subjectif de toutes les maximes n'était pas d'une manière quelconque lié à l'humanité et s'il n'y était en quelque sorte enraciné, nous pourrons appeler ce penchant, un penchant naturel au mal ; et comme il faut qu'il soit toujours coupable par sa propre faute, un *mal* radical inné dans la nature humaine (que nous avons néanmoins contracté nous-mêmes).

Or, qu'un penchant pervers de ce genre doive être enraciné dans l'homme, c'est là un fait dont nous pouvons nous épargner de donner une preuve formelle, étant donnée la foule **33** d'exemples parlants |que l'expérience des *actions* humaines nous présente. Si on veut les tirer de cet état où maints philosophes espéraient trouver surtout la bonté naturelle de la nature humaine à savoir l'état appelé *état de nature* on n'a qu'à comparer à cette hypothèse les scènes de cruauté non provoquée qu'offrent les drames sanglants de *Tofoa*, de la *Nouvelle-Zélande,* des *Iles des Navigateurs* et ceux qui n'ont jamais de cesse dans les vastes déserts de l'Amérique du Nord-Ouest (que cite le capitaine Hearne)[a] dont personne ne retire même le moindre avantage[1] avec cette hypothèse et l'on

a. Samuel Hearne, 1745-92.

1. C'est ainsi que la guerre perpétuelle entre les Indiens de l'Athabasca et les Indiens Côtes de Chien n'a pas d'autre but que le carnage. Dans l'opinion des sauvages, le courage à la guerre est leur vertu suprême. Même dans un état policé elle constitue un objet d'admiration et un motif du respect insigne exigé par la classe dont elle est l'unique mérite. Ce qui n'est pas sans être fondé en raison. Car, ce fait que l'homme peut posséder et prendre comme fin quelque chose qu'il estime plus encore que sa vie (l'honneur), renonçant par là à tout intérêt personnel, prouve bien quelque sublimité de caractère. La satisfaction toutefois avec laquelle les vainqueurs célèbrent leurs exploits (comme tailler en pièces, sabrer sans faire de quartier, etc.) montre que ce dont ils se régalent n'est au fond que leur supériorité et la ruine qu'ils ont pu causer, sans avoir d'autre fin (Addition à la 2e édition).

dispose alors de plus de vices de barbarie qu'il n'en faut, pour se départir de cette opinion. Toutefois, si l'on tient pour l'opinion que la nature humaine se révèle mieux dans l'état de civilisation (où ses dispositions peuvent se développer d'une manière plus complète), il faudra entendre une longue et mélancolique litanie d'accusations contre l'humanité ; on se plaindra de la fausseté secrète, même dans l'amitié la plus intime, de telle sorte que mesurer sa confiance dans les confidences réciproques, même en ce qui regarde les meilleurs amis comptera parmi les maximes universelles de la prudence ; du penchant à haïr celui auquel on a des obligations, ce à quoi le bienfaiteur doit toujours s'attendre ; d'une bienveillance cordiale qui permet cependant la remarque « qu'il y a dans le malheur de nos meilleurs amis quelque chose qui ne nous déplaît pas tout à fait » ; et de tant d'autres vices cachés sous l'apparence de la vertu, sans parler de ceux qui ne se déguisent aucunement parce que nous considérons déjà comme homme de bien celui qui est un *homme mauvais de la classe générale* ; et il suffira des vices de la *culture* et de la civilisation (de tous les plus blessants) |pour détourner les yeux de la conduite des hommes plutôt que de contracter pour soi-même un autre vice à savoir la misanthropie. Toutefois, si l'on n'est pas encore satisfait on n'aura qu'à considérer l'état des relations extérieures des nations, bizarre composé des deux états précédents, où des peuples civilisés se trouvent les uns à l'égard des autres dans le rapport d'état de nature brut (organisation guerrière permanente) s'étant mis fermement en tête de n'en jamais sortir ; et l'on remarquera que les principes des grandes sociétés appelées États [1] contredisent directement

34

1. Si l'on regarde l'histoire de ces États simplement comme le phénomène des dispositions internes de l'humanité qui nous sont en grande partie cachées, on peut s'apercevoir d'une certaine marche mécanique de la Nature suivant des fins qui ne sont pas leurs fins (des peuples), mais des fins de la Nature. Tout État tend chaque fois qu'il en existe un autre à ses côtés dont il peut espérer se rendre maître, à s'agrandir en se l'assujettissant ; il

les allégations publiques que cependant il n'est pas possible de s'en départir, et qu'aucun philosophe n'a pu encore les mettre d'accord avec la morale sans toutefois pouvoir d'ailleurs (ce qui est grave) en proposer de meilleurs pouvant se concilier avec la nature humaine; en sorte que le *chiliasme philosophique* qui espère un état de paix perpétuelle fondée sur une société des nations, c'est-à-dire une république mondiale, est universellement tournée en dérision, comme un songe creux, tout autant que le *chiliasme* théologique qui attend l'achèvement de l'amélioration morale de tout le genre humain.

Or, le principe de ce mal ne peut pas: 1) être placé comme on a coutume de le dire communément, dans la *sensibilité* de l'homme et les inclinations naturelles qui en dérivent. Car, celles-ci n'ont pas même de rapport direct avec le mal (bien
35   plutôt |elles donnent à l'intention marquée dans sa force l'occasion de prouver ce qu'elle est, intention de la vertu); ainsi nous ne devons pas être responsables de leur existence (nous ne le pouvons pas non plus; parce que, étant innées, nous n'en sommes pas les auteurs); mais bien du penchant au mal, qui, comme il concerne la moralité du sujet, et se rencontre par suite en lui, comme en un être qui agit librement, doit pouvoir lui être imputé comme à un être faillible; malgré la racine profonde de ce penchant dans l'arbitre qui fait que l'on

tend par suite à la monarchie universelle, c'est-à-dire à une constitution où toute liberté et avec elle (ce qui en est la conséquence) la vertu, le goût et la science devraient disparaître. Ce monstre toutefois (en lequel les lois perdent peu à peu de leur force) après avoir absorbé tous ses voisins se désagrège enfin de lui-même, se divisant à la suite d'insurrections et de discordes en beaucoup d'États plus petits qui, au lieu de tendre à une société d'États (c'est-à-dire une république de peuples libres et alliés), recommencent de nouveau à leur tour, chacun, le même jeu pour qu'au moins la guerre (ce fléau du genre humain) ne cesse pas laquelle, bien qu'elle ne soit pas aussi incurablement néfaste que le tombeau de la monarchie universelle (ou même encore une ligue de nations ayant pour but de ne laisser disparaître le despotisme dans aucun État) fait cependant, comme disait un Ancien, plus d'hommes mauvais qu'elle n'en ôte (Addition à la 2ᵉ édition).

doit dire qu'il se trouve comme en la nature de l'homme. – Le principe du mal ne peut non plus ; 2) être cherché dans une *dépravation* de la raison législatrice morale ; car il lui faudrait alors pouvoir extirper en elle l'autorité de la loi même et nier l'obligation qui en dérive ; ce qui est impossible. Se concevoir comme un être agissant librement et dégagé cependant de la loi qui lui est conforme (la loi morale) reviendrait à concevoir une cause agissant en dehors de toute loi (car la détermination suivant des lois naturelles ne joue plus du fait de la liberté) ; ce qui se contredit. – Donc, pour donner un fondement du mal moral dans l'homme, la *sensibilité* contient trop peu ; car, en ôtant les motifs qui peuvent naître de la liberté, elle rend l'homme purement *animal ;* mais en revanche une *raison* qui libère de la loi morale, maligne en quelque sorte (une volonté absolument mauvaise) contient trop au contraire, parce que par là l'opposition à la loi serait même élevée au rang de motif (car sans un motif l'arbitre ne peut être déterminé) et le sujet deviendrait ainsi un être *diabolique.* Aucun de ces deux cas ne s'applique à l'homme.

Quoique l'existence de ce penchant au mal dans la nature humaine puisse être montrée par des preuves d'expérience tirées de l'opposition effective de l'arbitre humain à la loi, dans le temps, ces preuves cependant ne nous renseignent pas sur le caractère véritable de ce penchant ni sur le fondement de cette opposition ; mais au contraire ce caractère, parce qu'il concerne un rapport du libre arbitre (dont le concept n'a rien d'empirique) à la loi morale en tant que motif (dont le concept est de même purement intellectuel), doit être reconnu *a priori* d'après le concept du mal en tant que celui-ci est possible en vertu des lois de la liberté (de l'obligation et de l'imputabilité). Ce qui suit est le développement de ce concept.

|L'homme (même le plus méchant) quelles que soient les **36** maximes dont il s'agit, ne renonce pas à la loi morale, pour ainsi dire à la manière d'un rebelle (en refusant l'obéissance). Elle s'impose, bien plutôt, à lui, d'une manière irrésistible en

vertu de la disposition morale ; et si nul autre motif n'agissait en sens contraire, il l'accueillerait aussi dans sa maxime suprême, comme raison suffisante de détermination de son arbitre, c'est-à-dire qu'il serait bon moralement. Toutefois, il dépend aussi en vertu de sa disposition naturelle également innocente, des mobiles de la sensibilité et les accueille de même dans sa maxime (d'après le principe subjectif de l'amour de soi). Si cependant, il les accueillait, comme *suffisant par eux seuls* à la détermination de son arbitre, dans sa maxime, sans s'en rapporter à la loi morale (qu'il a pourtant en lui), il serait mauvais moralement. Or, puisqu'il les admet naturellement avec celle-ci en sa maxime et qu'il trouverait chacun de ces motifs en soi, s'il était seul, suffisant pour la détermination de la volonté, il serait à la fois moralement bon et mauvais, si la différence des maximes ne dépendait que de celle des motifs (de la matière des maximes), c'est-à-dire si la loi ou l'impulsion sensible en constituaient une, ce qui, (d'après l'introduction) est contradictoire. Par conséquent, la différence entre l'homme bon et l'homme mauvais doit nécessairement se trouver non dans la différence des motifs qu'ils admettent dans les maximes (non dans la matière de celles-ci) mais dans leur subordination (leur forme). Toute la question est de savoir *duquel de ces deux motifs l'homme fait la condition de l'autre ?* Par suite, l'homme (même le meilleur), ne devient mauvais que s'il renverse l'ordre moral des motifs lorsqu'il les accueille dans ses maximes ; à dire vrai, il accueille dans celles-ci la loi morale ainsi que la loi de l'amour de soi ; toutefois, s'apercevant que l'une ne peut subsister à côté de l'autre, mais doit être subordonnée à l'autre, comme à sa condition supérieure, il fait des mobiles de l'amour de soi et de ses inclinations la condition de l'obéissance à la loi morale, alors que c'est bien plutôt cette dernière qui devrait être accueillie comme *condition suprême* de la satisfaction des autres dans la maxime générale du libre arbitre, en qualité de motif unique.

Malgré ce renversement des motifs dans sa maxime contre l'ordre moral, les actions peuvent cependant se présenter en conformité à la loi aussi bien que si elles dérivaient de principes authentiques ; c'est quand la raison, ne se sert d'une manière générale, de l'unité des maximes, propre à la loi 37 morale, que pour introduire dans les mobiles de l'inclination, sous le nom de *bonheur,* une unité de maximes qui ne saurait d'autre manière leur revenir (comme si l'on prenait pour principe fondamental la véracité uniquement pour éviter l'anxiété de maintenir la concordance dans nos mensonges et de nous embrouiller dans leurs détours sinueux) ; dans ce cas il est vrai que le caractère empirique est bon, mais le caractère intelligible demeure toujours mauvais.

Or, s'il y a un semblable penchant dans la nature humaine, c'est qu'il existe dans l'homme un penchant naturel au mal ; et ce penchant lui-même qui doit finalement être cherché dans le libre arbitre et qui est en conséquence imputable, est moralement mauvais. Ce mal est *radical* parce qu'il corrompt le fondement de toutes les maximes, de plus, en tant que penchant naturel, il ne peut être *extirpé* par les forces humaines ; car ceci ne pourrait avoir lieu qu'au moyen de bonnes maximes, ce qui ne peut se produire quand le fondement subjectif suprême de toutes les maximes est présumé corrompu ; néanmoins, il faut pouvoir le *dominer* puisqu'il se rencontre dans l'homme, comme être agissant librement.

Par suite, la malignité de la nature humaine ne doit pas, à vrai dire s'appeler *méchanceté* si l'on prend ce mot au sens rigoureux ; c'est-à-dire comme intention (*principe subjectif* des maximes) d'admettre le mal, *en tant que mal,* comme motif dans sa maxime (car c'est là une intention diabolique), mais plutôt *perversion* du cœur, lequel, suivant la conséquence se nomme alors aussi *mauvais cœur.* Celui-ci n'est pas incompatible avec une volonté en général bonne ; il provient de la fragilité de la nature humaine trop faible pour observer les principes qu'elle a adoptés, – fragilité unie à l'impureté, qui consiste à ne pas séparer d'après une règle morale les motifs (même d'actes accomplis dans une bonne intention) les uns des autres et finalement par suite, à considérer seulement, tout bien compté, si elles sont conformes à la loi morale et non si elles en dérivent c'est-à-dire à ne pas considérer cette loi comme le motif unique. Si donc il ne résulte pas toujours de là un acte contraire à la loi et un penchant à de tels actes, c'est-à-dire le *vice*, la manière de penser toutefois qui consiste à interpréter l'absence du vice comme une conformité de l'*intention* à la loi du devoir (comme *vertu*) doit être appelée déjà elle-même une perversion radicale du cœur humain (puisque on ne considère nullement le motif de la maxime, mais seulement l'observation de la loi selon la lettre).

38 |Cette faute *innée (reatus)*, ainsi nommée parce qu'elle se fait remarquer aussitôt que l'usage de la liberté se manifeste dans l'homme, bien qu'elle doive nécessairement être issue de la liberté et puisse par suite être imputée, peut être jugée à ses deux premiers degrés (la fragilité et l'impureté) comme non intentionnelle *(culpa)*, mais au troisième comme faute intentionnelle *(dolus)* ; elle a pour caractère une certaine *malice* du cœur humain *(dolus malus)* qui se dupe lui-même sur ses intentions bonnes ou mauvaises et qui, pourvu que les actes n'aient pas pour conséquence le mal, ce qui se pourrait d'après leurs maximes, ne s'inquiète pas au sujet de ses intentions, se tenant bien plutôt comme justifié devant la loi. De là vient la sérénité de la conscience chez beaucoup d'hommes (qui se croient consciencieux) pourvu que dans des actions où la loi ne fut pas consultée, où tout au moins ne fut pas prépondérante, ils aient heureusement esquivé les conséquences mauvaises ; et même ils ne s'imaginent avoir du mérite à ne pas se sentir coupables de ces manquements dont ils voient les autres affligés sans rechercher même, si ce ne serait pas par hasard le mérite de la chance ; et si, d'après l'état d'esprit qu'ils pourraient bien découvrir dans leur for intérieur, s'ils le voulaient, de semblables actes vicieux n'eussent pu être accomplis par eux au cas où l'impuissance, le tempérament, l'éducation, les circonstances de temps et de lieu qui induisent en tentation (toutes choses qui ne sauraient nous être imputées), ne les en eussent écartés. Cette malhonnêteté qui consiste à s'en donner à accroire et qui s'oppose à l'établissement en nous d'une intention morale de bon aloi, se développe à l'extérieur aussi en fausseté et duperie envers autrui ; chose qui, si on ne veut pas l'appeler méchanceté, mérite d'être tout au moins nommée bassesse ; elle réside dans le mal radical de la nature humaine qui (en faussant le jugement moral concernant l'opinion que l'on doit se faire d'un homme et en rendant l'imputabilité intérieurement et extérieurement tout à fait incertaine) constitue la souillure de notre espèce, qui, tant que nous ne l'avons pas ôtée, empêche le germe du bien de se développer comme il le ferait sans aucun doute.

Un membre du Parlement anglais[a] proféra dans la chaleur des débats cette assertion : « Tout homme a son prix pour lequel il se livre ». Si cela est vrai (ce que chacun peut décider en lui-même) ; s'il n'existe absolument aucune vertu pour laquelle il serait impossible |de trouver un degré de tentation **39** susceptible de l'emporter d'assaut ; si, pour que soit le bon soit le mauvais esprit nous gagne à son parti il suffit que l'un offre plus et paye plus promptement que l'autre ; il se pourrait que ces paroles de l'apôtre soient vraies de l'homme d'une manière générale : « il n'est ici aucune différence, tous sont pécheurs également ; – il n'y en a aucun qui fasse le bien (selon l'esprit de la loi), pas même un seul »[b][1].

a. Robert Walpole (1676-1745).

b. *Rom.* III, 23.

1. La preuve proprement dite de cet arrêt de condamnation porté par la raison jugeant moralement ne se trouve pas dans cette section, mais dans la précédente ; cette section-ci en contient seulement la confirmation par l'expérience, mais celle-ci ne peut jamais découvrir la racine du mal dans la maxime suprême du libre arbitre dans son rapport à la loi, car il s'agit d'une

IV
DE L'ORIGINE DU MAL DANS LA NATURE HUMAINE

L'origine (première) c'est la provenance d'un effet de sa cause première, c'est-à-dire de celle qui n'est pas à son tour effet d'une autre cause de la même espèce. Elle peut être considérée soit comme *origine rationnelle,* soit comme *origine temporelle,* la première signification ne prend en considération que *l'existence de* l'effet ; mais la seconde son *accomplissement* et alors on le rapporte en tant qu'événement à sa *cause dans le temps.* Quand l'effet est rapporté à une cause qui lui est unie d'après des lois de liberté, comme c'est le cas dans le mal moral, la détermination de l'arbitre pour le produire n'est pas conçue comme unie à son principe de détermination dans le temps, mais simplement dans la représentation de la raison et on ne peut la faire découler de quelque état *antérieur ;* ce qui au contraire, doit avoir lieu toutes **40** les fois que la mauvaise action |est en tant qu'événement dans le monde, rapportée à sa cause naturelle. Il y a donc contradiction à rechercher l'origine temporelle des actions libres en tant que telles (comme pour des effets naturels), et par conséquent de la constitution morale de l'homme, en tant qu'elle est considérée comme contingente, parce qu'elle exprime le fondement de l'*usage* de la liberté qui doit être cherché uniquement dans des représentations de la raison (ainsi que le principe déterminant du libre arbitre en général).

action *intelligible* précédant toute expérience. – On peut voir par là, c'est-à-dire par l'unité de la maxime suprême, la loi à laquelle elle se rapporte étant une, pourquoi le pur jugement intellectuel porté sur l'homme doit nécessairement avoir pour fondement le principe de l'exclusion d'un terme moyen entre le bien et le mal, alors que le jugement empirique portant sur l'*acte sensible* (les faits et gestes réels) peut être fondé sur ce principe : il existe entre ces extrêmes un terme moyen, d'une part un état négatif d'indifférence, précédant toute culture, d'autre part un état positif composé où l'on est partiellement bon et partiellement mauvais. Mais ce n'est là qu'un jugement sur la moralité de l'homme dans le phénoménal et il est subordonné au premier dans le jugement final.

Quelle que soit d'ailleurs l'origine du mal moral dans l'homme, la plus inadéquate de toutes les façons de se représenter sa diffusion et la propagation de celui-ci dans tous les membres de notre espèce et dans toutes les générations consiste à se le représenter comme nous étant venu de nos premiers parents par hérédité ; car on peut dire du mal moral exactement ce que le poète dit du bien : – *Genus et prouvos et quae non fecimus ipsi, vix ea nostra puto*[a] [1]. Il faut remarquer en outre que quand nous recherchons l'origine du mal nous ne mettons pas tout d'abord en ligne de compte le penchant au mal (comme *peccatum in potentia)*, mais nous prenons en considération seulement le mal effectif d'actions données, suivant sa possibilité interne et ce qui, en vue de leur exécution, doit se rencontrer dans l'arbitre.

|Toute mauvaise action, quand on en recherche l'origine **41** rationnelle, doit être considérée comme si l'homme y était

---

a. Ovide, *Métamorphoses*, XIII, 140.

1. Les trois Facultés, appelées supérieures (dans les Universités) s'expliqueraient cette hérédité chacune à sa façon : soit comme une *maladie héréditaire,* soit comme une *dette héréditaire,* soit comme un *péché héréditaire.* 1) La *Faculté de Médecine* ne représenterait le mal héréditaire à peu près comme le ver solitaire, au sujet duquel quelques naturalistes sont réellement d'avis que, du moment qu'il ne se rencontre ni dans un élément extérieur à nous, ni (en ce même genre) dans quelque autre animal, il a dû nécessairement se trouver déjà chez nos premiers parents. 2) La *Faculté de Droit* le considérerait comme la conséquence légitime de l'entrée en jouissance d'un *héritage* qu'ils nous ont laissé, mais qui serait grevé d'une lourde faute (car naître n'est autre chose qu'acquérir l'usage des biens de la terre en tant qu'ils nous sont indispensables à notre existence comme durée). Nous devons donc payer (expier) pour être tout de même finalement dépossédés (par la mort). Comme de juste de par la loi ! 3) La *Faculté de Théologie* considérerait ce mal comme la participation personnelle de nos premiers parents à la *chute* d'un rebelle réprouvé, soit que nous-mêmes nous y ayons alors coopéré (quoique nous n'en ayons pas conscience actuellement), soit que, nés sous son règne (celui du prince de ce monde) nous en goûtions, aujourd'hui seulement, les biens plus que le commandement suprême du Souverain céleste et que nous n'ayons pas assez de fidélité pour nous en arracher, aussi devrons-nous à l'avenir partager son sort.

arrivé directement, de l'état d'innocence ; car quelle qu'ait été sa conduite antérieure et quelles que soient aussi les causes naturelles agissant sur lui, qu'elles se trouvent en lui ou hors de lui, peu importe, son action est cependant libre et nullement déterminée par une quelconque de ces causes ; elle peut donc et doit toujours être jugée comme un usage *originel* de son arbitre. Il aurait dû ne pas l'accomplir quelles qu'aient été les circonstances temporelles et les connexions dans lesquelles il a pu se trouver ; car aucune cause du monde ne fera qu'il cesse d'être un être agissant librement. On dit, il est vrai, avec raison qu'on impute également à l'homme les *conséquences* qui résultent de ses actions passées accomplies librement, mais contrairement à la loi ; cependant on veut dire simplement par là que l'on n'a pas besoin d'avoir recours à ce subterfuge et de rechercher si ces conséquences sont libres ou non parce que déjà dans l'action reconnue libre qui en était la cause, il y a une raison suffisante pour l'imputation. Toutefois quelque mauvais qu'ait été un homme jusqu'au moment où il doit accomplir immédiatement une action libre (le mal même lui étant habituel et, comme une seconde nature) son devoir a consisté non seulement à être meilleur, mais c'est encore toujours son devoir de se rendre meilleur ; il faut donc qu'il le puisse, et, s'il ne le fait pas, il est, au moment de l'action, aussi susceptible d'imputation et assujetti à elle que si, doué de l'aptitude naturelle au bien (qui est inséparable de la liberté), il était passé de l'état d'innocence au mal. – Nous ne pouvons donc pas nous enquérir de l'origine temporelle de cette action, mais simplement de son origine rationnelle pour déterminer et si possible, expliquer d'après elle le penchant c'est-à-dire le fondement subjectif universel, qui nous fait admettre une transgression dans notre maxime, s'il en est un.

C'est avec quoi s'accorde bien le genre de représentation dont use l'Écriture pour décrire l'origine du mal comme un *commencement* de ce mal dans l'espèce humaine, en la représentant comme une histoire, en effet, où ce qui, suivant la nature de la chose (sans avoir égard à une détermination temporelle) doit nécessairement être conçu comme venant en premier rang, apparaît comme tel dans le temps. D'après elle, le mal n'a pas pour commencement un penchant sur lequel il se fonderait, parce qu'alors son commencement n'aurait pas sa source dans la liberté ; mais bien |le *péché* (et par ce terme on **42** entend la transgression de la loi morale en tant que *commandement divin) ;* quant à la condition de l'homme antérieurement à tout penchant au mal, elle se nomme état *d'innocence.* La loi morale se présente d'abord comme *interdiction* ainsi qu'il convient quand il s'agit de l'homme qui n'est pas un être pur, mais un être tenté par des inclinations (1 Moïse, II, 16, 17). Or, au lieu de se conformer à cette loi, exactement comme motif suffisant (le seul motif, bon inconditionnellement et ne donnant pas lieu à scrupules), l'homme rechercha d'autres motifs (III, 6) qui ne peuvent être bons que conditionnellement (dans la mesure où il n'est fait par eux aucun tort à la loi) et adopta comme maxime, si l'on conçoit l'action comme découlant consciemment de la liberté, de ne pas se conformer à la loi du devoir par devoir, mais dans tous les cas en tenant compte d'autres intérêts. En conséquence, il commença à mettre en doute la sévérité du commandement qui exclut l'influence de tout autre motif, puis à faire descendre par des sophismes, l'obéissance à ce commandement au rang de la simple obéissance conditionnée (selon le principe de l'amour de soi) d'un moyen[1], d'où il résulta finalement qu'il admit dans sa maxime d'action la prépondérance des impulsions sensibles sur le motif de la loi et commit le péché (III, 6)

---

1. Tout respect témoigné envers la loi morale, sans qu'on lui accorde dans sa maxime, en tant que motif suffisant par soi, prépondérance sur tous les autres principes de détermination de l'arbitre, n'est qu'hypocrisie, et le penchant qui y porte est une perfidie venant de l'intérieur, c'est-à-dire un

Mutato nomine de te fabula narratur[a]. D'après ce qui précède il est clair que nous en faisons autant tous les jours et par suite que « en Adam tous ont péché »[b] et pèchent encore ; sauf que l'on suppose en nous déjà un penchant inné à la transgression ; on ne suppose pas ce penchant dans le premier homme, mais bien sous le rapport du temps, une période d'innocence ; c'est pourquoi chez lui la transgression est appelée *chute* ; tandis que chez nous, on la représente comme résultant de la méchanceté déjà innée de notre nature. Ce penchant toutefois ne signifie pas autre chose que, si nous voulons entreprendre *d'expliquer le commencement du mal dans le temps,* nous devons nécessairement pour toute transgression préméditée en rechercher les causes dans une époque antérieure de notre vie

43 jusqu'à celle où |l'usage de la raison ne s'était pas encore développé ; par suite rechercher la source du mal en remontant à un penchant au mal (comme disposition naturelle fondamentale), nommé inné pour cette raison ; or ce n'est ni nécessaire, ni faisable en ce qui concerne le premier homme qui est représenté comme disposant pleinement de l'usage de sa raison ; autrement cette fondation (le mauvais penchant) aurait été donné à l'homme à la création ; c'est pourquoi son péché est représenté comme immédiatement issu de l'état d'innocence. – Cependant, nous n'avons pas à rechercher l'origine temporelle d'une constitution morale qui doit nous être imputée, aussi inévitable soit elle, si nous tenons à en *expliquer* l'existence contingente (c'est pour cette raison et en

---

a. Horat. *Sat*, I, 1, 9.
b. I. *Cor*, 15, 22.

penchant à se leurrer soi-même par des mensonges dans l'interprétation de la loi morale au détriment de celle-ci (III, 5), c'est pourquoi aussi la Bible (en sa partie chrétienne) appelle le fauteur du mal (qui se trouve en nous-mêmes) le menteur dès le commencement [(a)], caractérisant ainsi l'homme par rapport à ce qui paraît être en lui le fondement capital du mal.

(a) *Rom*. II, 13, *Jean* VIII, 44.

conformité avec cette faiblesse qui est la nôtre que l'Écriture a pu la représenter ainsi).

Quant à l'origine rationnelle de ce désaccord en notre arbitre, c'est-à-dire de cette manière de recueillir en ses maximes des motifs subordonnés en les plaçant au premier rang, donc quant à l'origine rationnelle de ce penchant au mal, elle demeure pour nous insondable parce qu'elle doit nous être imputée, et que par suite, ce fondement suprême de toutes les maximes exigerait à son tour l'admission d'une mauvaise maxime. Le mal n'a pu provenir que du mal moral (non des simples bornes de notre nature) et pourtant notre disposition primitive est une disposition au bien (et nul autre que l'homme lui-même n'a pu la corrompre, si cette corruption doit lui être imputée); il n'existe donc pas pour nous de raison compréhensible pour savoir d'où le mal moral aurait pu tout d'abord nous venir. – C'est ce caractère incompréhensible joint à la détermination plus précise de la malignité de notre espèce que l'Écriture exprime dans son récit historique[1], en mettant au début le mal, au commencement du monde assurément, cependant non encore dans l'homme, mais dans un

---

1. Ce qui est dit ici ne doit pas être considéré comme un commentaire de l'Écriture, lequel reste en dehors des limites de la compétence de la simple raison. On peut s'expliquer sur la manière dont on utilise moralement un exposé historique, sans pour autant décider si ce fut vraiment le sens qu'avait en vue l'écrivain ou si c'est seulement nous qui l'y mettons; il suffit que ce sens soit vrai en soi et sans même aucune preuve historique, mais qu'il soit aussi le seul grâce auquel nous puissions tirer d'un passage de l'Écriture, quelque chose qui nous rende meilleurs, sinon il ne s'agirait que d'une augmentation stérile de notre savoir historique. On ne doit pas sans nécessité discuter sur une chose et sur son autorité historique, si quelle que soit la façon de la comprendre, cela ne contribue en rien à rendre meilleur, alors que, ce qui peut contribuer à cette fin est connu sans preuve historique et doit même être connu sans celle-ci. La connaissance historique qui n'a pas de rapport intérieur valable pour tous avec cette fin, |fait partie des *adiaphora* que **44** chacun peut apprécier comme il le juge utile pour sa propre édification.

44 |*esprit,* d'une destinée sublime[a] à l'origine ; ainsi, le commencement *premier* de tout le mal est représenté pour nous comme incompréhensible d'une manière générale (car d'où le mal chez cet esprit ?) mais l'homme, comme devenu la proie du mal, uniquement *par séduction ;* il n'est donc pas corrompu *foncièrement* (même suivant sa disposition première au bien), mais capable encore d'amélioration par opposition à un *esprit* séducteur c'est-à-dire un être dont on ne saurait atténuer la faute en tenant compte de la tentation de la chair ; ainsi en l'homme qui malgré la corruption de son cœur garde encore la bonne volonté, demeure l'espérance d'un retour au bien dont il s'est écarté.

REMARQUE GÉNÉRALE [b]
DU RÉTABLISSEMENT EN SA FORCE
DE LA DISPOSITION PRIMITIVE AU BIEN

Ce que l'homme est ou doit devenir moralement, bon ou mauvais, il faut qu'il le fasse ou l'ait fait par *lui-même*, l'un comme l'autre doit être l'effet de son libre arbitre ; ce ne pourrait sans cela lui être imputé et il ne pourrait par suite être ni bon ni mauvais *moralement*. Quand on dit : il a été créé bon, ce ne peut signifier autre chose que : il a été créé pour le *bien*, et que la *disposition* originaire de l'homme est bonne ; toutefois il ne s'ensuit pas qu'il soit déjà bon, mais, suivant qu'il admet ou non dans sa maxime les motifs compris dans cette disposition (chose qui doit être entièrement laissée à son libre choix), c'est lui-même qui fait qu'il devient bon ou mauvais. Supposé que, pour devenir bon ou meilleur une

---

a. « plus sublime » dans la première édition.

b. Cette *Remarque générale* est désignée dans la 1ʳᵉ édition par le chiffre V.

coopération surnaturelle soit aussi nécessaire, que celle-ci consiste seulement dans la réduction des obstacles ou qu'elle soit même aide positive, néanmoins l'homme doit auparavant se rendre digne de la recevoir et *accepter* cette *assistance* (ce qui n'est pas peu) c'est-à-dire accueillir dans sa maxime l'accroissement positif de forces par lequel seulement il devient possible que le bien lui soit imputé et qu'il soit reconnu lui-même comme homme de bien.

La possibilité pour un homme mauvais par nature de se rendre bon par lui-même, voilà qui dépasse tous nos concepts ; |comment en effet, un mauvais arbre pourrait-il porter de bons **45** fruits ? Cependant, comme d'après l'aveu qui a été fait précédemment un arbre bon à l'origine (d'après sa disposition) a produit de mauvais fruits [1] et que la chute du bien dans le mal (si l'on prend bien garde que le mal provient de la liberté) n'est pas plus intelligible que le relèvement du mal au bien, la possibilité de ce dernier cas ne peut être contestée. Car, malgré cette chute, le commandement : « que nous avons *l'obligation* de devenir meilleur », retentit en notre âme avec autant de force ; il faut bien par la suite que nous devions aussi le *pouvoir*, même si ce que nous pouvons faire était en soi insuffisant et qu'ainsi nous nous rendions simplement susceptibles de recevoir une aide venue de plus haut et pour nous insondable. – Alors, à la vérité, il faut présupposer qu'un germe de bien demeuré en toute sa pureté n'ait pu être extirpé ou corrompu, lequel assurément ne peut être l'amour de soi [2]

---

1. L'arbre, bon par disposition naturelle, ne l'est pas encore en fait, car s'il l'était, il ne pourrait évidemment porter de mauvais fruits ; ce n'est que lorsque l'homme a accueilli en sa maxime le motif mis en lui en vue de la loi morale, qu'il est appelé un homme bon (l'arbre est absolument un bon arbre).

2. Des mots pouvant recevoir deux sens tout différents, bien souvent, empêchent longtemps d'être convaincu par les raisons les plus claires. Comme *l'amour* en général, *l'amour de soi* peut se subdiviser en amour *de bienveillance* et amour *de complaisance* (*benevolentiae* et *complacentiae*), et l'un et l'autre (comme il s'entend de soi) doivent être raisonnables.

car celui-ci, pris comme principe de toutes nos maximes est
précisément la source de tout le mal.

46 |La restauration en nous de la disposition primitive au
bien, n'est donc pas l'acquisition, d'un mobile pour le bien,
mobile *perdu* par nous, car ce mobile qui consiste dans le

Accueillir le premier dans sa maxime, c'est naturel (qui, en effet, ne voudrait
pas que tout se passe toujours bien pour lui ?) Toutefois, il n'est raisonnable,
qu'en tant que, d'une part, par rapport au but on fait seulement choix de ce
qui est compatible avec le bien-être le plus grand et le plus durable, et que,
d'autre part, l'on fait choix des moyens les plus convenables pour chacun de
ces éléments du bonheur. Ici la raison joue tout simplement le rôle de
servante de l'inclination naturelle ; mais la maxime que dans ce but on
accueille n'a pas de rapport avec la moralité. Cependant, si l'on en fait le
principe inconditionné de l'arbitre, elle devient la source d'un grand conflit à
perte de vue avec la moralité. – Or, un amour raisonnable de *complaisance
en soi-même* peut être entendu en ce sens que nous nous complaisons dans les
maximes déjà nommées qui ont pour fin la satisfaction de l'inclination
naturelle (dans la mesure où cette fin est atteinte en se conformant à ces
maximes), et il se confond alors avec l'amour de la bienveillance envers soi-
même ; on est satisfait de soi-même, comme un marchand auquel des
spéculations commerciales réussissent bien et qui, considérant les maximes
46   suivies se réjouit de son sage discernement. Seule la maxime de l'amour |de
soi en tant que *complaisance* en soi *inconditionnée* (ne dépendant pas du gain
ou de la perte, conséquences de l'action) serait le principe intérieur d'une
satisfaction pour nous seulement possible sous la condition seule de subor-
donner nos maximes à la loi morale. Aucun homme, auquel la moralité n'est
pas indifférente, ne peut trouver de la complaisance en soi et même ne pas
éprouver une amère déplaisance vis-à-vis de lui-même lorsqu'il a conscience d'avoir des maximes qui ne sont pas en accord avec la loi morale en
lui. On pourrait appeler cet amour l'amour raisonnable de soi qui s'oppose à
ce qu'aux motifs de l'arbitre viennent se mêler d'autres causes de satisfaction provenant des conséquences des actes (sous le nom d'une félicité que
l'on peut ainsi se procurer). Ceci indique un respect inconditionné pour la loi
et dès lors, pourquoi veut-on par l'emploi de l'expression amour *raisonnable*
de soi, *moral* seulement à la condition indiquée, se rendre inutilement plus
difficile la claire compréhension du principe en tournant dans un cercle (car
on ne peut s'aimer soi-même que moralement, en tant qu'on a conscience de
sa maxime qui est de faire du respect de la loi, le motif suprême de son
arbitre). Le bonheur, conformément à notre nature, est pour nous autres,
êtres dépendants des objets de la sensibilité, la première des choses et ce que

respect de la loi morale nous n'avons jamais pu le perdre, et si c'eût été possible, nous ne pourrions jamais plus de nouveau l'acquérir. Il ne s'agit donc que de restaurer la *pureté* du mobile en tant que fondement dernier de toutes nos maximes, et par là même, il doit être accueilli dans le libre arbitre non uni seulement à d'autres mobiles ou peut-être même subordonné à eux (c'est-à-dire aux inclinations) comme conditions, mais en toute sa pureté, en qualité de mobile, en soi *suffisant,* de détermination de ce libre arbitre. Le bien originel, c'est la *sainteté* des *maximes* dans l'accomplissement du devoir; par là l'homme qui accueille cette pureté dans sa maxime, quoiqu'il ne soit pas encore saint pour cela (car de la maxime à l'action, il y a encore une grande distance), est néanmoins en bonne |voie pour s'en rapprocher dans un **47** progrès infini. La ferme résolution d'accomplir son devoir, devenue une aptitude, se nomme aussi *vertu,* que suivant la légalité, on considère comme son caractère empirique *(virtus phaenomenon).* Sa maxime constante est *d'agir conformément à la loi ;* quant aux motifs dont l'arbitre a besoin à cette fin, on peut les prendre où l'on voudra. C'est pourquoi, en ce sens, la vertu s'acquiert *peu à peu* et d'aucuns l'appellent une longue habitude (de l'observation de la loi); grâce à elle l'homme, en réformant progressivement sa conduite et en affermissant ses maximes parvient du penchant au vice à un penchant opposé. Point n'est besoin pour cela de *transformer son cœur,* il suffit de transformer ses *mœurs.* L'homme se

nous désirons sans condition. Et ce même bonheur, conformément à notre nature (si l'on veut bien d'une manière générale nommer ainsi ce qui nous est inné) en tant qu'êtres doués de raison et de liberté, n'est pas, tant s'en faut, la première des choses, ni un objet inconditionné de nos maximes; mais cet objet, au contraire, consiste dans *la dignité d'être heureux,* c'est l'accord de toutes nos maximes avec la loi morale. Or, que cet accord soit la condition objective grâce à laquelle seule le désir de bonheur puisse se concilier avec la raison législatrice, c'est là toute la prescription morale; et la manière de penser morale n'est autre chose que l'intention de désirer à cette condition seulement.

trouve vertueux quand il se sent affermi dans les maximes qui font observer le devoir; quoique ce résultat ne provienne pas du principe suprême de toutes les maximes c'est-à-dire du devoir; ainsi l'intempérant revient à la modération par l'amour pour sa santé, le menteur à la vérité pour ménager son honneur, l'injuste à la probité bourgeoise par amour du repos ou du gain, etc. Tous se conforment ainsi au principe si vanté du bonheur. Or, devenir un homme bon non seulement légalement, mais aussi moralement (agréable à Dieu) c'est-à-dire vertueux selon le caractère intelligible *(virtus noumenon),* en homme par conséquent qui, quand il a reconnu une chose comme étant son devoir n'a pas besoin d'un motif, autre que cette représentation du devoir même, c'est ce qui ne saurait résulter d'une *réforme* successive, tant que demeure impur le fondement des maximes, mais bien uniquement d'une révolution dans l'intention de l'homme (c'est-à-dire un passage de celle-ci à la maxime de la sainteté) et il ne peut devenir un homme nouveau que par une espèce de régénération, en quelque sorte par une nouvelle création (*Évangile selon St-Jean*, III, 5; Cf. I, *Moïse*, 1, 2) et un changement de son cœur.

Cependant si l'homme est perverti dans le fondement de ses maximes, comment lui serait-il possible d'effectuer cette révolution par ses propres forces et de devenir par lui-même un homme de bien? Et pourtant le devoir ordonne de l'être; toutefois il ne nous ordonne rien qui ne soit en notre pouvoir de faire. On ne peut arriver à une conciliation que si la révolution est nécessaire pour la manière de penser et la réforme graduelle pour la manière de sentir (qui lui oppose des obstacles), et alors la chose doit être possible à l'homme. Voici : quand il convertit le principe suprême de ses maximes qui en faisait un mauvais homme grâce à une unique réso-
48 lution |immuable (revêtant ainsi un homme nouveau), il est en cette mesure, pour le principe et la manière de penser, un sujet réceptif au bien, mais il ne deviendra un homme bon que par l'action et la progression continues; c'est-à-dire qu'il peut

espérer, en vertu d'une telle pureté du principe, pris par lui pour suprême maxime de son arbitre et en vertu de la solidité de ce principe, se trouver sur la bonne voie (bien qu'étroite) d'un *progrès* constant du mal au mieux. Or, pour celui dont les regards pénètrent le fond intelligible du cœur (de toutes les maximes du libre arbitre), pour qui par conséquent cette infinité du progrès forme unité, c'est-à-dire pour Dieu, cela a même valeur que d'être vraiment un homme bon (un homme qui lui est agréable) et en ce sens, ce changement peut être regardé comme une révolution; au jugement des hommes toutefois, qui ne peuvent s'apprécier eux-mêmes et la force de leurs maximes que suivant l'empire qu'ils prennent sur la sensibilité dans le temps, ce changement ne peut être considéré que comme un effort toujours persistant en vue du mieux, par conséquent comme une réforme graduelle du penchant au mal, en tant que manière de penser l'inverse.

Il s'ensuit que la formation morale de l'homme ne doit pas commencer par l'amélioration des mœurs, mais par la transformation de la manière de penser et par la fondation d'un caractère; encore que d'ordinaire on procède autrement et que l'on combatte les vices en particulier, en laissant intacte leur racine commune. Or, même l'homme le plus borné est capable de ressentir un respect d'autant plus grand pour une action conforme au devoir qu'il lui ôte davantage en pensée d'autres mobiles qui, par suite de l'amour de soi, pourraient avoir de l'influence sur la maxime de l'action; des enfants aussi sont capables de retrouver même la moindre trace d'un mélange de mobiles impurs, et alors l'acte perd immédiatement pour eux toute valeur morale. On cultivera d'une manière incomparable cette disposition au bien si l'on cite *l'exemple* d'hommes bons (sous le rapport de leur conformité à la loi) et si l'on fait les élèves de morale juges de l'impureté de maintes maximes d'après les motifs réels de leurs actes et elle pénétrera ainsi peu à peu la manière de penser; en sorte que le *devoir* pour lui-même commencera à acquérir dans leurs cœurs une importance

appréciable ; toutefois enseigner à *admirer* des actes vertueux
quelque sacrifice qu'ils aient pu coûter, ce n'est pas là encore
la véritable disposition que l'âme du jeune homme doit
acquérir en vue du bien moral. Car quelque vertueux que
49 l'homme soit, tout ce qu'il peut faire |de bien, n'est pourtant
que son devoir ; or, faire son devoir, ce n'est pas autre chose
que faire ce qui rentre dans l'ordre moral ordinaire, cela ne
mérite donc pas d'être admiré. Cette admiration indique bien
plutôt une discordance entre notre sentiment et le devoir
comme si c'était quelque chose d'extraordinaire et de
méritoire que de lui obéir.

Il est toutefois dans notre âme une chose, que, nous ne
pourrons, si nous la fixons des yeux, comme il convient,
cesser de contempler avec l'émerveillement le plus grand et
assurément l'admiration est ici légitime en même temps
qu'elle élève l'âme et c'est : d'une manière générale la disposition morale primitive en nous. – Qu'y a-t-il donc en nous
(peut-on se demander) qui nous élève, nous qui sommes des
êtres dépendant constamment par tant de besoins de la nature,
si haut au-dessus de ces besoins, dans l'Idée d'une disposition
primitive (en nous), que nous les considérions dans leur
ensemble comme rien et nous-mêmes comme indignes de
l'existence, si nous devions en poursuivre la jouissance, qui
seule pourtant nous peut rendre la vie désirable en opposition
avec une loi en vertu de laquelle notre raison commande avec
force, sans user d'ailleurs de promesses ni de menaces ? Tout
homme, de la capacité la plus commune auquel on a enseigné
au préalable la sainteté enclose dans l'Idée du devoir, mais qui
ne s'élève pas jusqu'à l'étude du concept de liberté, dérivé en
tout premier lieu de cette loi[1], doit sentir de la façon la plus

---

1. Que le concept de la liberté de l'arbitre ne précède pas la conscience
de la loi morale en nous, mais ne se déduit que de la déterminabilité de notre
arbitre par cette loi en tant que commandement absolu, c'est ce dont on peut
bientôt se convaincre en se posant la question si l'on a sûrement d'une
manière immédiate conscience d'un pouvoir permettant de surmonter grâce

profonde l'importance de cette question ; même |l'incompré- **50**
hensibilité de cette disposition qui annonce une origine divine
doit agir sur l'âme jusqu'à l'exaltation et l'affermir dans les
sacrifices que le respect du devoir peut lui imposer. On doit
recommander comme un excellent moyen pour éveiller les
sentiments moraux, d'exciter souvent en l'homme le sentiment de la sublimité de sa destination morale parce qu'il
s'oppose directement au penchant inné qui tend à intervertir

à une ferme résolution tout motif de transgression quelle qu'en soit la
grandeur (*Phalaris licet imperet, ut sis falsus et admoto dictet perjuria
tauro*[a]). Chacun sera obligé d'avouer : qu'il *ne sait pas* si, un cas semblable
se présentant, il ne faiblirait pas dans sa résolution. Le devoir lui commande
néanmoins d'une manière inconditionnelle : de lui *demeurer* fidèle ; et il en
conclut à bon droit qu'il doit le *pouvoir* et que par suite son arbitre est libre.
Ceux qui présentent faussement cette propriété inscrutable comme tout à fait
intelligible, fabriquent avec le mot *déterminisme* (pour ce qui est de la proposition concernant la détermination de l'arbitre par de suffisantes raisons
intérieures), un trompe l'œil comme si la difficulté consistait à le concilier
avec la liberté, ce à quoi personne ne songe ; et non au contraire à savoir
comment le *prédéterminisme*, d'après lequel des actes arbitraires en tant
qu'événements, ont leurs raisons déterminantes *dans le temps antérieur* (qui,
ainsi que ce qu'il contient n'est plus en notre pouvoir), peut être compatible
avec la liberté d'après laquelle l'action aussi bien que son |contraire doit être **50**
nécessairement au pouvoir du sujet, au moment de son accomplisse-
ment. Voilà ce que l'on veut comprendre et que l'on ne comprendra jamais.
    Il n'y a pas de difficulté à concilier le concept de *liberté* avec l'idée de
Dieu en tant qu'Être *nécessaire* ; parce que la liberté ne consiste pas dans la
contingence de l'action (comme n'étant pas déterminé par des motifs) c'est-
à-dire dans l'indéterminisme (il faudrait alors que Dieu eût la possibilité de
faire le bien ou le mal indifféremment pour pouvoir appeler libre son action),
mais bien dans l'absolue spontanéité qui ne court de danger qu'avec le
prédéterminisme, le motif déterminant se trouvant alors *dans le temps passé*
en sorte que, actuellement, l'action n'étant plus en mon pouvoir, mais dans la
main de la nature, je suis déterminé d'une façon irrésistible. Or, comme en
Dieu on ne peut concevoir de succession temporelle, cette difficulté tombe
d'elle-même [b].
    (a) Juvenal. *Sat.* VIII, 80.
    (b) Le passage depuis « il n'y a pas de difficulté… tombe d'elle-
même », est une addition à la 2e édition.

les motifs dans les maximes de notre libre arbitre, afin de rétablir dans le respect inconditionné de la loi, condition suprême de toutes les maximes à prendre, l'ordre moral primitif dans les motifs et par suite en sa pureté la disposition au bien dans le cœur humain.

Mais à ce rétablissement par l'emploi de nos propres forces s'oppose directement la proposition de la corruption des hommes à l'égard de tout bien? Assurément, en ce qui concerne la compréhension c'est-à-dire notre *intellection* de sa possibilité, ainsi que de tout ce qui doit être représenté comme événement dans le temps (changement) et, en ce sens comme nécessaire selon les lois de la nature et dont le contraire cependant doit être représenté en même temps sous les lois morales comme possible par liberté; toutefois, elle ne s'oppose pas à la possibilité de ce rétablissement lui-même. Car, lorsque la loi morale ordonne que nous devons maintenant être meilleurs, il suit inévitablement qu'il nous faut aussi le *pouvoir*. La proposition de l'innéité du mal n'est d'aucun usage dans la *dogmatique* morale; car ses prescriptions comprennent les mêmes devoirs et gardent aussi leur même force qu'il y ait ou non en nous, un penchant inné à la transgression. En *ascétique* morale, cette proposition prétend avoir plus de signification, |mais ne veut rien dire d'autre que ceci : Nous ne pouvons pas, quand il s'agit du développement éthique de la disposition morale au bien, innée en nous, partir d'un état d'innocence qui nous serait naturel, mais nous devons nécessairement commencer par supposer la malignité de l'arbitre dans l'adoption des maximes, contraires à la disposition, morale primitive et parce que le penchant en est indestructible, réagir sans cesse contre lui. Or, comme ceci ne conduit qu'à une progression, allant à l'infini du mal au mieux, il s'ensuit, que la transformation de l'intention du méchant en celle d'un homme de bien doit consister dans le changement du principe intérieur suprême réglant l'admission de toutes ses maximes conformément à la loi morale, en tant que ce principe nouveau (un cœur nouveau) est lui-même désormais invariable. Il est vrai d'ailleurs, que l'homme ne peut naturellement arriver à s'en convaincre ; il ne peut en avoir il est vrai immédiatement conscience ni en fournir comme preuve la conduite qu'il a tenue jusqu'à ce moment parce que les profondeurs de son cœur (premier fondement subjectif de ses maximes) demeurent pour lui insondables ; toutefois il faut qu'il puisse *espérer* parvenir par ses *propres* forces au chemin qui y mène et qui lui est indiqué par une intention améliorée en son fond ; parce qu'il doit devenir homme de bien, mais ne peut être jugé *bon moralement* que d'après ce qui peut lui être imputé comme son œuvre propre.

Pour combattre cette prétention, l'amélioration de soi-même, la raison, naturellement rebutée par l'effort moral, fait appel, prétextant une incapacité de nature, à toutes sortes d'idées religieuses impures (entre autres celle qui imagine que Dieu lui-même a établi le principe du bonheur comme condition suprême de ses commandements). Or, on peut diviser toutes les religions en deux groupes : l'un qui *recherche des faveurs* (religion de simple culte) et l'autre celui de la religion *morale,* c'est-à-dire de la *bonne conduite.* D'après la première religion l'homme se flatte que Dieu peut bien le rendre éternellement heureux sans qu'il ait à vrai dire besoin de *devenir meilleur* (par la rémission des péchés) ; ou encore, si cela ne lui semble pas possible, il se flatte que Dieu peut bien le *rendre meilleur* sans qu'il ait autre chose à faire qu'à l'en *prier ;* ce qui, en présence d'un Être qui voit tout ne va pas plus loin qu'émettre un vœu, c'est-à-dire proprement ce qui est ne rien faire ; en effet, si le simple désir suffisait, tout le monde serait bon. Mais, suivant la religion morale (et parmi toutes les religions |publiques qu'il y eut jamais, seule la 52 religion chrétienne a ce caractère), c'est un principe fonda-mental que chacun doit, selon ses forces, faire son possible pour devenir meilleur et ce n'est que lorsqu'il n'a pas enfoui ses talents innés en propre (*Luc*, XIX, 12-16), lorsqu'il a employé sa disposition originelle au bien, pour devenir meilleur, qu'il peut espérer, que ce qui n'est pas en son pouvoir, sera complété par une assistance d'en haut. Et il n'est pas absolument nécessaire que l'homme sache en quoi elle consiste ; peut-être même est-il inévitable que, si la manière dont elle se produit a été révélée à une certaine époque, d'autres hommes, à une autre époque, s'en feraient chacun une idée différente et certes en toute sincérité. Mais alors le principe suivant garde sa valeur : « Il n'est pas essentiel, ni par suite nécessaire à quiconque, de savoir ce que Dieu fait ou a fait pour son salut » ; mais bien de savoir ce que lui-même doit faire pour se rendre digne de ce secours [1].

---

1. Cette Remarque générale est la première des quatre qui ont été ajoutées à chacune des parties de cet ouvrage et qui pourraient avoir pour titres : « 1. Des effets de la grâce ; 2. des miracles ; 3. des mystères ; 4. des moyens de grâce ». Ce sont en quelque sorte les *Parerga* de la religion dans les limites de la raison pure ; car elles n'en sont pas des parties intégrantes, mais y confinent. La raison, consciente de son impuissance à satisfaire à son besoin moral, s'étend jusqu'à des idées transcendantes, susceptibles de combler ce vide, sans toutefois se les approprier comme un accroissement de son domaine. Elle ne conteste ni la possibilité, ni la réalité des objets de ces idées, mais elle ne peut les admettre dans ses maximes pour penser et agir. Elle compte même que, si dans l'insondable champ du surnaturel, il y a quelque chose de plus que ce qu'elle peut saisir, et qui cependant serait nécessaire pour suppléer à son insuffisance morale, cette chose, même inconnue, favorisera sa bonne volonté, grâce à une foi que l'on pourrait appeler *réfléchissante* (quant à sa possibilité), parce que la *foi dogmatique* qui se donne pour un *savoir,* lui paraît peu droite ou prétentieuse ; en effet, lever les difficultés par rapport à ce qui est en soi (pratiquement) bien établi, n'est qu'une besogne secondaire *(Paregon),* quand elles concernent des questions transcendantes. Pour ce qui est du préjudice que causeraient les Idées de même *moralement* transcendantes, si nous voulions les introduire 53 |dans la religion, on peut dire que les effets en sont dans l'ordre des quatre classes désignées ci-dessus : 1) pour la prétendue expérience interne (les effets de la grâce), le *fanatisme ;* 2) pour la soi-disant expérience externe (miracles), la *superstition* ; 3) pour les lumières supposées de l'entendement par rapport au surnaturel (mystères), *l'illuminisme* (illusion des adeptes) ; 4) pour les tentatives risquées d'agir sur le surnaturel (moyens de grâce), la

thaumaturgie, autant de pures erreurs d'une raison franchissant ses limites, il est vrai, dans une intention prétendue morale (agréable à Dieu). Toutefois, en ce qui concerne en particulier cette Remarque générale annexée à la première partie du présent traité, on peut dire que le recours aux *effets de la grâce* fait partie de ces errements et ne peut être admis dans les *maximes* de la raison si celle-ci se tient à l'intérieur de ses limites ; comme d'ailleurs rien de ce qui est surnaturel, parce que c'est justement là que s'arrête tout usage de la raison. Il est, en effet, impossible de les faire reconnaître *théoriquement* à un signe quelconque (à savoir qu'ils sont des effets de la grâce et non des effets intérieurs de la nature), parce que l'usage que nous faisons du concept de cause et d'effet concernant les objets de l'expérience ne peut s'élargir jusqu'à dépasser la nature ; or, supposer un usage pratique de cette Idée, implique en soi une contradiction absolue. En effet, à l'usage, elle supposerait une règle pour ce que nous aurions à *faire* de bien nous-mêmes (dans une certaine intention) afin d'obtenir quelque chose ; mais attendre un effet de la grâce signifie précisément le contraire, à savoir que le bien (le bien moral) ne sera pas notre fait, mais celui d'un autre être et que nous pouvons l'acquérir uniquement en *ne faisant rien,* ce qui se contredit. Nous pouvons par suite concéder ces effets comme quelque chose d'incompréhensible, mais sans les accueillir dans nos maximes en vue d'un usage théorique ou pratique [a].

(a) Cette note est une addition à la 2ᵉ édition.

LA DOCTRINE PHILOSOPHIQUE
DE LA RELIGION [1]

1. Il convient compte tenu des circonstances de la publication de
l'ouvrage de séparer la première partie des suivantes.

|LUTTE DU BON PRINCIPE AVEC LE MAUVAIS 57
POUR LA DOMINATION SUR L'HOMME

Parmi tous les anciens moralistes, ce sont les stoïciens surtout qui par leur mot d'ordre, *vertu,* lequel (en grec comme en latin) désigne le courage et la bravoure, et suppose de ce fait un ennemi, ont fait connaître que pour devenir un homme moralement bon, il ne suffit pas de seulement laisser se développer sans obstacle le germe du bien, inhérent à notre espèce, mais qu'il faut aussi combattre une cause de mal qui se trouve également en nous et qui agit en sens contraire. A ce point de vue, le terme de *vertu* est un nom superbe et si par ostentation l'on en mésuse souvent et l'on s'en moque (comme récemment du mot *lumières*) cela ne saurait lui nuire. – Car, exhorter au courage, c'est déjà au moins pour moitié l'inspirer; au contraire, la manière de penser paresseuse pusillanime, qui se défie entièrement d'elle-même et attend une aide étrangère (en morale et en religion) détend toutes les forces de l'homme et le rend indigne même de cette aide.

Cependant, ces hommes vaillants méconnurent leur ennemi, qu'on ne doit point chercher dans les inclinations naturelles simplement indisciplinées, qui se présentent à découvert, et sans mystère à la conscience d'un chacun; c'est en effet un ennemi en quelque sorte invisible qui, se cachant derrière la raison, en est d'autant plus redoutable. Ils firent appel à la *sagesse* contre la *sottise* qui ne fait autre chose que de se laisser induire en erreur par les inclinations au lieu d'avoir recours à elle contre la *malignité* (du cœur humain), qui, secrètement mine par ses principes, corrupteurs de l'âme l'intention[1].

1. Ces philosophes tiraient leur principe de morale générale de la dignité de la nature humaine, de la liberté (en tant qu'indépendance de la puissance des inclinations), ils ne pouvaient d'ailleurs en prendre un meilleur et un plus noble comme fondement. Ils puisaient donc les lois morales directement dans la raison qui de cette manière légiférait seule et commandait par ses lois d'une façon absolue et ainsi tout était fort exactement indiqué : objectivement, en ce qui concerne la règle, mais subjectivement aussi relativement au motif, à condition d'attribuer à l'homme une volonté intègre pour admettre sans hésiter ces lois dans ses maximes. Mais c'est dans cette dernière supposition que résidait l'erreur. Car nous pouvons bien, aussitôt qu'il nous plaira fixer notre attention sur notre état moral, nous constaterons toujours qu'il n'est plus *res integra* et que nous devons commencer par chasser le mal qui s'est déjà installé, de la place qu'il occupe (ce qu'il n'aurait pu faire, si nous ne l'avions accueilli dans notre maxime), c'est-à-dire que le premier bien véritable que l'homme peut faire, c'est de s'éloigner du mal que l'on ne doit pas tant chercher dans les inclinations, que dans la perversion de la maxime et par suite dans la liberté même. Les inclinations ne font que rendre plus difficile l'*exécution* de la bonne maxime contraire ; le mal proprement dit, consiste à ne pas *vouloir* résister à ces inclinations quand elles invitent à la transgression et cette intention est à vrai dire le véritable ennemi. Les inclinations ne sont autre chose que les adversaires des principes en général (qu'elles soient d'ailleurs bonnes ou mauvaises) et, en ce sens, le généreux fondement de la moralité dont il a été question n'est pas sans avantage comme exercice préparatoire (discipline des inclinations) à la docilité du sujet au regard des principes. Mais comme ces derniers doivent être des principes spécifiques du *bien moral* et qu'ils ne le sont pas néanmoins comme maximes, il faut supposer qu'ils trouvent encore dans le sujet un autre adversaire avec lequel la vertu doit entrer en lutte, lutte sans laquelle toutes les vertus seraient, non assurément, comme le veut tel Père de l'Église, des *vices* brillants, mais du moins *d'éclatantes* pauvretés parce que si elles calment souvent la rébellion elles ne combattent victorieusement ni n'extirpent jamais le rebelle.

|Des inclinations naturelles sont *considérées en* **58** *elles-mêmes bonnes,* c'est-à-dire non condamnables et il n'est pas seulement inutile, mais ce serait même nuisible et blâmable de vouloir les extirper; il faut plutôt les dompter, afin qu'elles ne se détruisent pas les unes par les autres, mais qu'elles puissent être amenées à s'accorder en un tout appelé bonheur. Lorsque la raison s'acquitte de cette tâche, elle se nomme *prudence.* Seul ce qui est moralement contraire à la loi, est mauvais en soi, absolument condamnable et doit nécessairement être extirpé; la raison qui l'enseigne, et surtout quand elle le met en pratique, mérite seule le nom de *Sagesse ;* comparé à celle-ci, le vice peut s'appeler aussi *sottise*; il faut toutefois que la raison sente en elle-même une force suffisante pour le *mépriser* (avec toutes ses provocations), et non pas seulement pour le *haïr* comme un être à redouter, et pour s'armer contre lui.

|Donc, lorsque le *stoïcien* ne considérait la lutte morale de **59** l'homme que comme une lutte contre ses inclinations (en soi innocentes) qui devaient être vaincues comme obstacles à l'accomplissement de son devoir, il ne pouvait, n'admettant pas un principe positif particulier (mauvais en soi) placer la cause de la transgression que dans la *négligence* à lutter contre les inclinations : or, comme cette négligence est elle-même contraire au devoir (une transgression) et non une simple faute naturelle et que la cause également n'en doit pas être cherchée de nouveau dans les inclinations (car on se verrait dans l'explication pris en un cercle), mais seulement dans ce qui détermine l'arbitre (dans le principe intérieur et premier des maximes qui sont d'accord avec les inclinations), on peut facilement comprendre comment des philosophes pour qui un principe d'explication, demeurant éternellement voilé de

ténèbres [1] est inopportun bien qu'inévitable, ont pu méconnaître le véritable adversaire du bien qu'ils pensaient pourtant combattre.

On n'a donc pas à s'étonner lorsqu'un apôtre représente cet ennemi *invisible,* corrupteur des principes, et qu'on ne peut connaître qu'à ses effets sur nous, comme extérieur à nous, à savoir comme un *esprit* malin : « Nous n'avons pas combattu contre la chair et le sang (les inclinations naturelles), mais contre des princes et des puissants – contre des esprits malins » [a]. Ce n'est là qu'une manière de s'exprimer qui ne semble pas mise ici pour étendre notre connaissance au-delà du monde sensible, mais uniquement afin de rendre intuitif, pour *l'usage pratique,* le concept de ce qui est pour nous insondable ; car d'ailleurs, en ce qui concerne cet usage, peu nous importe, de placer le tentateur simplement en nous-mêmes, ou au besoin hors de nous, |parce qu'en ce dernier cas nous sommes tout aussi bien en faute que dans le premier, car nous n'aurions pas été tentés par lui, si nous

60

a. *Eph.* VI, 12.

1. C'est une hypothèse tout à fait commune en philosophie morale que l'on peut bien facilement expliquer l'existence du mal moral dans l'homme d'une part par la force des mobiles de la sensibilité et, d'autre part, par l'impuissance du motif de la raison (le respect de la loi) c'est-à-dire par *faiblesse.* Mais alors le bien moral en l'homme (en sa disposition morale) devrait s'expliquer plus facilement encore ; car l'intelligibilité de l'un ne peut se concevoir sans celle de l'autre. Or, le pouvoir qu'à la raison de triompher par la seule Idée d'une loi de tous les mobiles qui s'opposent à elle, est absolument inexplicable ; aussi est-il également incompréhensible que les mobiles de la sensibilité puissent triompher d'une raison qui ordonne avec une semblable autorité. Si chaque homme en effet se conduisait conformément à la prescription de la loi, on dirait que tout se passe suivant l'ordre naturel et il ne viendrait à l'esprit de personne d'en demander même la cause.

n'étions pas secrètement en intelligence avec lui[1]. – Nous diviserons toute cette étude en deux sections.

1. C'est un caractère particulier de la morale chrétienne de représenter le bien moral différent du mal moral non comme le ciel est différent de la *terre,* mais comme il est différent de *l'enfer ;* cette représentation assurément figurée et révoltante comme telle, n'en est pas moins pour le sens philosophiquement exacte. – Elle sert, en effet, à empêcher que l'on conçoive le bien et le mal, le royaume de la lumière et celui des ténèbres comme voisins l'un de l'autre et se perdant l'un dans l'autre par degrés (de clarté plus ou moins grande) et fait qu'on se les représente au contraire comme séparés par un abîme incommensurable. L'hétérogénéité absolue des principes permettant d'être sujet de l'un ou de l'autre de ces deux empires et le péril aussi que comporte l'idée d'une proche parenté entre les propriétés qui qualifient l'homme pour l'un ou pour l'autre, autorisent ce mode de représentation qui, malgré ce qu'il a d'horrible, ne laisse pas cependant d'être fort sublime.

|DROIT QU'A LE BON PRINCIPE A LA DOMINATION SUR L'HOMME

A) Idée personnifiée du bon principe

Ce qui seul peut faire d'un monde l'objet du décret divin et la fin de la création, c'est *l'humanité* (l'essence raisonnable du monde en général) *dans sa perfection morale totale,* de laquelle, comme de sa condition supérieure, le *bonheur* est la conséquence immédiate dans la volonté de l'Être suprême. – Cet homme, le seul agréable à Dieu « est en Lui de toute éternité » ; l'Idée en émane de son être ; en ce sens, il n'est pas une chose créée, mais le Fils unique de Dieu ; « le *Verbe* (le *fiat*) par lequel toutes les autres choses existent et sans lequel rien ne serait de ce qui a été fait »[a] (car c'est pour l'amour de lui, c'est-à-dire de l'être raisonnable dans le monde, comme on peut le penser d'après sa destination morale, que tout a été fait). – « Il est le reflet de sa magnificence »[b]. – « En lui Dieu a aimé le monde »[c] et ce n'est qu'en Lui, en adoptant |ses 61

a. *Jean*, 1, 1-3.
b. *Heb*, 1, 3.
c. *Jean*, III, 16 ; *Rom.* V, 8.

intentions que nous pouvons espérer « devenir des enfants de Dieu »[a], etc.

Nous *élever* à cet idéal de perfection morale c'est-à-dire à l'archétype de l'intention morale dans toute sa pureté, voilà le devoir général de l'humanité et cette Idée même qui nous est proposée comme modèle à atteindre par la raison, peut nous en donner la force. Or, précisément parce que nous n'en sommes pas les auteurs et qu'elle a pris place dans l'homme sans que nous comprenions comment la nature humaine a seulement pu être susceptible de l'accueillir, il vaut mieux dire : que cet archétype est *descendu* du ciel vers nous, qu'il a revêtu l'humanité (car il n'est pas plus possible de se représenter aussi bien comment l'homme, mauvais par nature, dépouillant spontanément le mal, pourra s'élever à l'Idéal de la sainteté que de se représenter l'archétype revêtant l'humanité (qui en elle-même n'est pas mauvaise) et s'*abaissant* jusqu'à elle). Cette union avec nous peut donc être considérée comme un état *d'abaissement* du Fils de Dieu, si nous nous représentons cet homme divinement intentionné, pour nous l'archétype, se chargeant afin d'avancer le bien universel, de la plus grande somme de douleurs possible bien que, saint lui-même, il ne soit pas contraint à les souffrir ; l'homme, au contraire, qui n'est jamais exempt de faute, encore qu'il ait adopté la même intention, peut considérer les maux qui l'atteignent, d'où qu'ils puissent venir, comme causés cependant par lui et doit par suite se regarder comme indigne d'unir son intention à une Idée semblable, bien qu'elle lui serve d'archétype.

Or, l'Idéal de l'humanité agréable à Dieu (par conséquent celui de la perfection morale possible pour un être du monde dépendant de besoins et d'inclinations), nous ne pouvons le

---

a. *Jean*, III, 1 ; *Rom*, VIII, 14-16 ; *Eph*. V, 1.

concevoir autrement que sous l'Idée d'un homme qui essaie, non seulement d'accomplir tout devoir humain intégralement lui-même et de répandre en même temps le bien par l'enseignement et l'exemple autour de lui le plus qu'il peut, mais qui de plus, serait prêt à se charger de toutes les souffrances jusqu'à la mort la plus ignominieuse pour le salut du monde et en faveur de ses ennemis même. – L'homme, en effet, ne peut se faire une idée du degré et de la puissance d'une force telle que l'intention morale à moins de se la représenter luttant contre des obstacles et en triomphant cependant malgré les tentations les plus grandes possibles.

|*Dans la foi pratique en ce Fils de Dieu* (en tant que représenté comme ayant revêtu la nature humaine), l'homme désormais peut espérer devenir agréable à Dieu (et par là bienheureux également); c'est-à-dire que, celui qui a conscience d'une intention morale telle qu'il peut croire et avoir en lui-même la ferme confiance que, en butte à de semblables tentations et de semblables souffrances (dont on fait la pierre de touche de cette Idée), il resterait invariablement attaché à l'archétype de l'humanité, se conformant à son exemple par une fidèle imitation, un tel homme, et celui-là seul, est autorisé à se considérer comme celui qui n'est pas un objet indigne de la satisfaction divine. 62

B) Réalité objective de cette Idée

Sous le rapport pratique cette Idée a sa réalité entièrement en elle-même. Car elle se trouve dans notre raison moralement législatrice. Nous *devons* nous conformer à elle et par suite fi faut aussi que nous le *puissions*. S'il fallait prouver auparavant la possibilité d'être un homme conforme à cet archétype, ce qui est absolument nécessaire pour les concepts physiques (afin de ne pas courir le risque d'être arrêté par des concepts vides), il nous faudrait aussi bien hésiter à accorder même à la loi morale, l'autorité d'un principe déterminant absolu, suffisant cependant, pour notre arbitre. En effet, ni la raison ne peut faire comprendre, ni des exemples tirés de l'expérience établir comment il est possible que l'Idée seule d'une conformité à la loi en général puisse être pour l'arbitre un motif plus puissant que tous les motifs imaginables tirés d'avantages quelconques : parce que, en ce qui concerne le premier point, la loi ordonne, sans condition, et en ce qui concerne le second, même, s'il n'avait jamais existé un homme qui eût obéi sans conditions à cette loi, néanmoins, la nécessité objective d'être un tel homme, n'en est pas diminuée et est en soi évidente. On n'a donc nul besoin d'un exemple tiré de l'expérience pour faire de l'Idée d'un homme moralement agréable à Dieu un modèle pour nous ; car elle se trouve déjà en cette qualité dans notre raison. – Or, celui qui, pour reconnaître, un homme comme un modèle à suivre conforme à cette Idée, exige encore une attestation et quelque chose de plus que ce qu'il voit c'est-à-dire plus qu'une conduite tout à fait sans reproche aussi méritoire même qu'il est possible de la réclamer ; celui qui par exemple exige en outre des miracles **63** accomplis par lui |ou pour lui, celui là avoue en même temps par là son *incrédulité* morale, à savoir, son manque de foi en la vertu, et il ne saurait s'y substituer aucune foi fondée sur des preuves par miracles (qui n'est qu'historique) ; en effet, seule la foi en la validité pratique de cette Idée qui est en notre raison a une valeur morale (la raison pouvant aussi à la rigueur garantir les miracles comme susceptibles de provenir du bon principe, mais non emprunter à ceux-ci sa propre garantie).

C'est pourquoi une expérience doit être possible qui fournira l'exemple d'un homme de ce genre (dans la mesure où l'on peut d'une manière générale attendre et réclamer d'une expérience externe des preuves de l'intention morale intérieure); selon la loi en effet, tout homme devrait équitablement fournir en lui-même un exemple de cette Idée dont l'archétype réside toujours dans la raison; car aucun exemple de l'expérience extérieure ne lui est adéquat du moment que celle-ci ne saurait révéler le fond intérieur de l'intention; elle permet seulement de l'inférer, il est vrai sans une rigoureuse certitude (bien plus, par l'expérience interne de lui-même, l'homme ne peut pénétrer les profondeurs de son cœur au point de pouvoir acquérir, en s'observant ainsi une science tout à fait sûre du fondement des maximes qu'il reconnaît comme siennes ainsi que de leur pureté et de leur solidité).

Si donc, un tel homme, d'intentions vraiment divines, était à une certaine époque en quelque sorte descendu du ciel sur la terre, donnant par sa doctrine, sa conduite, et ses souffrances *l'exemple* d'un homme en soi agréable à Dieu, autant, bien entendu, qu'on peut le demander à une expérience externe (*l'archétype* cependant d'un tel homme ne devant être recherché nulle part ailleurs que dans notre raison), s'il avait par tout cela produit dans le monde un bien moral immensément grand par le moyen d'une révolution dans le genre humain, il n'y aurait pas lieu néanmoins de voir en lui autre chose qu'un homme engendré naturellement (qui lui aussi se sent obligé de donner en sa personne un exemple semblable); toutefois il n'est pas question de vouloir nier par là absolument qu'il ne puisse être aussi bien engendré de façon surnaturelle. Au point de vue pratique, en effet, cette dernière hypothèse ne nous est d'aucun avantage parce que l'archétype que nous donnons pour base à ce phénomène, doit être cherché nécessairement toujours en nous-mêmes (bien que hommes naturels) et d'ailleurs son existence |dans l'âme humaine est en **64** soi suffisamment incompréhensible pour qu'il n'y ait pas lieu d'admettre, outre son origine surnaturelle, son hypostase en un homme particulier. Bien plus élever un saint pareil au-dessus de toute l'infirmité de la nature humaine ferait plutôt obstacle autant que nous pouvons en juger, à l'application pratique de son Idée, proposée à notre imitation. En effet, même si la nature de cet homme agréable à Dieu était conçue comme humaine, au point de le soumettre aux mêmes besoins, aux mêmes souffrances par suite, aux mêmes inclinations naturelles, par conséquent aux mêmes tentations de transgression que nous, mais d'autre part conçue aussi comme surnaturelle en sorte qu'une pureté de volonté inaltérable, non acquise certes, mais innée lui interdise toute transgression, l'écart entre lui et l'homme naturel deviendrait à nouveau par là même si grand que cet homme divin ne pourrait plus lui être proposé comme *exemple*. Ce dernier dirait en effet : Qu'on me donne une volonté entièrement sainte et toute tentation mauvaise échouera contre moi d'elle-même, qu'on me donne la certitude intérieure la plus parfaite de participer aussitôt après une brève vie terrestre (en conséquence de cette sainteté) à toute l'éternelle magnificence céleste, je supporterai toutes les souffrances, quelque dures qu'elles puissent bien être, jusqu'à la mort la plus ignominieuse non seulement volontiers, mais même avec joie puisque je vois de mes yeux devant moi l'issue glorieuse et prochaine. Si l'on pense, il est vrai, que cet homme divin était réellement en possession de cette grandeur et de cette félicité de toute éternité (sans avoir besoin de les mériter tout d'abord par de semblables souffrances), qu'il y renonça volontiers pour l'amour d'êtres entièrement indignes, même pour l'amour de ses ennemis, afin de les sauver de l'éternelle damnation, cette pensée, dis-je, devrait disposer notre esprit à l'admirer, à l'aimer et à avoir pour lui de la reconnaissance. De même l'Idée d'une conduite conforme à une aussi parfaite règle de morale pourrait nous être représentée sans doute comme une prescription valable pour être suivie, sans nous le proposer lui-même comme *modèle* d'imitation, ni par suite comme preuve qu'il *nous* est possible de réaliser et d'atteindre un bien moral aussi pur et aussi élevé[1].

1. C'est, il est vrai, une limitation de la raison humaine qui d'ailleurs en est inséparable que nous ne puissions concevoir pour les actions d'une personne |aucune valeur morale de quelque importance, sans nous représenter de manière humaine aussi cette personne ou sa manifestation : bien qu'il ne soit pas question de soutenir par là qu'il en est également ainsi en soi à la vérité. χατ'ὰλήθειαν ; car il nous faut toujours, pour nous rendre concevables des propriétés suprasensibles, recourir à une certaine analogie avec les êtres de la nature. C'est ainsi qu'un poète philosophe attribue à l'homme, en tant qu'il a à combattre en lui-même un penchant au mal et à condition qu'il sache le dompter, un rang supérieur, pour cette raison, sur l'échelle morale des êtres, même aux habitants du ciel que la sainteté de leur nature met à l'abri de toute séduction possible. (Le monde avec ses défauts – vaut mieux qu'un royaume d'anges sans volonté. Haller.) – L'Écriture s'accommode aussi de cette manière de voir, pour nous faire comprendre le degré d'intensité de l'amour de Dieu pour le genre humain, en Lui attribuant le plus grand sacrifice que puisse faire un être aimant pour rendre heureux même les indignes (« Dieu a tant aimé le monde, etc. »), bien qu'il ne nous soit pas possible avec notre raison de nous faire une idée de la manière dont un être se suffisant à lui-même entièrement pourrait sacrifier quelque chose qui fait partie de sa béatitude et se priver d'un bien. C'est là (à titre d'explication) le *schématisme* de l'*analogie* dont nous ne pouvons nous passer. Toutefois, le transformer en un *schématisme de la détermination de l'objet* (pour étendre notre connaissance) c'est là de l'*anthropomorphisme* qui, à l'égard de la morale (en religion) entraîne les conséquences les plus fâcheuses. – Ici, je remarquerai encore incidemment qu'en s'élevant du sensible au suprasensible, on peut sans doute *schématiser* (rendre un concept intelligible par une analogie avec quelque chose de sensible), mais aucunement *conclure,* d'après l'analogie que ce qui revient au premier terme doive aussi être attribué au second (ni *étendre* ainsi son concept) et, à la vérité, pour la raison toute simple qu'une *conclusion* de ce genre serait *contraire* à toute analogie puisqu'elle voudrait, parce qu'un schéma est nécessaire pour nous, rendre intelligible un concept (en l'expliquant par un exemple), en tirer la conséquence que ce schéma doit nécessairement revenir à l'objet même comme son prédicat. En effet, je ne puis pas dire : de même que je ne peux me rendre compréhensible la cause d'une plante (ou de toute autre créature organique et d'une manière générale du monde dans la plénitude de ses fins)

65 |Ce même maître aux intentions divines, mais en réalité humain, pourrait néanmoins parler véritablement de lui-même, comme si l'Idéal du bien était manifesté corporel-
66 lement en lui (par sa doctrine |et sa conduite). Car il ne parlerait alors que de l'intention dont il fait lui-même la règle de ses actions, mais qu'il ne peut exposer extérieurement aux yeux que par ses enseignements et ses actes puisqu'il peut les rendre visibles comme exemple pour les autres, non pour lui-même : « Qui d'entre vous peut me convaincre de péché ? »[a]. Cependant, il est conforme à l'équité d'attribuer l'exemple d'un maître irréprochablement conforme à son enseignement qui est d'ailleurs un devoir pour tous, à aucune autre inten-tion, si ce n'est la plus pure, à moins d'avoir des preuves du contraire. Or, une semblable intention, jointe à toutes les souffrances assumées pour l'amour du salut du monde et conçue selon l'Idéal de l'humanité, a devant la justice suprême, sa pleine valeur pour les hommes de tous les temps et de tous les mondes ; si l'homme rend son intention semblable à elle comme il le doit. Assurément, elle demeurera toujours une justice qui n'a rien de la nôtre, car celle-ci devrait consister en une conduite conforme à cette intention entiè-rement et sans défaut. Il faut bien, cependant, qu'une appro-priation de l'une pour l'amour de l'autre soit possible si on associe celle-ci à l'intention de l'archétype : bien que pour

a. *Jean*, VIII, 46.

autrement que d'après l'analogie d'un artisan par rapport à son œuvre (une horloge), à savoir, en lui attribuant l'entendement ; il faut que la cause elle-même (de la plante, du monde en général) *ait* de l'entendement ; c'est-à-dire que lui attribuer l'entendement n'est pas seulement une condition de ma compréhension, mais de la possibilité même pour elle d'être une cause. Mais entre le rapport d'un schéma à son concept et le rapport de ce schéma du concept précisément à la chose même il n'y a pas analogie, mais un saut considérable (μετάβασις εἰς ἄλλο γένος) qui mène tout droit à l'anthropo-morphisme ; j'en ai fourni ailleurs les preuves.

comprendre cette imputation, il y ait de grandes difficultés
que nous allons exposer maintenant.

C) Des difficultés concernant la réalité
de cette Idée et de leur solution

La *première* difficulté qui rend douteuse la possibilité
d'atteindre l'Idée de l'humanité agréable à Dieu en nous, par
suite de la *sainteté* du législateur et de la déficience de notre
propre justice est la suivante. La loi dit : « Soyez saints (dans
votre conduite) comme est saint votre Père dans les cieux »[a].
Car c'est là l'Idéal du Fils de Dieu qui nous est proposé
comme modèle. Or, la distance du bien que nous devons
réaliser en nous, au mal d'où nous partons, est infinie et à cet
égard, on ne pourra jamais parvenir au but, en ce qui concerne
l'acte, c'est-à-dire la conformité de notre conduite à la sainteté
de la loi. Il faut néanmoins qu'il y ait accord entre elle et la
moralité de l'homme. On doit donc faire consister cette
moralité dans l'intention, dans la maxime universelle et pure
de l'accord de la conduite avec la loi qui est le germe duquel
tout le bien doit sortir pour se développer, intention qui
découle d'un principe sacré que l'homme a accueilli dans sa
maxime suprême. C'est là une conversion qui, étant un
devoir, |doit être possible. – Or, la difficulté consiste à savoir **67**
comment l'intention peut compenser l'action qui est toujours
déficiente (non en général, mais en tout temps). La solution
dépend de cette observation que cette action, en tant que progrès continu du bien imparfait au mieux, à l'infini, demeure,
suivant notre estimation, – car nous sommes limités irrémé-
diablement dans les concepts du rapport de cause et d'effets à
des conditions temporelles, – toujours déficiente ; en sorte que
nous devons nécessairement considérer le bien dans le

a. *Moïse*, III, 19, 2 ; *Pierre*, I, 16.

phénomène c'est-à-dire suivant *l'action en tout temps* en nous comme insuffisant au regard d'une loi sainte ; quant à la progression à l'infini vers la conformité avec la loi, nous pouvons penser qu'elle est estimée, à cause de *l'intention* dont elle découle et qui est suprasensible, par le Scrutateur des cœurs, en sa pure intuition intellectuelle, comme un tout achevé, même selon l'action (la conduite)[1] et de cette manière l'homme peut, malgré son insuffisance constante, espérer cependant être d'une manière générale agréable à Dieu, quel que soit d'ailleurs le moment où son existence cessera.

La *deuxième* difficulté qui se présente, quand on considère l'homme dans son effort vers le bien, en ce qui concerne ce bien moral même dans son rapport à la *bonté* divine, est relative au *bonheur moral ;* et l'on n'entend pas par là, l'assurance qu'on restera toujours en possession du contentement procuré par *l'état physique* (affranchissement des maladies et jouissance d'un plaisir toujours croissant) c'est-à-dire du bonheur *physique,* mais bien la réalité et la *persistance,* d'une intention progressant toujours dans le bien (et ne s'en écartant jamais) ; car la persistante « recherche du Royaume de Dieu »[a] *si toutefois l'on était fermement assuré de l'invariabilité d'une semblable intention,* vaudrait tout autant ǀque de se savoir déjà en possession de ce royaume, puisque l'homme

68

a. *Matth*, VI, 33.
b. *Matth*, VI, 25-34.

1. Il ne faut pas perdre de vue qu'on ne veut pas dire par là : que l'intention doit servir à *compenser* la déficience dans la conformité au devoir, conséquemment le mal réel dans cette suite infinie (on suppose au contraire, que la disposition morale de l'homme, agréable à Dieu s'y rencontre réellement), mais bien que l'intention qui prend la place de la totalité de cette suite d'approximations, poursuivies à l'infini, ne supplée qu'à l'imperfection d'une manière générale, inséparable de l'existence d'un être dans le temps, qui consiste à ne jamais être tout à fait ce que l'on est en train de devenir ; car pour ce qui concerne la compensation des transgressions qui se rencontrent dans cette progression, on l'examinera quand il s'agira de résoudre la *troisième* difficulté.

ainsi disposé aurait spontanément la confiance que « tout le
reste lui serait donné par surcroît »[b] (en ce qui concerne le
bonheur physique).

On pourrait, il est vrai, renvoyer l'homme qui serait en
souci à ce sujet, avec son désir, à cette parole : « Son Esprit (de
Dieu) rend témoignage à notre esprit, etc. »[a] c'est-à-dire que
celui qui possède une intention aussi pure qu'on la réclame,
sentira déjà par lui-même qu'il ne pourra jamais tomber au
point de se reprendre à aimer de nouveau le mal, toutefois, ces
prétendus sentiments d'origine suprasensible ne sont pas sans
offrir des risques ; on ne s'abuse jamais si facilement qu'en ce
qui favorise la bonne opinion que l'on a de soi-même. Et il ne
paraît même pas prudent d'être encouragé à avoir pareille
confiance ; au contraire, il semble qu'il vaut mieux (pour la
moralité) : « créer sa propre félicité *avec crainte et trem-*
blement »[b] (dure parole, qui incomprise peut conduire au plus
sombre fanatisme) cependant, sans quelque confiance en sa
propre intention une fois adoptée, la constance pour y persévérer serait à peine possible. Or, on la trouve, sans s'abandonner à la douceur ou à l'angoisse du fanatisme, en comparant la conduite qu'on a tenue jusqu'ici avec la résolution
prise. – Car l'homme, qui, dès l'époque où il a adopté les
principes du bien, a remarqué, dans un espace de vie suffisamment long, leur effet sur les actes, c'est-à-dire sur sa
conduite toujours en progrès vers le mieux et y trouve un
motif pour en conclure, par présomption seulement, une
amélioration foncière de sa mentalité, peut aussi raisonnablement espérer, puisque ces progrès, si toutefois le principe en est bon, accroissent toujours plus sa force pour les
progrès subséquents, qu'il ne délaissera plus cette voie en la
vie terrestre, mais y persévérera avec toujours plus de courage ;
et espérer même, si une autre vie après celle-ci lui est réservée,

a. *Rom*, VIII, 16.
b. *Ep. aux Phil.* II, 12 ; I, *Pierre*, 1, 17.

qu'il pourra, en d'autres circonstances, selon toute apparence, y persévérer à l'avenir, suivant le même principe, se rapprochant toujours davantage de sa fin de perfection, il est vrai inaccessible, parce que, d'après ce que jusqu'ici il a observé en lui, il peut considérer ses sentiments comme devenus foncièrement meilleurs. Au contraire, celui qui, après avoir maintes fois tenté de se résoudre au bien, n'a cependant jamais constaté s'y être tenu, qui est retombé toujours dans le mal, ou qui peut-être même, à mesure qu'il avançait dans la vie, a dû remarquer, qu'il était tombé toujours plus bas, de mal en pis, comme sur une pente, celui-là, ne peut raisonnablement

69 |concevoir quelque espérance, de mieux faire, s'il devait vivre encore plus longtemps ici-bas ou si à lui aussi était réservée une vie future, parce que, à ces indices, il devrait nécessairement considérer la corruption comme enracinée en son intention. Or, dans le premier cas, on aperçoit un avenir à *perte de vue,* mais souhaité et heureux, dans le second une *misère* également *à perte de vue* c'est-à-dire dans l'un et dans l'autre, pour les hommes, autant qu'ils peuvent en juger une *éternité* bienheureuse ou funeste ; ce sont là des représentations assez puissantes pour servir à tranquilliser les uns et les fortifier dans le bien, et à réveiller chez les autres la conscience qui juge, afin de combattre le mal dans la mesure du possible, pour servir par suite de motifs, sans qu'il soit nécessaire de supposer encore objectivement en ce qui concerne la destinée de l'homme, une éternité de bien ou de mal et d'en faire une proposition *dogmatique* [1] car de ces

1. Parmi les questions dont celui qui les pose, ne saurait rien tirer de sensé, même s'il était possible de lui en fournir les réponses (et que pour cette raison on pourrait appeler questions *puériles),* se trouve aussi la suivante, à savoir si les peines de l'enfer auront une fin ou si elles seront éternelles. Si l'on enseignait la première hypothèse, il y aurait à redouter que certains (ainsi tous ceux qui croient au purgatoire ou ce matelot des *Voyages* de Moore), diraient : « J'espère pouvoir les supporter ». Mais si l'on tenait pour

prétendues connaissances et affirmations |il résulte seulement **70**
que la raison dépasser les bornes de son discernement. La
bonne et pure intention (qu'on peut qualifier de bon esprit qui
nous |régit) dont on a conscience, comprend aussi la confiance **71**
en sa persistance et en sa fermeté, quoique seulement média-
tement ; et elle est celle qui console (le Paraclet) quand nos
fautes nous donnent du souci au sujet de sa persistance. La
certitude à cet égard n'est pour l'homme ni possible, ni
moralement profitable, autant que nous pouvons nous en
rendre compte. Car (il faut bien le remarquer) nous ne pouvons

---

l'autre, en l'introduisant dans le symbole de foi, il pourrait en naître,
contrairement au dessein que l'on a en le faisant, l'espoir d'une complète
impunité à la suite de la vie la plus infâme. En effet, comme à la fin de cette
vie, dans les moments du repentir tardif, le prêtre, auquel on demande conseil
et réconfort, doit trouver tout de même cruel et inhumain d'annoncer à
l'homme sa damnation éternelle et qu'il n'établit pas de moyen terme entre
celle-ci et l'absolution complète (punition éternelle ou aucune punition [a], il
faut. qu'il lui fasse espérer cette dernière, c'est-à-dire qu'il doit promettre
de transformer cet individu en vitesse en un homme agréable à Dieu ; et alors,
comme il n'est plus temps de prendre la bonne voie, des confessions pleines
de contrition, des formules de foi ou même des promesses solennelles de vie
nouvelle au cas où serait encore retardée la fin de la vie présente, jouent le
rôle de moyens. – C'est là une conséquence inévitable quand on annonce
comme un dogme l'*éternité* de la destinée future, qui correspond à la
conduite tenue ici-bas, et quand on n'enseigne pas plutôt à l'homme de se
faire d'après sa condition morale jusqu'à ce moment, une idée de sa
condition future et de conclure lui-même à l'égard de cette condition comme
étant la *conséquence* naturellement prévisible de sa condition présente ; car
alors la série *illimitée* des conséquences sous la domination du mal aura pour
lui un effet moral (à savoir de le conduire à rendre en ses effets comme
n'ayant pas été ce qui a été, autant que possible, par réparation ou compensation, encore avant le terme de sa vie) semblable à celui qu'on peut attendre
de l'éternité annoncée ; et cette solution n'entraîne pas les inconvénients de
ce dernier dogme (que ne légitiment d'ailleurs ni la prudence de la raison ni
l'exégèse) ; |le méchant, en effet, compte dans le courant de sa *vie* déjà à **70**
l'avance sur ce pardon facile à obtenir ou bien il ne croit à la fin de cette vie
avoir affaire qu'aux exigences de la Justice céleste à son égard et il la
satisfait avec de simples paroles ; tandis que les hommes avec leurs droits se
(a) Parenthèse ajoutée à la 2 e édition.

pas fonder cette confiance sur la conscience immédiate de l'invariabilité de nos intentions, pour nous impénétrables, en effet, mais il nous faut l'inférer de leurs conséquences seules

retirent les mains vides, personne n'obtenant ce qui lui revient. (C'est là un dénouement tellement habituel de ce genre d'expiation qu'un exemple du contraire est on peut dire inouï). – Si l'on redoute cependant que la raison de l'homme par la voix de la conscience le juge avec trop de douceur, on se trompe fort, ce me semble. Précisément parce qu'elle est libre et doit elle-même prononcer sur lui, sur l'homme, elle est incorruptible; il suffit de lui dire, alors qu'il est dans un tel état, qu'il aura à paraître bientôt devant son juge; et de l'abandonner à ses propres réflexions; selon toute vraisemblance, elles le jugeront avec la sévérité la plus grande. – J'ajouterai encore à tout ceci quelques remarques; le dicton usuel: *Tout est bien qui finit bien,* peut s'appliquer, il est vrai, à des cas *moraux,* mais seulement si par: qui finit bien, on entend que l'homme est devenu vraiment bon. Or, à quoi reconnaîtra-t-il qu'il est tel, du moment qu'il ne peut le conclure que de la conduite ultérieure, invariablement bonne, et qu'à la fin de la vie il n'en est plus temps? On peut plutôt admettre cet adage en ce qui concerne le *bonheur,* mais encore ici seulement par rapport au point de vue d'où il considère sa vie en partant non de son commencement, mais de son terme pour regarder en arrière vers le début. Des souffrances endurées ne laissent pas de souvenirs pénibles quand on se voit déjà en sûreté, mais plutôt un état de contentement qui donne d'autant plus de saveur au bonheur qui maintenant survient; parce que plaisir et douleur (dépendant de la sensibilité) compris dans le cours du temps, disparaissent avec lui et ne se totalisent pas avec la jouissance actuellement existante, étant au contraire refoulés par celle-ci qui les suit. Appliquons la même proposition au jugement sur la valeur morale de la vie jusqu'à ce terme, l'homme peut avoir dans ce cas bien tort de la juger favorablement bien qu'il l'ait terminée par une très bonne conduite. En effet, le principe moral subjectif de *l'intention* d'après lequel sa vie doit être jugée, n'est pas (en tant que suprasensible) d'une nature permettant que son existence puisse se concevoir comme divisible en séquences temporelles mais, au contraire, seulement comme unité absolue; et puisque nous ne pouvons inférer l'intention que d'après les actions (en tant que ses phénomènes), la vie ne pourra être considérée en vue de cette estimation que comme une *unité temporelle,* c'est-à-dire comme une *totalité*; et alors les reproches portant sur la première partie de la vie (avant son amélioration) parleront tout aussi haut que l'approbation de la *dernière* partie, étant ainsi susceptibles de rabattre dans une large mesure, l'accent triomphal de: tout est bien qui finit bien. – Enfin une autre doctrine s'apparente de très près à

dans la vie ; or, cette inférence, tirée uniquement d'observations qui sont des phénomènes de la bonne et de la mauvaise intention, ne permet jamais d'en connaître avec certitude tout particulièrement la *force*, et bien moins encore quand on pense avoir amendé ses intentions à la fin de la vie que l'on prévoit prochaine puisque ces preuves empiriques de leur authenticité font défaut, aucun répit n'étant plus accordé pour fonder sur notre conduite un jugement de notre valeur morale et la désolation demeure l'inévitable conséquence du jugement raisonnable porté sur notre état moral (toutefois la nature de l'homme profitant de l'obscurité des perspectives qui dépassent les bornes de la vie fait en sorte d'elle-même que cette désolation ne dégénère pas en un sauvage désespoir).

La *troisième* difficulté, en apparence la plus grande, qui représente tout homme, même quand il a pris le chemin du bien, |comme condamnable, lorsqu'il s'agit du jugement 72 définitif sur toute sa vie devant une *Justice* divine, est la suivante. – Quelle qu'ait été sa conduite lorsqu'il a pris de

celle de la durée des peines dans une autre vie, quoiqu'elle ne lui soit pas identique, à savoir : « que tous les péchés doivent se remettre ici-bas » ; de telle sorte que le compte soit entièrement réglé au terme de la vie, |personne 71 n'ayant à espérer pouvoir dans l'au-delà réparer ses manquements. Toutefois, elle ne saurait pas plus que la précédente s'annoncer comme un dogme, n'étant qu'un principe par lequel la raison pratique, utilisant ses concepts du suprasensible, prescrit la règle, tout en se résignant à ne savoir rien sur la structure objective de ce suprasensible. Elle ne dit en effet pas autre chose que ceci : Ce n'est que de la conduite par nous tenue que nous pouvons conclure si nous sommes ou non des hommes agréables à Dieu ; et comme cette conduite s'achève avec la vie, notre compte s'achève de même, dont le total seul révélera si nous pouvons nous tenir pour justifiés ou non. – Et d'une manière générale, si nous bornions notre jugement, puisque les principes *constitutifs* de la connaissance d'objets suprasensibles dont l'intelligence nous est impossible, aux principes *régulateurs* auxquels suffit leur usage pratique possible, la sagesse humaine serait sur bien des points en meilleure posture, et un prétendu savoir de ce dont au fond on ne sait rien, ne ferait pas éclore de vaines subtilités qui après avoir brillé quelque temps d'un certain éclat finissent par tourner un jour au préjudice de la moralité.

bonnes intentions et même quelle que soit sa persévérance à poursuivre une vie qui leur est conforme, il *a commencé cependant par le mal* et il lui est impossible de jamais effacer cette dette. Il se peut qu'après la conversion effectuée en son cœur il n'en fasse pas d'autres, il ne peut cependant pas considérer que ce soit là un paiement des anciennes. De plus, il ne peut d'une conduite désormais bonne tirer un excédent dépassant ce dont il doit s'acquitter en chaque cas, car c'est en tout temps son devoir de faire tout le bien en son pouvoir. – Cette dette originelle antérieure d'une manière générale à tout bien qu'il lui est possible de faire – c'est cela et non autre chose que nous entendions par le terme mal *radical* (cf. Ire partie) – ne peut autant que nous en pouvons juger d'après notre droit de la raison, être éteinte par un autre; car ce n'est pas une obligation *transmissible* qui, comme une dette d'argent par exemple, peut se transmettre à un tiers (peu importe en ce cas au créancier si le débiteur paie lui-même ou un autre à sa place), mais c'est la dette de toutes la plus personnelle, une dette issue du péché que le coupable seul doit supporter et non un innocent, serait-il même assez généreux pour s'en vouloir charger au lieu de l'autre. – Or, comme le mal moral (la transgression de la loi morale en *tant que commandement divin,* appelée PÉCHÉ) entraîne après soi, moins à cause de l'*infinité* du législateur suprême, dont l'autorité a été ainsi lésée (car nous ne comprenons rien au rapport transcendant qui unit l'homme à l'Être Suprême) qu'en tant que mal dans l'*intention* et les maximes en général (que l'on peut comparer à des *principes généraux* en rapport à des transgressions particulières) une *infinité* de violations de la loi, par conséquent une infinité de la faute (le cas est différent devant un tribunal humain qui n'examine le crime qu'isolément, par suite seulement l'action et l'intention qui s'y rapportent, non l'intention en général), tout homme pourrait s'attendre à une *peine éternelle* et à être chassé du Royaume de Dieu.

La solution de cette difficulté repose sur ce qui suit. La sentence de Celui qui sonde les cœurs doit être considérée comme une sentence tirée de l'intention générale de l'accusé, non des |phénomènes de cette intention, c'est-à-dire des actes **73** qui s'écartent ou concordent avec la Loi. Or, on suppose alors dans l'homme une bonne intention l'emportant sur le mauvais principe qui en lui était précédemment tout puissant, et la question maintenant se pose de savoir si la conséquence morale de la première intention, le châtiment (en d'autres termes l'effet du déplaisir de Dieu envers le sujet) pourrait être également reporté sur la condition où il se trouve quand son intention est devenue meilleure, condition où il est déjà l'objet de la satisfaction divine. Il ne s'agit pas ici de savoir si le châtiment prononcé *avant* la conversion de l'homme concorde avec la Justice divine (ce dont nul ne doute), il ne *doit* donc pas (dans cette étude) être conçu comme lui ayant été infligé avant son amélioration. Mais ce n'est pas non plus *après elle,* alors que l'homme vit déjà de sa vie nouvelle et est moralement un homme différent et qu'il doit être admis comme conforme à son nouveau caractère (celui d'un homme agréable à Dieu). Néanmoins il faut satisfaire à la Justice suprême qui ne saurait laisser un coupable impuni. Ainsi le châtiment ne convient à la sagesse divine ni avant ni après la conversion; cependant il est nécessaire; il faudrait donc le concevoir comme déterminé et infligé *pendant* l'état de la conversion. Il nous faut voir par suite si, grâce au concept de conversion morale, on peut concevoir comme déjà contenus dans cet état les maux que le nouvel homme bien intentionné peut considérer comme provenant de sa faute et comme étant des *châtiments*[1] grâce auxquels il est satisfait |à la justice **74**

---

1. L'hypothèse qui consiste à regarder d'une manière générale tous les maux terrestres comme des châtiments de transgressions commises, ne peut être considérée comme imaginée en vue d'une théodicée ou comme une invention dans l'intérêt de la religion sacerdotale (du culte), (car elle est trop

divine. – La conversion c'est en effet l'abandon du mal et l'entrée dans le bien; on dépouille le vieil homme et l'on en revêt un nouveau puisque le sujet meurt au péché (donc à toutes les inclinations en tant qu'elles le détournent vers lui) pour vivre selon la justice. Dans la conversion toutefois en tant que détermination intellectuelle, il n'y a pas deux actes moraux séparés par un intervalle de temps, mais elle n'en forme qu'un parce que l'abandon du mal n'est possible que grâce à la bonne intention cause de l'entrée dans le bien et inversement. Le bon principe est donc compris aussi bien dans le délaissement du mal que dans l'admission de la bonne intention, et la douleur qui accompagne légitimement le premier acte découle entièrement du second. Abandonner la mauvaise intention pour la bonne est en tant que « mort du vieil homme et crucifixion de la chair »[a] en soi déjà un sacrifice et le début d'une longue suite de maux de la vie dont se charge l'homme nouveau selon l'intention du Fils de Dieu, c'est-à-dire uniquement pour l'amour du bien; maux qui à vrai dire revenaient à un autre comme *châtiment,* c'est-à-dire au

a. I *Cor*, IX, 27; *Rom*, VI, 2; VIII, 12; I, *Pierre*, 11, 11

commune pour avoir été conçue si ingénieusement), mais elle tient de très près sans doute à la raison humaine qui, disposée à rattacher le cours de la nature aux lois de la moralité, en tire très naturellement l'idée que nous devons chercher à devenir des hommes meilleurs avant de pouvoir prétendre être délivrés des maux de la vie ou les compenser par un bien de plus grand poids. – C'est pour cette raison que (dans l'Écriture Sainte) le premier homme est représenté comme condamné au travail, s'il veut manger, et sa femme à enfanter dans la douleur; et tous deux à mourir à cause de leur *transgression* quoiqu'on ne puisse pas comprendre comment, même si cette transgression n'avait pas été commise, des créatures animales, pourvues de membres ainsi formés, eussent pu s'attendre à une destinée différente. Pour les *Hindous,* les hommes ne sont autre chose que |des esprits (appelés *Dewas),* emprisonnés dans des corps d'animaux en guise de châtiment pour des crimes jadis commis et un philosophe même (Malebranche) préférait ne pas attribuer du tout des âmes aux animaux plutôt que d'accorder que les chevaux dussent supporter tant de peines « sans cependant avoir au préalable mangé du foin défendu ».

vieil homme (car celui dont il s'agit est moralement un autre homme. – Donc, bien que *physiquement* (considéré en son caractère empirique comme être sensible) il soit ce même homme, coupable, devant être jugé ainsi devant un tribunal moral, en conséquence aussi par lui-même, il se trouve cependant en son intention nouvelle (comme être intelligible) en présence d'un juge divin aux yeux duquel celle-ci se substitue à l'action, un autre homme *moralement ;* et cette intention, en sa pureté comme celle du Fils de Dieu, qu'il a accueillie en lui, ou bien (si nous personnifions cette idée), Celui-ci même, supporte pour lui, ainsi que pour tous ceux qui croient en Lui *pratiquement,* comme *remplaçant,* la souillure du péché, satisfaisant, comme *Sauveur,* par ses souffrances et sa mort à la justice divine et faisant en sorte, comme *avocat* qu'ils puissent espérer paraître justifiés devant leur juge ; sauf que (en ce mode de représentation) la souffrance, dont l'homme nouveau, mourant à *l'ancien,* doit constamment se charger dans la vie[1] est figurée dans le

---

1. Même l'intention morale la plus pure ne produit en l'homme, comme être appartenant au monde, |cependant rien de plus que l'évolution continue **75** d'un sujet agréable à Dieu par sa conduite (qui paraît dans le monde sensible). Suivant la qualité (puisqu'il faut la concevoir comme ayant un *fondement* suprasensible), cette intention doit et peut, il est vrai, être sainte et conforme à celle de son archétype ; suivant le degré toutefois – la manière dont elle se manifeste dans les actions – elle demeure toujours déficiente, s'écartant infiniment loin du modèle. Néanmoins, parce qu'elle contient le fondement du progrès continu en vue de compléter cette déficience, elle se *substitue* comme unité intellectuelle du tout à l'*action* en son achèvement. Mais alors la question se pose de savoir si celui « en qui rien de répréhensible n'est », ou ne doit être, peut se croire justifié et s'imputer malgré cela les souffrances qui lui arrivent alors qu'il est en route vers un bien toujours plus grand, encore *comme des châtiments,* admettant ainsi sa culpabilité et par suite aussi une intention désagréable à Dieu ? Oui, sans doute, mais seulement en la qualité de l'homme qu'il dépouille d'une manière continue. Ce qui lui reviendrait en cette qualité (du vieil homme) comme châtiments (c'est-à-dire d'une manière générale toutes les douleurs et les maux de la

75 Représentant de l'humanité |comme une mort endurée une fois
pour toutes. – Nous trouvons ici ce surplus, excédant le mérite
des œuvres qui ci-dessus faisait défaut et un mérite qui nous
est imputé par la grâce. Car, la prétention que ce qui pour nous
en cette vie terrestre (peut-être aussi pour tous les temps futurs
et tous les mondes) ne consiste toujours que dans un simple
devenir (à savoir, être un homme agréable à Dieu), nous soit
imputé, comme si nous en avions déjà l'entière possession,
n'a sans aucun doute rien de légitime [1] (selon la connaissance
empirique qu'on a de soi-même); dans la mesure où nous nous
connaissons (en ne jugeant pas notre intention de façon
76 immédiate; mais seulement |d'après nos actes), en sorte que
l'accusateur en nous conclurait plutôt à un arrêt de damnation,
ce n'est donc toujours qu'un arrêt de grâce quoique
(étant fondé sur la satisfaction qui pour nous ne se trouve

vie), il s'en charge avec joie en sa qualité d'homme nouveau, uniquement
par amour du bien; en conséquence, on ne les lui impute pas à cet égard et en
cette qualité comme châtiments, et ce terme signifie seulement qu'il accepte
volontiers tous les maux et toutes les souffrances qui lui viennent et que le
vieil homme aurait dû s'imputer comme châtiment, qu'il se les impute en fait
en tant qu'il le dépouille, en sa qualité d'homme nouveau comme autant
d'occasions pour éprouver et exercer son intention de bien faire; intention
dont ce châtiment même est l'effet et en même temps la cause, comme il l'est
par suite de cette satisfaction et de ce *bonheur moral* qui consiste dans la
conscience du progrès accompli dans le bien (qui avec l'abandon du mal
constitue un seul et même acte); tandis que les mêmes maux dans la
conception ancienne auraient dû nécessairement non seulement compter
comme des châtiments, mais encore être *ressentis* comme tels parce que,
considérés même comme de simples maux, ils sont néanmoins précisément
opposés à ce que l'homme de cette intention se propose comme fin unique,
c'est-à-dire le *bonheur physique*.

1. Nous en sommes seulement *susceptibles* et voilà tout ce que pour notre
part nous pouvons nous attribuer; or, le décret d'un supérieur en vue de la
dispensation d'un bien dont l'inférieur ne peut être que (moralement)
susceptible, se nomme *grâce* (Cette remarque pour laquelle dans le texte
original le renvoi fait défaut, est une addition de la 2ᵉ édition).

que dans l'Idée d'une intention devenue meilleure[a], que Dieu est seul toutefois à connaître), tout à fait conforme à la Justice éternelle, si nous sommes dégagés de toute responsabilité en vertu de ce bien qui est dans la foi.

On peut encore, se demander si cette déduction de l'idée d'une *justification* de l'homme, coupable il est vrai, mais converti à une intention agréable à Dieu, a quelque utilité pratique et de quelle nature elle peut être. On ne saurait voir de quel usage *positif* elle serait pour la religion et la conduite ; puisque cette recherche a pour condition fondamentale que celui qu'elle concerne se trouve déjà véritablement dans les bons sentiments requis dont l'intérêt (c'est-à-dire leur développement et leur avancement) est en réalité la fin de tout usage pratique des concepts moraux ; car, en ce qui concerne la confiance, ces sentiments déjà la comportent pour celui qui en est conscient (comme confiance et espérance, non comme certitude) ; cette déduction n'est donc en ce sens que la réponse à une question théorique qui, pour cette raison, ne saurait être passée sous silence, sans quoi on pourrait reprocher à la raison d'être tout bonnement impuissante à concilier avec la Justice divine, l'espoir pour l'homme d'être délié de son péché ; reproche qui pourrait lui être préjudiciable à maints égards et en particulier sous le rapport moral. En revanche l'utilité *négative* qu'on en peut retirer pour la religion et les mœurs, dans l'intérêt de chacun, s'étend très loin ; on voit en effet par cette déduction qu'on ne peut songer à une absolution pour l'homme chargé de son péché devant la justice divine qu'en supposant un changement complet dans les dispositions du cœur, que par suite toutes les expiations, qu'elles appartiennent au genre de la pénitence ou au genre solennel, toutes les invocations et toutes les glorifications (même de l'Idéal du Fils de Dieu comme substitution) ne peuvent suppléer à l'absence de cette condition ou, si elle existe, augmenter le

a. La première édition ajoute « à ce qu'on croit ».

moins du monde sa valeur devant ce tribunal ; car cet Idéal doit
être accueilli dans notre intention pour valoir à la place de
l'action. Il y a autre chose dans la question de savoir ce que
l'homme doit se promettre de la vie qu'il a menée, *à la fin de
celle-ci* ou ce qu'il doit redouter à cet égard ; il lui faut en une
certaine mesure tout au moins, connaître tout d'abord son
77 caractère ; ainsi, encore qu'il pense |qu'il y ait eu amélioration
dans son intention, il doit comprendre dans son examen son
intention ancienne (pervertie), d'où il est parti, et pouvoir se
rendre compte de ce qu'il en a dépouillé et en quelle mesure ;
de même quelle *qualité* (pure ou encore impure) et quel *degré*
affecte cette intention prétendue nouvelle pour triompher de
l'intention antérieure et faire obstacle à une rechute ; ainsi il
devra étudier cette intention sa vie durant. Or, comme il ne
peut saisir par la conscience immédiate aucun concept sûr et
déterminé, de son intention réelle et ne saurait le dégager que
de la vie qu'il a effectivement menée, il ne pourra, relativement au jugement du juge futur (c'est-à-dire la conscience qui
se réveille en lui, appelant à son aide la connaissance empirique de soi-même) concevoir aucune autre condition pouvant
servir de preuve convaincante à son égard que *sa vie entière*
évoquée un jour à ses yeux et non une partie seulement de cette
vie, peut-être la dernière, et pour lui encore la plus favorable ;
il y joindrait spontanément la perspective d'une continuation
de sa vie (sans se poser ici de limites) si elle eût plus
longtemps duré. Il ne peut ici substituer à l'action l'intention
reconnue au préalable, mais il doit à l'inverse dégager
l'intention de l'action qui lui est représentée. Or, que va
penser le lecteur ? Cette idée seule qui rappelle bien des choses
à l'homme (et point n'est besoin que ce soit précisément le
pire de tous) sur lesquelles, par légèreté il n'a pas depuis
longtemps porté son attention, quand on lui disait seulement
qu'il a lieu de croire paraître devant un juge un jour, décidera-
t-elle à elle seule de sa destinée future d'après la conduite qu'il
a tenue jusqu'ici ? Si l'on interroge dans l'homme le juge qu'il

porte en lui, il se jugera sévèrement ; car il ne peut corrompre sa raison ; mais si on lui présente un autre juge sur lequel on se prétend renseigné d'après des informations tirées d'ailleurs, il aura à opposer à sa rigueur beaucoup d'objections, prétextant la faiblesse humaine et d'une manière générale, il espère bien avoir prise sur lui, soit qu'il pense prévenir le châtiment par des tourments que repentant, il s'inflige à lui-même, mais qui n'ont pas leur source dans une intention véritable d'amélioration ; soit fléchir le juge par des prières et des supplications, ou aussi par des formules et des confessions données pour fidèles ; et si on lui fait concevoir cette espérance (d'après le dicton : « Tout est bien, qui finit bien ») il forme vite d'après cela son plan, afin de ne pas sans nécessité éprouver trop de pertes |en sa vie joyeuse et d'arrêter, la fin de celle-ci **78** approchant avec promptitude le compte à son avantage [1].

1. L'intention de ceux qui à la fin de leur vie font appeler un prêtre, est d'ordinaire de trouver en lui un *consolateur ;* non à cause des douleurs physiques qu'amène la dernière maladie et même simplement la crainte naturelle de la mort (car à cet égard la mort même qui la termine peut consoler), mais au contraire à cause des peines morales, c'est-à-dire des reproches de la conscience. Or, il faudrait alors *exciter* et *aiguiser* plutôt cette conscience pour ne pas négliger au moins ce qu'il y a encore à faire de bien ou ce qu'il y a à détruire en fait de conséquences encore existantes du mal (ce qu'il y a à réparer), d'après l'avertissement : « Montre-toi conciliant à l'égard de ton adversaire (c'est-à-dire celui qui a contre toi une prétention fondée en droit) tant que tu chemines encore en sa compagnie (c'est-à-dire tant que tu vis encore) afin que (après la mort) il ne te livre pas au juge, etc. ». Mais donner au lieu de cela de l'opium en quelque sorte pour la conscience, c'est une faute à l'égard de cet homme et de ceux qui lui survivent ; et c'est absolument contraire au but final en vue duquel un semblable assistant de la conscience peut, au terme de la vie, être considéré comme nécessaire[a].

(a) Cette remarque est une addition à la 2ᵉ édition.

78 |DE PRÉTENDU DROIT DU MAUVAIS PRINCIPE
A LA DOMINATION SUR L'HOMME ET
DE LA LUTTE DES DEUX PRINCIPES
L'UN CONTRE L'AUTRE

L'écriture sainte (en sa partie chrétienne) expose ce rapport moral intelligible sous la forme d'une histoire, puisque deux principes opposés dans l'homme, comme le ciel et l'enfer, présentés comme des personnes extérieures à lui, essayent non seulement leur puissance l'un contre l'autre, mais veulent de plus faire valoir leurs prétentions (l'un comme accusateur, l'autre comme avocat de l'homme) par voie de *droit* en quelque sorte comme devant un Juge suprême.

A l'origine, l'homme fut établi comme propriétaire de tous les biens de la terre (1 Moïse I 28) à la condition toutefois de ne les posséder qu'à titre de propriété déléguée *(dominium utile)* sous la suzeraineté de son Créateur et Seigneur en tant que propriétaire suprême *(dominus directus)*. En même temps on produit un être malin (comment il est devenu mauvais au point de devenir infidèle à son Seigneur, alors qu'à l'origine il était bon, on l'ignore); sa chute a fait qu'il a perdu tout ce qu'il aurait pu posséder dans le ciel et il veut maintenant acquérir un autre bien sur Terre. Or, en tant qu'être d'essence supérieure – c'est-à-dire un esprit – les objets |terrestres et corporels ne peuvent lui donner aucune jouissance, il cherche par suite à dominer *les âmes* en détournant de leur Maître les premiers ancêtres de tous les hommes et en se les attachant et réussit ainsi à s'ériger en suzerain de tous les biens de la terre, c'est-à-dire en prince de ce monde. Il est vrai qu'on pourrait soulever cette difficulté : comment il se fait que Dieu n'ait pas usé de sa puissance contre ce traître[1] et n'ait pas préféré détruire dès l'origine, le royaume que celui-ci avait l'intention de fonder ; mais la domination et le gouvernement de la suprême sagesse sur des êtres raisonnables procède à leur égard suivant le principe de leur liberté et ce qui doit les atteindre en bien ou en mal, ils doivent en conséquence se l'attribuer à eux mêmes. Voici donc que se trouvait édifié en dépit du bon principe un Royaume du mal, auquel furent soumis tous les hommes descendant (naturellement) d'Adam, de leur consentement propre, il est vrai, parce que l'illusion des biens de ce monde détourna leurs yeux de l'abîme de la corruption auquel ils étaient réservés. Le bon principe assurément préserva son droit de domination sur l'homme en instituant une forme de gouvernement organisée seulement en vue du culte public exclusif de son Nom (dans la théocratie *juive*), mais comme les sentiments des sujets n'y conservèrent des dispositions pour nul autre mobile que les biens de ce monde et ne voulaient par suite être gouvernés que par des récompenses ou des punitions en cette vie, n'étant pas aptes d'ailleurs à d'autres lois que celles qui imposaient soit des

1. Le P. Charlevoix rapporte que comme il racontait à son catéchumène iroquois tout le mal que l'esprit malin avait introduit dans la Création, bonne au début, et comment il s'efforçait encore constamment d'anéantir les meilleures institutions divines, celui-ci demanda avec indignation : Mais pourquoi Dieu ne tue-t-il donc pas le diable ? Et il avoue ingénument n'avoir pas pu trouver en diligence une réponse[a].

(a) De Charlevoix (1682-1761). Missionnaire jésuite.

cérémonies et des usages incommodes soit d'autres, en partie
d'ordre moral, il est vrai, mais nécessitant une contrainte
extérieure sans qu'il y soit tenu compte de l'élément intérieur
de l'intention morale, il s'ensuivit que cette organisation ne
fit aucun tort sérieux au royaume des ténèbres, mais ne servit
qu'à maintenir constamment dans la mémoire le droit
indélébile du premier propriétaire. – Alors chez ce même
peuple, à une époque où ressentant pleinement tous les maux
d'une constitution hiérarchique, il avait pour cette raison, été,
en grande partie amené à réfléchir, tout autant que, peut-être,
80 |par les doctrines morales des sages grecs sur la liberté
lesquelles, ébranlant l'esprit servile, avaient peu à peu acquis
sur lui de l'influence, et où par suite, il se trouvait mûr pour
une révolution, parut soudain un personnage dont la sagesse
plus pure encore que celle des philosophes jusqu'à ce jour,
semblait descendue du ciel ; il se proclamait lui-même, quant
à ses enseignements et son exemple, un homme, il est vrai, –
mais aussi comme un envoyé qui, – originairement, en sa
primitive innocence, n'était point compris[1] dans le contrat

---

1. Concevoir une personne, libre du penchant inné au mal, comme
possible si elle est engendrée par une mère vierge, c'est là une Idée de la
raison s'accommodant à un instinct moral en quelque sorte, difficile à
expliquer, mais qu'on ne saurait pourtant nier ; parce qu'en effet nous
considérons la procréation naturelle qui ne peut s'accomplir sans plaisir
sexuel des deux côtés et paraît toutefois nous apparenter de trop près (pour la
dignité de l'humanité) avec l'animalité en général, comme une chose dont
nous devons avoir *honte* – représentation qui est certainement la vraie raison
de la prétendue sainteté de l'état monacal ; cet acte nous paraît donc quelque
chose d'immoral, d'inconciliable avec la perfection de l'homme, enté
toutefois sur sa nature et se transmettant à ses descendants comme une disposition mauvaise. – Or, à cette représentation obscure (d'un côté purement
sensible, de l'autre, morale cependant et intellectuelle par suite) répond fort
bien l'idée de la naissance ne dépendant d'aucune union sexuelle (virgi-
nale), d'un enfant libre de tout vice moral ; théoriquement toutefois, elle ne
va pas sans difficulté (mais il n'est pas nécessaire pour une fin pratique de
déterminer quelque chose sous ce rapport). En effet, selon l'hypothèse de
l'épigénèse, la mère qui descend de ses parents par génération *naturelle,*

que le reste de l'espèce humaine avait conclu avec le mauvais principe du fait de son représentant le premier ancêtre « et sur lui le prince de ce monde par conséquent n'avait point de prise ». Par là donc l'empire de ce prince était mis en péril. Car si cet homme agréable à Dieu |résistait à ses tentations et **81** n'adhérait pas aussi à ce contrat et si d'autres hommes encore se rangeaient dans leur foi à la même intention, c'était autant de sujets qu'il perdait et son Empire courait le risque d'une destruction complète, il proposa alors à cet homme d'être de lui son feudataire pour tout l'Empire s'il consentait simplement à lui en rendre hommage en qualité de possesseur. Cette tentative n'ayant pas réussi, il ne lui suffit pas de priver cet étranger dans son domaine de tout ce qui pouvait lui rendre agréable sa vie terrestre jusqu'à le réduire à la plus grande misère), mais il suscita contre lui toutes les persécutions par lesquelles des hommes méchants peuvent la remplir d'amertume, les souffrances que peut seul ressentir vraiment l'homme bien intentionné, la calomnie altérant la pure intention de ses doctrines (pour détacher de lui son parti) et le poursuivit jusqu'à la mort la plus ignominieuse sans rien pouvoir le moins du monde contre lui, malgré tous ces assauts livrés à la fermeté et à la sincérité de ses doctrines et de son exemple destinés au bien de gens sans exception indignes. Et

serait bien entachée du susdit vice moral, le transmettant au moins par moitié à son enfant même au cas d'une génération surnaturelle ; par suite, il faudrait pour éviter ce résultat admettre le système de la *préexistence* des germes chez les parents, mais non pas celui de leur développement dans l'élément femelle (car alors cette conséquence ne serait pas évitée), mais au contraire dans l'élément mâle (non le système des *ovulorum*, mais celui des *animalculorum spermaticorum*). Or, cet élément disparaît dans une grossesse surnaturelle et ainsi pourrait être défendue cette espèce de représentation théoriquement conforme à l'idée en question. – A quoi bon d'ailleurs toute cette théorie pour ou contre, il suffit dans la pratique de nous présenter comme modèle cette idée, en tant que symbole de l'humanité s'élevant même au-dessus de la tentation du mal (lui résistant victorieusement)[a].

(a) Addition à la 2e éd.

maintenant l'issue de cette lutte! Le résultat peut en être considéré comme *juridique* ou encore comme *physique*. A ce dernier point de vue (celui qui tombe sous les sens) le bon principe est celui qui eut le dessous; car il dut dans cette lutte, après avoir enduré beaucoup de souffrances, donner sa vie[1] 82 pour avoir provoqué une insurrection |dans un empire étranger (qui disposait de la force). Toutefois comme le royaume où les *principes* (qu'ils soient bons ou mauvais) ont le pouvoir, n'est pas un règne de la nature, mais de la liberté, c'est-à-dire un royaume où l'on ne peut disposer des objets que dans la mesure où l'on règne sur les esprits, où par suite personne

---

1. Ce n'est pas qu'il ait *cherché* la mort (comme D. Bahrdt l'imagina de façon romanesque) pour avancer un bon dessein par un exemple éclatant propre à éveiller l'attention; cela eût été un suicide. Car, on peut bien sans doute courir un risque en s'exposant au danger de perdre la vie, même souffrir la mort de la main d'autrui, si on ne peut y échapper, sans trahir un devoir impérieux, mais on ne doit pas disposer de soi-même et de sa vie comme d'un moyen, quelle que soit la fin qu'on se propose et devenir ainsi *l'auteur* de sa propre mort. Ce n'est pas non plus qu'il ait risqué sa vie (comme l'en soupçonne le Fragmentiste de Wolfenbüttel)[a], non dans un but moral, mais bien uniquement politique et d'ailleurs illicite, pour, si l'on veut, renverser le gouvernement du clergé, afin de se substituer à lui, revêtu du suprême pouvoir temporel; à cette conception font obstacle en effet, l'exhortation qu'il adresse à ses disciples, à la communion, alors qu'il avait déjà renoncé à l'espérance de conserver sa vie, où il dit de la célébrer en mémoire de lui; or, si cet acte eût été destiné à perpétuer le souvenir d'un projet temporel manqué, l'exhortation eût été offensante, propre à exciter l'indignation contre son auteur et, par suite, en contradiction avec elle-même. Néanmoins, ce souvenir pouvait concerner l'échec d'un excellent dessein purement moral du Maître, consistant à provoquer pendant sa vie même, en ruinant la foi cérémoniale, destructrice de toute intention morale, ainsi que le respect pour les prêtres, une révolution *publique* (en religion); (ce que pouvait bien avoir pour but ses dispositions en vue de rassembler pour Pâques ses disciples dispersés dans le pays) révolution au sujet de laquelle on peut assurément regretter encore aujourd'hui qu'elle n'ait pas eu de succès; cependant, elle ne fut point rendue vaine, mais prit, après sa mort, le caractère d'une transformation religieuse qui se répandit sans bruit, mais non sans beaucoup de souffrances (Addition à la 2e édition).

(a) Reimarus.

n'est esclave (serf), si ce n'est celui qui veut l'être et autant qu'il veut l'être, cette mort (le degré suprême de la souffrance d'un homme) fut précisément la représentation du bon principe, c'est-à-dire de l'humanité dans sa perfection morale, comme modèle proposé à l'imitation de tous. Cette représentation devait et pouvait avoir la plus grande influence sur l'âme humaine à son époque et peut même l'avoir pour tous les temps ; car elle montre par le contraste le plus frappant de tous, la liberté des enfants du Ciel et la servitude d'un simple fils de la Terre. Le bon principe cependant est descendu du Ciel en l'humanité, non seulement à une époque déterminée, mais d'une manière invisible depuis le commencement de l'espèce humaine (comme doivent l'avouer tous ceux qui en considèrent avec attention sa sainteté et en même temps son union incompréhensible dans la constitution morale, avec la nature sensible de l'homme) et il y occupe légitimement son premier domicile. Donc, puisqu'il apparut en un homme véritable comme exemple pour tous les autres, « il est venu dans son domaine et les siens ne l'ont pas accueilli, mais à ceux qui l'accueillirent il a donné le pouvoir de s'appeler enfants de Dieu, qui croient en Son Nom »[a], c'est-à-dire que par son exemple (dans l'Idée morale) il ouvre la porte de la liberté pour tous ceux qui veulent mourir à tout ce qui les tient enchaînés à la vie terrestre, au détriment de la moralité et réunit pour lui parmi eux « un peuple qui appliqué aux bonnes œuvres, serait sa propriété »[b] et sous sa domination tandis qu'il abandonne à la leur ceux qui préfèrent la servitude morale.

Ainsi, l'issue morale du conflit, en ce qui concerne le héros de cette histoire (jusqu'à sa mort) n'est pas à proprement parler la *défaite* du mauvais principe, car le règne de celui-ci dure encore et l'avènement d'une nouvelle époque est

a. *Jean*, I, 11.
b. *Tit.*, II, 14.

assurément nécessaire qui devra être celle de sa destruction, mais sa puissance seule est brisée de façon à ne pouvoir retenir contre leur gré |ceux qui lui furent si longtemps soumis puisqu'il leur est ouvert, comme asile, une autre domination morale puisque l'homme doit toujours se soumettre à une domination où ils peuvent trouver protection pour leur moralité au cas où ils veulent abandonner l'autre empire. D'ailleurs, on nomme toujours le mauvais principe, le prince de ce monde, dans lequel, ceux qui sont attachés au bon principe, peuvent s'attendre à des souffrances physiques, à des sacrifices, à des blessures d'amour-propre, représentés ici comme des persécutions du mauvais principe, parce qu'il n'a dans son empire de récompenses que pour ceux qui ont fait du bien-être terrestre fin ultime.

On voit aisément que, lorsqu'on dépouille de son hâlo mystique ce genre de représentation animée, sans doute aussi pour son temps le seul *populaire*, il a été (c'est-à-dire son esprit et son sens rationnel) pour le monde entier, en tout temps pratiquement valable et obligatoire parce qu'il tient d'assez près à chacun pour qu'il y reconnaisse son devoir. Voici en quoi consiste ce sens : Il ne peut en aucune façon y avoir de salut pour les hommes que s'ils accueillent du fond de l'âme des principes authentiquement moraux dans leur mentalité ; à cet accueil s'oppose non à vrai dire la sensibilité, si souvent mise en cause, mais une certaine perversion imputable à soi-même, ou fausseté[a] comme on veut encore d'ailleurs appeler cette méchanceté (ruse satanique, par laquelle le mal est venu dans le monde) ; perversion qui est en tous et que rien ne peut vaincre si ce n'est l'Idée du bien moral dans toute sa pureté, avec la conscience qu'elle fait réellement partie de nos dispositions primitives et que l'on doit simplement s'efforcer d'en écarter tout mélange impur et de l'accueillir au plus profond de notre manière de penser ; afin

a. En français dans le texte.

d'être convaincu par l'effet qu'elle produit peu à peu sur l'âme
que les redoutables puissances du mal ne peuvent rien contre
elle (« les portes de l'enfer ne sauraient prévaloir contre elle »)[a]
et que, pour ne pas suppléer *d'une façon superstitieuse* au
défaut de cette confiance par des expiations qui ne supposent
aucun changement, de la manière de penser, ou fanatiquement
par de prétendues illuminations intérieures (purement passi-
ves) et être ainsi toujours tenus à l'écart du bien-fondé sur
notre activité propre, nous devons lui attribuer comme unique
caractère celui d'une vie sagement conduite. D'ailleurs un
effort comme celui qui est tenté présentement, pour chercher
dans l'Écriture le sens qui s'harmonise avec l'enseignement *le
plus sacré* de la raison, n'est pas seulement autorisé, mais doit
bien |plutôt être considéré comme un devoir[1] et l'on peut se   **84**
rappeler à ce propos ce que le *sage* Maître disait à ses disciples
de quelqu'un qui suivait sa route particulière par laquelle en
fin de compte, il devait cependant aboutir au même but : « Ne
l'empêchez pas, car quiconque n'est pas contre nous, est pour
nous »[b].

REMARQUE GÉNÉRALE

Quand une religion morale (qu'il ne faut pas mettre dans
des dogmes et des observances, mais dans l'intention sincère
de remplir tous les devoirs de l'homme comme des commandements divins) doit être fondée, tous les *miracles* que
l'histoire rattache à son introduction doivent finir par rendre
superflue la croyance au miracle en général ; car c'est faire
preuve d'un degré répréhensible d'incrédulité morale quand on

a. *Matth*, XVI, 18.
b. *Luc*, IX, 50.

1. On peut concéder, il est vrai, que ce n'est pas le seul (Addition à la
2ᵉ édition).

ne veut pas accorder aux prescriptions du devoir telles qu'elles ont été inscrites à l'origine par la raison dans le cœur de l'homme une suffisante autorité à moins qu'elles ne soient de plus affirmées par des miracles : « Quand vous n'apercevez ni signes, ni miracles, vous ne croyez pas »[a]. Or, il est cependant tout à fait conforme à la commune façon de penser des hommes que, lorsqu'une religion consistant seulement en culte et en observances arrive à son terme et qu'à sa place on doit introduire une religion fondée en esprit et en vérité (quant à l'intention morale), l'introduction de cette dernière, encore qu'elle n'en ait nul besoin, soit dans l'histoire accompagnée aussi et en quelque sorte ornée de miracles pour annoncer la fin de la première qui, sans les miracles n'aurait eu aucune autorité ; et même pour gagner les adhérents de cette première religion à la révolution nouvelle, on l'explique comme l'ancien prototype actuellement réalisé de ce qui dans cette religion était la fin ultime de la Providence, et dans un semblable état des choses, il ne peut servir à rien de contester ces récits ou ces interprétations alors que la vraie religion est établie et peut se maintenir actuellement et dans la suite par des arguments rationnels, elle qui en son temps a dû s'introduire par des moyens semblables ; ou il faudrait admettre que tout simplement la foi en des choses inintelligibles et la répétition de celles-ci (ce qui est à la portée d'un chacun sans que pour cela il soit ou devienne jamais ainsi un homme meilleur), soit une façon ou même la seule de plaire à Dieu ;

85   or, il faut combattre de tout son pouvoir ⌊cette allégation. Il peut donc se faire que la personne du Maître qui enseigna la seule religion valable pour tous les mondes soit mystérieuse, que son apparition sur la terre comme sa disparition, que sa vie remplie d'actions et de souffrances soient de purs miracles, même que l'histoire destinée à confirmer le récit de tous ces miracles en soit un elle-même (une révélation surnaturelle) ;

a. *Matth*, VIII, 8-10.

nous n'avons qu'à abandonner tous ces miracles à leur valeur propre, même honorer encore l'enveloppe qui a servi à répandre dans le public un enseignement dont l'attestation s'appuie sur un titre conservé en traits indélébiles dans toutes les âmes et qui n'a nul besoin de miracle ; il suffit, pour ce qui est de l'usage de ces données historiques, de ne pas admettre comme un dogme de la religion que savoir ces choses, y croire et les confesser soit en soi un moyen par lequel nous pouvons nous rendre agréables à Dieu.

En ce qui concerne les miracles en général, il se trouve que des personnes raisonnables ne veulent pas laisser s'introduire pratiquement cette croyance bien qu'ils ne soient pas cependant d'avis d'y renoncer ; ce qui signifie qu'ils croient certes, au niveau de la théorie, qu'il en existe, mais *dans le train de la vie* ils ne sauraient en admettre. C'est pourquoi des gouvernements sages ont en tout temps accordé et même accueilli parmi les dogmes religieux publics cette opinion que, *anciennement* des miracles se sont produits, mais n'en ont pas autorisé de nouveaux[1]. Car |les anciens miracles se **86**

----

1. Même des docteurs en religion (orthodoxes) qui ajustent leurs articles de foi à l'autorité du gouvernement, suivent en ce cas la même maxime que ce dernier. C'est pourquoi M. Pfenninger, défendant son ami M. Lavater qui soutenait que la croyance au miracle était toujours possible, leur reprocha avec raison leur inconséquence : car affirmant (il exceptait d'ailleurs expressément ceux dont à cet égard l'opinion était *naturaliste*) la réelle existence de thaumaturges dans la communauté chrétienne, il y a environ dix-sept cents ans, ils n'en voulaient plus admettre aujourd'hui, sans pouvoir cependant démontrer par l'Écriture qu'ils devaient un jour disparaître tout à fait et, quand ils le devaient (car, soutenir subtilement qu'aujourd'hui ils ne sont plus nécessaires, c'est prétendre à une sagesse plus grande que celle qu'un homme doit s'attribuer) ; or, cette preuve, ils ne la lui ont pas fournie. Ce n'était donc qu'une maxime de la raison de ne point accorder et ne point permettre actuellement les miracles et l'affirmation de leur inexistence n'était pas une vue objective. Mais la même maxime, qui, en ce cas, ne vise qu'un trouble inquiétant dans la société civile, ne conserve-t-elle pas aussi sa valeur s'il y avait à redouter un désordre du même genre dans le monde philosophique et, d'une manière générale, dans le monde qui pense

trouvèrent peu à peu déterminés et circonscrits par l'autorité en sorte qu'aucun désordre ne pouvait en résulter pour l'État ; toutefois, pour ce qui est des nouveaux thaumaturges, il fallait assurément s'en inquiéter à cause de l'action qu'ils pouvaient avoir sur la tranquillité publique et l'ordre établi. Si l'on se demande cependant ce qu'il faut entendre par ce terme de *miracle,* on peut l'expliquer en disant (car, en fait, il nous importe seulement de savoir ce que ces miracles représentent *pour nous,* c'est-à-dire pour l'usage pratique de notre raison) qu'il s'agit d'événements qui arrivent dans le monde en vertu de causes dont *l'action* est régie par des *lois* que nous ignorons et devons ignorer de toute façon. Or, on peut imaginer des miracles soit *divins,* soit *démoniaques,* répartir ces derniers en miracles *angéliques* (agatho démoniaques) ou *diaboliques* (kako démoniaques), étant entendu qu'à dire vrai, il ne peut s'agir que de ces derniers parce que les *bons anges* je ne sais pourquoi) font peu parler d'eux et même pas du tout.

En ce qui concerne les miracles *divins,* nous pouvons sans aucun doute nous faire une idée des lois régissant l'action de leur cause (comme d'un Être tout puissant, etc. et en même temps moral), mais seulement une idée *générale,* en tant que nous concevons cet Être comme Créateur et souverain Maître de l'Univers aussi bien suivant l'ordre de la nature que suivant l'ordre moral, parce que nous pouvons acquérir la connaissance, directement et en soi, des lois de celui-ci, connaissance

---

raisonnablement ? – Ceux qui n'admettent pas, il est vrai, de grands miracles (faisant sensation), mais qui en autorisent libéralement de *petits* sous le nom de *direction extraordinaire* (parce que |ces derniers, simples directives n'imposent à la cause surnaturelle qu'une minime dépense de forces) ne se rendent pas compte que ce qui importe ici ce n'est ni l'effet ni son importance, mais la forme du cours du monde, c'est-à-dire *la modalité* naturelle ou surnaturelle selon laquelle *l'effet se produit* et que, quand il s'agit de Dieu, on ne saurait songer à une différence entre le facile et le difficile. Toutefois, en ce qui concerne ce qu'il y a de *mystérieux* dans les influences surnaturelles, il est encore moins admissible de vouloir dissimuler l'importance d'un semblable événement.

que la raison peut ensuite utiliser pour son usage. Supposons cependant que Dieu parfois, dans certains cas, permette à la nature de s'écarter de ses lois ; nous ne saurions le moins du monde concevoir et ne pouvons non plus espérer concevoir jamais la loi suivant laquelle Dieu procède pour l'exécution d'un semblable événement (à la réserve de la loi *morale universelle,* que tout ce qu'il fait, sera bien ainsi, rien toutefois n'est déterminé ǀpar là eu égard à cet incident parti-   87 culier). Voici donc la raison en quelque sorte paralysée, car désormais arrêtée dans ses opérations conformes à des lois connues, elle n'est renseignée par aucune loi nouvelle et ne peut espérer l'être jamais dans le monde à ce sujet. Cependant parmi ces miracles, les démoniaques sont ceux qui s'accordent le moins avec l'usage de notre raison. En effet, en ce qui concerne les miracles divins, elle pourrait avoir encore, tout au moins propre à son usage, un signe négatif, à savoir : si quelque chose est représenté comme ordonné par Dieu dans une apparition immédiate de Celui-ci, mais s'oppose directe- ment à la moralité, en ayant toute l'apparence d'un miracle divin, ce ne peut cependant en être un (par exemple si l'on ordonnait à un père de tuer son fils, à sa connaissance pourtant parfaitement innocent) ; mais, s'il s'agit d'un miracle considéré comme démoniaque ce signe aussi fait défaut, et si l'on voulait pour ces miracles se servir, pour l'usage de la raison du signe opposé, donc positif, à savoir que, si un miracle nous engage à une bonne action, que nous recon- naissons en elle-même comme un devoir, l'auteur n'en saurait être un esprit malin, on pourrait dans ce cas encore toucher faux ; car cet esprit se déguise souvent, comme on dit, en un ange de lumière.

Dans la vie pratique il est donc impossible de compter sur des miracles ou d'en faire état de quelque manière dans l'usage de la raison (usage nécessaire pour tous les cas que présente la vie). Le juge (quelle que soit sa foi aux miracles, à l'église) écoute ce qu'allègue le délinquant au sujet des tentations

diaboliques qu'il dit avoir subies comme s'il ne disait rien ;
toutefois, s'il envisageait ce cas comme possible, il vaudrait
bien la peine de considérer qu'un homme naïf et vulgaire est
tombé dans le piège d'un rusé scélérat ; cependant, il ne peut
citer celui-ci, les confronter, bref de tout cela il ne peut rien
absolument tirer de sensé. Ainsi, le prêtre raisonnable se
gardera bien de farcir la tête de ceux qui sont recommandés à
ses soins spirituels, d'historiettes tirées du *Proteus infernal* et
de dépraver leur imagination. Pour ce qui concerne les
miracles de la bonne espèce, les gens, dans la vie active, en
usent comme de pures phrases. Le médecin dit par exemple :
« A moins d'un miracle, on ne saurait rien faire pour le
malade », c'est-à-dire il mourra sûrement. Parmi les
occupations de la vie active il faut ranger aussi le travail du
physicien qui recherche les causes des événements dans les
lois naturelles qui s'y rapportent, je dis bien dans les lois
naturelles de ces événements qu'il peut établir par l'expérience
bien qu'il doive renoncer à savoir ce qui, en soi, agit selon ces
lois, ou ce qu'elles pourraient être pour nous relativement à
88 |un autre sens possible. De même, l'amélioration morale de
l'homme est une affaire qui incombe à celui-ci. Mais que des
influences célestes y puissent contribuer ou encore qu'elles
soient regardées comme nécessaires pour en expliquer la
possibilité ; il ne s'entend pas à les distinguer d'une manière
sûre des influences naturelles ni à les faire en quelque sorte
descendre du ciel vers lui ; donc comme directement il ne sait
qu'en faire, il *n'admet* pas en ce cas de miracle[1], mais,
s'il écoute les prescriptions de la raison, il procède comme
si tout changement et toute amélioration de ses conceptions dépendait uniquement de l'application de son effort
propre. Toutefois que l'on puisse, grâce au don de croire

---

1. Cela signifie qu'il n'accueille pas la foi aux miracles dans ses
maximes (ni dans celles de la raison théorique, ni dans celles de la raison
pratique) sans cependant en contester la possibilité ou la réalité (2ᵉ édition).

théoriquement très *fermement* aux miracles, les effectuer soi-
même et de cette manière donner l'assaut au ciel, voilà qui
dépasse beaucoup trop les bornes de la raison pour qu'on
puisse s'attarder longtemps à une idée aussi absurde [1].

1. C'est une excuse habituelle à laquelle ont recours ceux qui amusent
les gens crédules par des articles *magiques* ou qui veulent tout au moins leur
inspirer cette croyance d'une manière générale, d'en appeler à l'aveu que
font de leur *ignorance* les physiciens. Nous ignorons, disent-ils, la *cause* de la
pesanteur, de la force magnétique, etc. Toutefois, nous en connaissons les
lois d'une manière suffisamment précise, dans les limites déterminées des
conditions sous lesquelles seules se produisent certains effets ; ce qui suffit
aussi bien pour un usage rationnel sûr de ces forces que pour en expliquer les
phénomènes, *secundum quid,* pour user de ces lois, *descendant* aux expériences, afin de les ordonner sous elles, bien que non *simpliciter* et pour
remonter à la connaissance des causes même des forces agissant d'après ces
lois. De cette façon, devient également compréhensible le phénomène
interne de l'entendement humain : à savoir pourquoi de prétendues mer-
veilles de la nature, c'est-à-dire des phénomènes suffisamment attestés,
quoique contraires au bon sens, ou des conditions des choses se présentant
d'une manière inattendue en s'écartant des lois de la nature connues jusqu'à
ce jour, sont saisis avidement et sont des *excitants* pour l'esprit, aussi
longtemps cependant qu'ils sont tenus pour naturels, tandis qu'il se trouve, au
contraire, *abattu* par la nouvelle d'un miracle véritable. Dans le premier cas,
en effet, s'ouvre la perspective d'une acquisition nouvelle pour alimenter la
raison et les phénomènes font naître *l'espérance* de découvrir de nouvelles
lois naturelles ; au contraire, dans le second s'éveille le *souci* consistant à
perdre également la confiance en celles qui étaient considérées déjà comme
connues. Or, quand la raison se trouve amputée des lois de l'expérience, elle
n'est plus utile à rien dans un monde ainsi enchanté, même pas pour l'usage
moral en ce monde afin d'accomplir le devoir qui lui incombe, car |on ne sait   89
plus si même, dans les motifs moraux, il ne se produit pas, sans que nous nous
en rendions compte, du fait de miracles, des changements dont personne ne
peut savoir s'il doit se les attribuer à lui-même ou à quelque autre cause
insondable. – Ceux dont la judiciaire est ainsi disposée qu'ils pensent ne
pouvoir se tirer d'affaire sans miracles, s'imaginent atténuer l'offense faite
ainsi à la raison, en admettant qu'ils n'arrivent que *rarement.* S'ils veulent
dire par là que cette rareté est déjà comprise dans le concept du miracle,
(parce que si un événement de ce genre arrivait d'une manière habituelle, il
ne saurait être qualifié de miracle), on pourrait au besoin leur passer cette
subtilité sophistique (consistant à transformer la question objective de la

(*suite de la note 1 page 169*) nature de la chose en la question subjective de savoir ce que signifie le mot par lequel nous la désignons) et demander en retour : « *Rares,* en quelle mesure ? un tout les cent ans, peut-être ? ou, à la vérité, jadis seulement, plus du tout aujourd'hui ? ». La connaissance de l'objet ne nous fournit ici rien de déterminable (car suivant notre propre aveu, cet objet est pour nous transcendant), seules les maximes nécessaires de l'emploi de notre raison seront efficaces : en admettant les miracles ou bien *quotidiennement* (quoique dissimulés sous l'apparence d'événements naturels), ou jamais, et, dans ce dernier cas, on ne les prendra comme fonde-ment ni de nos explications rationnelles, ni des règles de nos actions ; et, comme la première méthode ne s'accorde pas du tout avec la raison, il ne reste qu'à adopter la seconde maxime : parce que ce principe n'est toujours que maxime de jugement, non affirmation théorique. Nul ne peut pousser l'idée qu'il se fait de sa sagesse au point de vouloir énoncer d'une manière définitive : par exemple, que la conservation des espèces, au plus haut degré remarquable, dans le règne végétal et animal, puisque chaque génération nouvelle reproduit son original à chaque printemps, avec toute la perfection intérieure du mécanisme et même (comme dans le règne végétal) avec toute la beauté si tendre du coloris, sans le moindre affaiblissement, sans que les forces d'ailleurs si destructives de la nature inorganique pendant le mauvais temps de l'automne et de l'hiver puissent sur ce point avoir prise sur leurs semences – que ce soit là, dis-je, une simple conséquence des lois naturelles sans vouloir reconnaître si toutes les fois ce résultat ne requiert pas plutôt une influence immédiate du Créateur. Toutefois, ce sont là des expériences ; *pour nous,* elles ne sauraient donc être autre chose que des effets naturels et elles ne *doivent* jamais non plus être jugées différemment ; c'est ce que réclame, en effet, la modestie de la raison dans ses prétentions ; transgresser ces limites, est démesuré et orgueil bien que l'on prétende la plupart du temps, quand on affirme le miracle, donner la preuve d'une manière de penser qui s'humilie et renonce à elle-même.

|TRIOMPHE DU BON PRINCIPE SUR LE MAUVAIS ; 93
ÉTABLISSEMENT D'UN ROYAUME DE DIEU
SUR TERRE

La lutte qu'en cette vie tout homme, bien intentionné moralement, doit soutenir sous la direction du bon principe contre les attaques du mauvais, ne peut, quel que soit son effort, lui procurer de plus grand avantage que de le libérer de la *domination* de ce dernier. Devenir *libre* « être délivré de la servitude sous la loi du péché pour vivre selon la justice »[a] c'est là le gain suprême qu'il peut obtenir. Il n'en demeure pas moins toujours exposé aux assauts du mauvais principe, et pour assurer sa liberté continuellement attaquée, il doit nécessairement toujours rester armé pour le combat.

L'homme se trouve néanmoins par sa propre faute dans cette périlleuse situation ; il est par suite *obligé* de faire effort, tout au moins, autant qu'il le peut, pour se tirer de là. Mais comment ? Voilà la question. S'il considère des causes et des circonstances qui le mettent ainsi en danger et l'y maintiennent, il peut aisément se convaincre qu'elles proviennent moins de sa propre nature brute s'il reste isolé, que des

a. *Rom*, VIII, 2.

hommes avec lesquels il est en rapport ou en relation. Ce n'est pas par les excitations de sa nature que les *passions*, qu'on doit à proprement parler ainsi nommer, s'émeuvent en lui, elles qui font de si grands ravages dans ses dispositions primitivement bonnes. Ses besoins sont faibles et l'état de son esprit, alors qu'il s'occupe de les satisfaire, demeure modéré et calme. Il n'est pauvre (ou ne se considère comme tel) que dans la mesure où il redoute que d'autres hommes le tiennent pour tel et puissent pour cette raison le mépriser.

94 L'envie, la soif de domination, la cupidité |et les inclinations haineuses qui s'y rattachent, troublent aussitôt sa nature modeste par elle-même, *lorsqu'il se trouve parmi les hommes*, et il n'est même pas besoin de supposer que ceux-ci soient déjà plongés dans le mal et donnent des exemples tentateurs, il leur suffit d'être présents, de l'entourer, et d'être des hommes qui se corrompent réciproquement dans leurs dispositions morales et se rendent méchants les uns les autres. Si donc l'on ne pouvait trouver de moyens pour édifier une union ayant proprement pour fin de prévenir le mal et d'avancer le bien, dans l'homme, en tant que société constituée, se développant toujours et uniquement organisée en vue de la conservation de la moralité, qui lutterait contre le mal, toutes forces unies, alors ce dernier, quoi que l'homme, pris individuellement, ait bien pu faire pour s'arracher à son emprise, le maintiendrait sans cesse dans le danger de retomber sous sa domination. – Par suite, la domination du bon principe, autant qu'il est possible aux hommes d'y contribuer, ne peut être réalisée, dans la mesure où nous pouvons en juger, que par l'établissement et le développement d'une société établie suivant les lois de la vertu et en vue de ces lois ; d'une société, que la raison impose à tout le genre humain comme tâche et comme devoir, de former dans toute son extension. – C'est ainsi seulement que l'on peut espérer une victoire du bon principe sur le mauvais. La raison, législatrice morale, outre les lois qu'elle prescrit à tout individu, arbore de plus un drapeau de la vertu signe de ralliement pour tous ceux auxquels le bien est cher afin qu'ils se rassemblent tout autour de lui et l'emportent avant toute chose sur le mal qui les attaque sans répit.

On peut appeler une union entre hommes sous de simples lois de vertus suivant les prescriptions de cette Idée, une société *éthique* et, dans la mesure où ces lois sont d'ordre public, une société *civile éthique* (par opposition à la société civile juridique), ou encore une communauté *éthique*. Cette communauté peut subsister dans une communauté politique et même en comprendre tous les membres (d'ailleurs sans avoir cette dernière comme fondement elle ne pourrait en aucune façon être instituée par les hommes). Cependant la société éthique a un principe d'union spécial et qui lui est particulier (la vertu) et par suite aussi une forme et une constitution qui se distinguent essentiellement de celles de l'autre communauté. Il existe néanmoins, entre les deux communautés considérées d'une manière générale comme telles, une certaine analogie ; et à ce point de vue la première peut également être appelée *état éthique* |c'est-à-dire un 95 Royaume de la vertu (du bon principe) dont l'Idée a dans la raison humaine sa réalité objective tout à fait solidement fondée (en tant que devoir de s'unir en un État de ce genre), bien que subjectivement on ne peut jamais espérer du bon vouloir des hommes qu'ils veuillent se décider à travailler à ce but dans la concorde.

|REPRÉSENTATION PHILOSOPHIQUE DU TRIOMPHE DU BON PRINCIPE PAR L'ÉTABLISSEMENT D'UN ROYAUME DE DIEU SUR LA TERRE

I
L'état de nature éthique

Un état juridico-civil (politique), c'est le rapport des hommes entre eux en tant qu'ils sont régis en commun par des lois de droit d'ordre public (qui sont toutes des lois de contrainte). Un état *éthico-civil* est un état où ils se trouvent réunis sous des lois non contraignantes c'est-à-dire de simples *lois de vertu.*

Or, de même que l'on oppose au premier état, l'état de droit (qui n'en est pas toujours pour cela légitime) c'est-à-dire *l'état de nature, juridique,* on distingue de ce dernier *l'état de nature, éthique.* Dans l'un et dans l'autre, chacun se donne à lui-même sa loi et il n'y a pas de loi extérieure à laquelle il se reconnaîtrait soumis comme tous les autres. Dans l'un et l'autre, chacun est son propre juge et il n'existe pas d'autorité *publique,* maîtresse du pouvoir déterminant, suivant des lois avec force exécutoire, ce qui dans les cas qui se présentent est le devoir de chacun et faisant du devoir une pratique générale.

Dans une communauté politique déjà existante tous les citoyens se trouvent comme tels cependant dans un *état de nature éthique* et sont autorisés à y rester, car ce serait une contradiction (*in adjecto*) si cette communauté devait obliger ses citoyens à entrer dans une société éthique, puisque cette dernière, déjà du fait de son concept, comporte l'affranchissement de la contrainte. Toute communauté politique peut désirer sans doute que l'on trouve chez elle une domination s'exerçant sur les esprits suivant les lois de la vertu, car dans les cas où ses moyens de coercition ne suffisent pas, parce que le juge humain ne peut pénétrer l'intérieur des autres hommes, les intentions vertueuses produiraient ce que l'on |souhaite. Mais, malheur au législateur qui voudrait établir par la contrainte une constitution à fins éthiques, car non seulement il ferait ainsi le contraire de cette constitution, mais de plus il saperait sa constitution politique et lui ôterait toute solidité. Le citoyen du corps politique relativement à la compétence législative de celui-ci, demeure donc entièrement libre, soit qu'il veuille entrer également dans une société éthique avec d'autres concitoyens, ou qu'il préfère demeurer dans un état de nature de ce genre. Ce n'est qu'en tant qu'une communauté éthique doit toutefois nécessairement reposer sur des lois *publiques* et renfermer une constitution qui s'y appuie, que ceux qui volontairement s'associent pour y entrer devront non pas se laisser ordonner par le pouvoir politique comment il faut ou ne faut pas l'aménager intérieurement, mais bien accepter des restrictions, à savoir la condition qu'il ne s'y trouve rien qui s'oppose au devoir de ses membres comme *citoyens de l'État* quoique, si la première association est de bon aloi, ce dernier cas ne soit pas du tout à redouter.

D'ailleurs, parce que les devoirs moraux concernent le genre humain en son ensemble, le concept d'une communauté éthique se rapporte toujours à l'Idéal d'une totalité de tous les hommes et elle se distingue par là de celui d'une société politique. C'est pourquoi une foule de gens réunis dans cette intention, ne peut encore s'appeler la communauté éthique elle-même, mais seulement une association particulière qui tend à l'unanimité avec tous les hommes (même avec tous les êtres finis raisonnables) pour édifier une totalité éthique absolue dont toute société partielle n'est qu'une représentation ou un schéma, chacune en effet, pouvant à son tour, être représentée par rapport à d'autres de cette espèce comme se trouvant dans l'état de nature éthique y compris toutes les imperfections de ce dernier : (il en est d'ailleurs également ainsi des divers États politiques qui ne sont point unis par un droit public des gens).

II

L'HOMME DOIT SORTIR DE L'ÉTAT DE NATURE ÉTHIQUE POUR DEVENIR MEMBRE D'UNE *COMMUNAUTÉ* ÉTHIQUE

De même que l'état de nature juridique est un état de guerre de tous contre tous, de même l'état de nature éthique est un état d'attaques incessantes déchaînées[a] par le mal qui se trouve également dans tous les hommes, qui (comme il a été remarqué plus haut), pervertissent les uns par les autres leur disposition morale ; et, alors même que chaque individu serait porté de bonne volonté, ils s'écartent par suite de l'absence d'un principe qui les unirait, à cause de leurs désaccords de la fin commune du bien, tout comme s'ils étaient les *instruments du mal* et se mettent mutuellement en danger de retomber à nouveau sous sa domination. Or, comme de plus l'état où règnent une liberté et une indépendance de toute loi coercitive, anarchiques et extérieures (brutales) constitue un état d'injustice et de guerre de tous contre tous, dont l'homme

***

a. « contre le bon principe qui réside en tout homme » (1re édition).

doit sortir pour rentrer dans un état politique et civil [1], l'état de nature éthique est une lutte mutuelle et *publique,* contre les principes de la vertu et une condition d'immoralité intérieure dont l'homme naturel doit s'efforcer[a] de sortir au plus tôt.

Nous sommes donc ici en présence d'un devoir d'un caractère particulier, non des hommes envers les hommes, mais du genre humain envers lui-même. Chaque espèce d'êtres raisonnables est en effet destinée objectivement, dans l'Idée de la raison, à une fin commune, à savoir l'avancement du Bien suprême en tant que bien commun. Or, comme le Bien moral suprême ne se réalise point par l'effort d'une personne en particulier, en vue de réaliser sa propre perfection morale, mais exige au contraire l'union en une totalité en vue

98 du même but, |un système de gens bien intentionnés en lequel et grâce à l'unité duquel seulement, ce bien peut être réalisé, mais que d'autre part, l'idée d'une telle totalité, république universelle fondée sur des lois de vertu est une Idée entiè-rement différente de toutes les lois morales (qui concernent ce que nous savons être en notre pouvoir) consistant à agir en vue d'une totalité dont nous ne pouvons savoir si elle est comme

---

a. 1re Édition : s'efforce.

1. La thèse de Hobbes : *Status hominum naturalis est bellum omnium in omnes,* n'a qu'un défaut ; elle devrait, en effet, se formuler : *Est status belli,* etc. Car, même si l'on n'accorde pas qu'il ne règne pas toujours entre gens non régis par des lois extérieures et publiques de véritables *hostilités,* néanmoins *l'état* de ces gens (*status juridicus*) c'est-à-dire le rapport dans et par lequel ils sont susceptibles de droits (de leur acquisition et de leur conservation) est un état où chacun veut être juge lui-même de ce qui lui paraît être son droit vis-à-vis des autres, n'ayant d'ailleurs à cet égard même, aucune garantie de leur part, ni leur en fournissant, à la réserve de la force propre à chacun ; c'est là un état de guerre où l'un doit être constamment armé contre l'autre. La seconde thèse du même Hobbes : « *Exeundum esse e statu naturali* » est une conséquence de la première ; car cet état est une lésion continuelle des droits de tous les autres par suite de la prétention d'être juge en sa propre affaire, sans fournir aux autres hommes d'autre garantie quant à ce qui leur appartient si ce n'est son propre arbitre.

telle également en notre pouvoir ; ce *devoir* en conséquence, est par son genre et son principe différent de tous les autres. – On présume déjà par avance que ce devoir exige la supposition d'une autre Idée, à savoir, celle d'un être moral supérieur qui, grâce à ses dispositions générales, associe les forces insuffisantes des individus en vue d'un résultat commun. Toutefois il faut avant tout nous laisser guider d'une manière générale par le fil conducteur de ce besoin moral et voir où il nous mènera.

III

LE CONCEPT D'UNE COMMUNAUTÉ ÉTHIQUE
EST CELUI D'UN *PEUPLE DE DIEU*
RÉGI PAR DES LOIS ÉTHIQUES

Pour constituer une communauté éthique il faut que tous les individus se soumettent à une législation publique et que toutes les lois qui les unissent, puissent être considérées comme les commandements d'un législateur commun. Or, si la communauté à créer devait être d'ordre *juridique,* c'est la multitude qui, en s'unissant en une totalité devrait elle-même être législatrice (pour ces lois constitutionnelles) parce que la législation part du principe : *de restreindre la liberté d'un chacun aux conditions qui lui permettent de coexister avec la liberté d'autrui suivant une loi générale* [1] et il s'en suit que la volonté générale établit en ce cas une contrainte légale extérieure, mais si la communauté doit être *éthique,* le peuple, comme tel, ne peut être considéré lui-même comme législateur. Car dans une communauté de ce genre toutes les lois ont particulièrement pour but l'avancement de la *moralité* des actes (qui, étant une chose tout *intérieure,* ne peut donc être régie par des lois publiques humaines), alors qu'au contraire

---

1. C'est le principe de tout droit extérieur.

99 ces dernières, len constituant une communauté juridique, ne visent que la *légalité* des actions, qui frappe la vue, et non la moralité (intérieure) de laquelle seule il est ici question. Il faut donc qu'un autre que le peuple puisse être présenté comme légiférant publiquement pour une société éthique. Néanmoins les lois éthiques ne peuvent être conçues comme dérivant uniquement à *l'origine* de la volonté de ce supérieur (comme des statuts qui par exemple n'obligeraient pas, sans avoir été précédés par son ordre), parce qu'alors ce ne seraient pas des lois éthiques et le devoir, en conformité avec elles, ne serait plus une libre vertu, mais une obligation juridique, susceptible de contrainte. Ainsi, seul peut être conçu comme législateur suprême d'une communauté éthique, celui par rapport à qui tous les *véritables devoirs* éthiques doivent être représentés comme étant en *même* temps ses commandements[1]; celui-là doit par suite connaître aussi les cœurs pour pénétrer même le fond le plus intime des intentions de chacun et pour faire obtenir à chacun, comme ce doit être dans toute communauté, ce que méritent ses œuvres. Or, c'est là le concept de Dieu en tant que Souverain moral de l'univers. Ainsi, on ne peut concevoir une communauté éthique que

---

1. Dès qu'une chose est reconnue comme un devoir, ne serait-elle qu'un devoir imposé par le simple arbitre d'un législateur humain, c'est cependant aussi une loi divine de lui obéir. Il est vrai qu'on ne peut appeler commandements de Dieu les lois civiles statutaires, toutefois, si elles sont légitimes, les *observer* est aussi un commandement divin. La proposition : « Il faut obéir à Dieu plutôt qu'aux hommes », signifie simplement que si ces derniers proposent une chose mauvaise en soi (directement contraire à la loi morale), il n'est pas permis de leur obéir et on ne le doit pas, inversement, si on oppose à une loi politico-civile, en soi non immorale, une loi statutaire regardée comme divine, il y a lieu de considérer cette dernière comme controuvée parce qu'elle est en contradiction avec un devoir évident et même qu'il ne peut jamais être attesté de façon suffisante par des indices empiriques que ce soit vraiment là un commandement divin au point de transgresser en s'y conformant un devoir d'ailleurs établi.

comme un peuple régi par des lois divines c'est-à-dire comme un *peuple de Dieu,* obéissant à des *lois morales.*

On pourrait également concevoir sans doute un peuple de Dieu régi *selon des lois statutaires*, à savoir des lois dont l'observance comporte, non la moralité, mais uniquement la légalité des actes ; on aurait, alors une société juridique dont Dieu serait, il est vrai, le législateur (la *constitution* en serait donc théocratique) |mais ce serait des hommes qui, en tant que prêtres, recevant immédiatement de Lui ses ordres dirigeraient un gouvernement aristocratique. Une constitution de ce genre toutefois, dont l'existence et la forme reposent entièrement sur des raisons historiques, n'est point celle qui forme le problème de la pure raison, législatrice morale et dont la solution seule fait ici l'objet de nos recherches ; nous l'examinerons dans la section historique comme institution établie selon des lois politico-civiles dont le législateur est extérieur, quoique ce soit Dieu ; mais maintenant nous n'avons affaire qu'à une constitution dont la législation est purement intérieure, à une république soumise à des lois de vertu c'est-à-dire à un peuple de Dieu « qui travaillerait à de bonnes œuvres ».

A un tel *peuple* de Dieu, on peut opposer l'idée d'une *bande* du principe malin qui serait l'association de ceux qui sont de son parti pour répandre le mal auquel il importe de ne pas laisser se former la société opposée bien qu'ici encore le principe en lutte avec les intentions vertueuses se trouve également en nous-mêmes et ne soit représenté que figurément comme puissance extérieure.

IV

L'IDÉE D'UN PEUPLE DE DIEU (DANS UNE ORGANISATION
HUMAINE) NE PEUT SE RÉALISER QUE SOUS FORME D'ÉGLISE

L'idée sublime impossible à jamais réaliser pleinement
d'une cité éthique se rapetisse fort, dans les mains des
hommes, elle devient alors en effet une institution qui en tout
cas ne pouvant en représenter purement que la forme, se trouve
fort limitée quant aux moyens d'édifier un pareil ensemble
dans les conditions de la nature humaine sensible. Mais
pourrait-on s'attendre à pouvoir charpenter avec un bois aussi
courbe quelque chose de parfaitement droit?

Instituer un peuple moral de Dieu est une œuvre par
conséquent dont l'exécution ne peut être attendue des
hommes, mais seulement de Dieu lui-même. Ce n'est pas
toutefois une raison pour qu'il soit permis à l'homme de rester
inactif en cette affaire et de laisser faire la Providence comme
s'il était licite à chacun de s'occuper uniquement de son intérêt
moral particulier, en abandonnant entièrement à une Sagesse
101 supérieure les intérêts du genre humain. Chacun |doit au
contraire plutôt procéder comme si tout dépendait de lui et
c'est à cette condition seulement qu'il pourra espérer qu'une
sagesse supérieure daignera accorder à ses efforts bien
intentionnés leur parfait accomplissement.

Le vœu de tous ces gens d'intention bonne est donc le
suivant : « Que le règne de Dieu vienne, que sa volonté soit
faite sur terre »; mais que doivent-ils organiser pour que cela
leur advienne?

Une cité éthique sous la législation morale de Dieu est une
Église qui, en tant qu'elle n'est pas l'objet d'une expérience
possible, se nomme *l'Église invisible* (simple Idée de l'union
de tous les hommes droits sous le gouvernement divin
universel, immédiat et moral ainsi qu'elle sert d'archétype à
toutes celles que les hommes se proposent d'instituer).
L'Église *visible* est l'union effective des hommes en un

ensemble qui s'accorde avec cet Idéal. En tant que toute société soumise à des lois publiques implique une subordination de ses membres (le rapport de ceux qui obéissent à ses lois, à ceux qui veillent à leurs observations), la masse unie en ce tout (c'est-à-dire l'Église) forme la *communauté*, dirigée par ses supérieurs, lesquels (appelés docteurs ou encore pasteurs des âmes) n'administrent que les affaires du Chef invisible et à cet égard on les appelle tous serviteurs de l'Église ; de même que dans la cité politique le chef visible se nomme lui-même parfois le premier serviteur de l'État, encore qu'il ne reconnaisse aucun homme au-dessus de lui (en général même pas l'ensemble du peuple comme tout). La véritable (visible) Église est celle qui représente le règne (moral) de Dieu sur terre, dans la mesure où cela peut se faire par le moyen des hommes. Les conditions requises, les marques par suite de la véritable Église sont les suivantes :

1) L'*universalité*, par suite son *unité* numérique ; et elle doit en renfermer en elle-même la disposition c'est-à-dire que, bien que divisée il est vrai en opinions contingentes et désunie, elle est édifiée cependant par rapport à sa fin essentielle sur des principes tels qu'ils doivent forcément la conduire à une union universelle (donc pas de scission en sectes).

2) La *nature* (la qualité) de cette église ; c'est-à-dire la *pureté,* l'union reposant sur des motifs exclusivement moraux (purgée de l'absurdité, de la superstition et de l'illusion de l'enthousiasme).

]3) Au point de vue de la *relation* subordination des **102** *rapports* au principe de la *liberté*, aussi bien du rapport intérieur des membres entre eux, que du rapport extérieur de l'Église, avec le pouvoir politique : et cela pour tous deux dans un *État libre* (ainsi aucune *hiérarchie,* aucun *illuminisme,* sorte de *démocratie* avec inspirations particulières qui peuvent être différentes suivant l'idée de chacun).

4) Sa *modalité : l'invariabilité* dans sa *constitution,* à la réserve des dispositions contingentes, modifiables suivant le temps et les circonstances, concernant uniquement l'administration et dont l'Église d'ailleurs doit contenir *a priori* en elle-même les principes sûrs (dans l'Idée de sa fin). (Par conséquent, elle doit être soumise à des lois originelles ; prescrites publiquement comme par un code, non à des symboles arbitraires qui, manquant d'authenticité, sont contingents, exposés à la contradiction et variables).

Donc, une communauté éthique en tant qu'*église,* c'est-à-dire considérée uniquement comme *représentant* un État de Dieu, n'a pas, à proprement parler, d'après ses principes, une constitution semblable à une constitution politique. La sienne n'est ni *monarchique* (sous l'autorité d'un pape ou d'un patriarche), ni *aristocratique* (sous celle d'évêques et de prélats), ni *démocratiques* (comme celle d'illuminés sectaires). On pourrait au mieux la comparer avec la communauté domestique (famille) sous la direction d'un Père moral commun quoiqu'invisible, en tant que son saint Fils qui connaît Sa volonté et se trouve lié aussi par les liens du sang à tous les membres de cette famille, le représente afin de leur faire mieux connaître Sa volonté ; eux donc honorent le Père en sa personne, formant entre eux ainsi une association des cœurs, volontaire, universelle et durable.

V

LA CONSTITUTION DE TOUTE ÉGLISE EST TOUJOURS FONDÉE SUR QUELQUE CROYANCE HISTORIQUE (RÉVÉLÉE) QUE L'ON PEUT APPELER FOI DE L'ÉGLISE ET À LAQUELLE DE SAINTES ÉCRITURES FOURNIRONT LA BASE LA MEILLEURE

La *pure foi religieuse* est assurément celle qui seule peut fonder une *Église universelle ;* parce que c'est une simple foi **103** de la raison qui |peut se communiquer à chacun pour le convaincre, tandis qu'une croyance historique, fondée uniquement sur des faits, ne peut étendre son influence plus loin que la limite ou peuvent, suivant les circonstances de temps et de lieu, parvenir les données permettant d'en vérifier l'authenticité. Toutefois, il résulte d'une faiblesse particulière de la nature humaine que l'on ne peut compter, autant qu'elle le mérite, sur cette foi pure, comme pouvant constituer à elle seule le fondement d'une église.

Les hommes, conscients de leur impuissance à connaître des objets sensibles[a], encore qu'ils rendent à cette foi (qui doit être persuasive pour eux d'une manière générale) tout l'honneur qui lui est dû, ne peuvent néanmoins facilement se persuader que l'application constante en vue d'une conduite bonne moralement est tout ce que Dieu exige des hommes pour qu'ils deviennent dans son Empire des sujets qui lui soient agréables. Ils ne peuvent guère se représenter leur obligation autrement que comme un *service* quelconque qu'ils doivent rendre à Dieu; où il est moins question de la valeur morale, intérieure des actions que bien plutôt de les accomplir en l'honneur de Dieu pour lui plaire, quelque indifférentes moralement qu'elles puissent être en elles-mêmes, tout au moins par une obéissance passive. Que, lorsqu'ils remplissent leurs devoirs envers les hommes (c'est-à-dire envers eux-mêmes et les autres), ils accomplissent par là même les commandements de Dieu et qu'ils sont par suite dans tout ce qu'ils font, qui se rapporte à la moralité, *constamment au service de Dieu* et qu'il n'est absolument pas possible de servir Dieu plus directement d'une autre manière (parce qu'ils ne peuvent agir et avoir de l'influence sur d'autres êtres que ceux du monde, et nullement sur Dieu), voilà ce qui ne peut pénétrer dans leur cervelle. Dans le monde, tout grand

---

a. « sensibles » d'après le texte primitif; des textes plus récents portent : « suprasensibles ». La correction est donnée dans le *N. Theol. journal,* éd. Vorlander, PHB, 111, a.

seigneur éprouve le besoin particulier d'être honoré de ses sujets et *glorifié* par des marques de soumission, choses sans lesquelles il ne peut attendre d'eux à l'égard de ses ordres la docilité dont il a sans doute besoin pour pouvoir les dominer ; et d'ailleurs, l'homme quelque raisonnable qu'il soit, trouve toujours dans les témoignages d'honneur un plaisir immédiat ; c'est pourquoi, on traite le devoir en tant qu'il est aussi commandement céleste, comme s'il s'agissait d'une affaire dans l'intérêt de Dieu, non de l'homme et ainsi se forme le concept d'une religion *cultuelle,* à la place du concept d'une religion purement morale.

Comme toute religion consiste à considérer Dieu, par rapport à tous nos devoirs, comme le législateur qu'il faut **104** honorer universellement, il importe, lorsqu'on |définit la religion au point de vue de la conduite que nous devons tenir à son égard, de savoir : *Comment Dieu veut* être honoré et obéi. – Or, une volonté divine législatrice ordonne, soit par des lois en elles-mêmes *simplement statutaires,* soit par des lois *purement morales.* A l'égard de celles-ci, chacun peut par lui-même grâce à sa raison propre, reconnaître la volonté de Dieu sur laquelle se fonde sa religion ; car, à vrai dire, le concept de la divinité ne résulte que de la conscience de ces lois, et du besoin qu'a la raison d'admettre une puissance pouvant produire dans un monde tout l'effet possible, en harmonie avec la fin morale suprême. Le concept d'une volonté divine, déterminée suivant de simples lois purement morales, ne nous permet de concevoir qu'*un seul Dieu* et par suite aussi qu'*une* religion, en elle-même purement morale. Mais si nous accueillons des lois statutaires de Dieu et si nous faisons consister la religion dans l'observance de celles-ci, nous ne pouvons les connaître par le moyen de notre simple raison, mais uniquement par une révélation qui, qu'elle soit donnée à chaque individu soit secrètement soit publiquement, pour être répandue parmi les hommes par la tradition ou par l'Écriture, serait une *foi historique* et non une *foi rationnelle pure.* –

Toutefois, on peut admettre également des lois divines statutaires (qui ne se font pas reconnaître comme telles par elles-mêmes en tant qu'obligatoires, mais seulement en tant que volonté divine révélée); néanmoins la pure législation *morale,* grâce à laquelle la volonté de Dieu est inscrite originairement en notre cœur n'est pas seulement la condition inéluctable de toute vraie religion en général, mais elle est également ce qui à vrai dire la constitue; la religion statutaire ne pouvant renfermer que le moyen destiné à l'avancer et à la répandre.

Or s'il faut donner à la question : Comment Dieu veut-il être honoré, une réponse d'une valeur générale, pour tout homme, *considéré comme homme seulement*, il ne saurait y avoir d'hésitation sur ce point que la législation voulue par Lui ne peut jamais être simplement que *morale*; car la législation statutaire (qui suppose une révélation) ne peut être considérée que comme contingente et comme une législation qui n'est point parvenue ou ne peut parvenir à tout homme, elle ne peut donc par suite être considérée comme obligeant d'une manière générale. Ainsi : « Ce ne sont pas ceux qui s'écrient : Seigneur, Seigneur ! mais ceux qui font la volonté de Dieu »[a] , ce ne sont donc pas ceux qui le glorifient (ou son envoyé en tant qu'être d'origine divine), suivant des idées révélées dont tous ne disposent pas, mais bien ceux qui s'efforcent de lui être agréable par une bonne conduite – et chacun à cet égard |connaît la volonté de Dieu – qui lui **105** rendront les marques de la vraie vénération qu'il réclame.

Cependant, si nous nous considérons comme obligés de nous comporter non seulement en hommes, mais aussi en *citoyens,* dans un État divin sur terre, et de contribuer à l'existence d'une semblable association sous le nom d'église, la question : Comment Dieu veut-il être honoré dans *une église* (en tant que communauté de Dieu), ne paraît pas pouvoir être résolue par la raison pure, mais nécessiter une

a. *Matth.* VII, 21-22.

législation statutaire que nous fait connaître seulement une révélation, par conséquent une foi historique que l'on peut nommer par opposition à la pure foi religieuse, la croyance d'église. Car, pour la première, il s'agit simplement de ce qui constitue la matière de l'adoration de Dieu à savoir l'observation, effectuée dans une intention morale, de tous les devoirs en tant que ses commandements ; mais une Église, association de beaucoup d'hommes s'inspirant de ces sentiments en vue de former une cité morale, exige qu'on s'acquitte d'une *obligation publique,* impose une certaine forme ecclésiastique s'appuyant sur des conditions empiriques, forme en soi contingente et diverse qui ne peut par suite être reconnue comme un devoir s'il n'existe pas de lois divines statutaires. Il ne faut pas pour cette raison considérer aussitôt la détermination de cette forme comme une affaire incombant au législateur divin ; on peut plutôt admettre non sans fondement que selon la volonté divine nous devrions réaliser nous-mêmes l'Idée rationnelle d'une cité de ce genre ; et que bien que les hommes il est vrai, aient fait l'essai de mainte forme d'église sans succès, ils ne doivent pas cesser néanmoins de poursuivre cette fin, par de nouvelles tentatives au besoin, en évitant de leur mieux les défauts des précédentes ; cette tâche, qui est aussi pour eux un devoir, leur étant d'ailleurs entièrement dévolue. Il n'y a donc pas lieu, quand il s'agit de la fondation et de la forme d'une église d'en considérer les lois précisément comme divines, *statutaires*, il est au contraire téméraire de les donner pour telles, afin de s'éviter la peine de continuer à en améliorer la forme ; si ce n'est même usurper un pouvoir d'ordre supérieur que d'imposer à la foule un joug de règlements ecclésiastiques en prétextant une autorité divine ; toutefois, il y aurait d'autre part de la présomption à nier tout bonnement que la manière dont une église est organisée, ne pourrait pas être aussi bien une organisation particulière de Dieu si, autant que nous en pouvons juger, elle se trouve dans l'accord le plus grand avec la religion morale et de plus on ne

saurait pas très bien comprendre, |comment elle a pu soudain **106**
apparaître, sans que les progrès du public en fait de concepts
religieux, aient été suffisamment préparés[a]. Or, le doute qui
plane sur le problème de savoir si c'est Dieu ou les hommes
mêmes qui ont à fonder une Église démontre le penchant de
ces derniers pour une religion cultuelle (*cultus*) et comme
celle-ci repose sur des prescriptions arbitraires, pour une foi en
des lois divines statutaires, étant présumé qu'il doit s'ajouter
à la meilleure conduite (que l'homme peut toujours adopter
suivant la prescription de la pure religion morale) et au-dessus
d'elle, une législation divine que la raison ne peut comprendre
et qui nécessite au contraire une révélation; on envisage de
rendre ainsi un hommage direct à l'Être suprême (mais non par
obéissance à ses lois qui nous sont déjà prescrites par la
raison). Ainsi il arrive que les hommes ne considéreront
jamais l'union en une église, l'accord sur la forme à lui donner
et de même les institutions *publiques* pour l'avancement de
l'élément moral dans la religion, comme nécessaires en soi,
mais seulement dans le but de servir leur Dieu, comme ils
disent, par des solennités, des confessions de foi concernant
des lois révélées et par l'observation des prescriptions rela-
tives à la forme de l'Église (qui n'est pourtant qu'un simple
moyen); ces observances ne sont au fond il est vrai que des
actes moralement indifférents, mais on les considère comme
devant être à Dieu d'autant plus agréables qu'elles ne doivent
s'accomplir que pour l'amour de Lui. En conséquence, dans
l'effort humain en vue d'édifier une cité éthique, la croyance
d'église précède naturellement[b] la pure foi religieuse; il y eut
donc des temples (édifices consacrés au culte public) avant d'y
avoir des *églises* (lieux de réunions destinés à l'enseignement
et à l'animation des sentiments moraux, de même que des
prêtres (ordonnés administrateurs de pieux usages) sont venus

a. 1re édition : aient été préparés comme d'ordinaire.

b. « Moralement ce devrait être l'inverse » (addition à la 2e édition).

avant les ecclésiastiques (maîtres de la pure religion morale), la multitude leur attribuant encore la plupart du temps sous le rapport du rang et de la qualité la première place.

Si donc on ne peut empêcher qu'une croyance d'*église* statutaire ne s'adjoigne à la pure foi religieuse comme véhicule et moyen de l'association publique des hommes pour l'avancement de cette dernière foi, il faut bien avouer aussi que sa conservation invariable, son extension générale uniforme **107** et même le respect pour la révélation qui y est admise, peuvent être difficilement assurés par *tradition,* mais d'une façon satisfaisante seulement par l'*Écriture,* qui elle-même doit à son tour devenir pour les contemporains et leurs descendants un objet de respect car cela profite au besoin qu'ont les hommes d'être sûrs de leur devoir cultuel. Un livre saint s'acquiert même chez ceux (et chez ceux-ci surtout) qui ne le lisent pas ou qui du moins n'en peuvent tirer un concept religieux bien lié, la plus grande considération et tous les raisonnements sont vains devant cet arrêt souverain qui fait tomber toutes les objections : « *C'est écrit* », c'est pourquoi les passages qui doivent y exposer un point de la foi sont appelés tout bonnement *sentences.* Ceux qui sont destinés à commenter un pareil livre, sont en raison même de ce travail, des personnes en quelque sorte sacrées et l'histoire prouve qu'aucune foi fondée sur l'Écriture n'a pu être extirpée, même par les révolutions d'État les plus dévastatrices ; tandis que la foi qui était fondée sur la tradition et d'antiques observances publiques se trouva anéantie avec la ruine de l'État. Quel bonheur ![1] quand un livre pareil parvenu aux mains des hommes contient aussi avec ses statuts comme lois de la foi, la doctrine religieuse la plus pure dans sa totalité qui peut s'harmoniser avec ces statuts (véhicule de son introduction) de

---

1. C'est une expression qui s'applique à tout ce que, désiré ou désirable, nous ne pouvons cependant pas prévoir ni produire par nos propres efforts suivant les lois de l'expérience ; si nous voulons donc en désigner la cause nous n'en pouvons indiquer aucune autre qu'une Providence bienveillante.

la façon la plus heureuse ; auquel cas, aussi bien à cause de la fin à atteindre par là, que de la difficulté à se rendre compte, d'après des lois naturelles, de l'origine d'une semblable illumination du genre humain effectuée par lui, ce livre peut prétendre à l'autorité en quelque sorte d'une révélation.

Ajoutons encore quelques observations qui se rattachent à ce concept de foi révélée.

Il n'existe qu'*une religion* (vraie) ; mais il peut exister beaucoup de formes de *croyances*. – On peut ajouter que dans les diverses Églises qui se séparaient les unes des autres |à **108** cause de la diversité de leur genre de croyances, on peut néanmoins rencontrer une seule et même vraie religion.

Il convient donc mieux (et c'est aussi plus usité) de dire : Cet homme est de telle ou telle confession (juive, musulmane, chrétienne, catholique, luthérienne) que, il appartient à telle ou telle religion. Ce dernier terme même ne devrait pas équitablement s'employer quand on s'adresse au grand public (dans les catéchismes et les sermons) ; car pour lui, il est trop savant et inintelligible ; aussi bien dans les langues modernes n'offrent point de terme qui soit équivalent à cette expression. Par ce terme l'homme du peuple entend toujours sa foi d'église qui lui tombe sous les sens, tandis que la religion se cache intérieurement et dépend d'intentions morales ; à la plupart des gens on fait trop d'honneur en disant d'eux : Ils professent telle ou telle religion ; car ils n'en connaissent et n'en demandent aucune ; la foi d'église statutaire, c'est là tout ce qu'ils entendent par ce terme. C'est pourquoi les prétendues querelles religieuses qui ont souvent ébranlé le monde en l'arrosant de sang, n'ont jamais été autre chose que des disputes sur la croyance d'église et l'homme opprimé ne se plaignait pas en réalité parce qu'on l'empêchait de rester attaché à sa religion (ce que ne peut aucune puissance extérieure) mais parce qu'on ne lui permettait pas de pratiquer publiquement la foi d'église.

Or, quand une Église, comme d'ordinaire il arrive, se fait passer elle-même pour la seule Église universelle (quoiqu'elle soit établie sur une foi révélée particulière qui, en tant qu'historique, ne peut être exigée en aucune façon de tous) celui qui ne reconnaît pas cette foi d'église (particulière), est appelé par elle *mécréant* et elle le hait de tout son cœur ; quant à celui qui ne s'en écarte que partiellement (en ce qui est inessentiel), elle l'appelle *hétérodoxe et* l'évite tout au moins comme contagieux. Enfin s'il se rattache vraiment à la même Église, en s'écartant toutefois des croyances de celle-ci pour l'essentiel (c'est-à-dire ce dont on fait l'essentiel), on l'appelle notamment quand il répand son hétérodoxie, un *hérétique*[1] et il est considéré, tel un rebelle, comme plus punissable encore **109** qu'un |ennemi du dehors ; on le rejette de l'église par un anathème (comme les Romains en prononçaient contre celui qui passait le Rubicon sans l'assentiment du Sénat) et on le livre à tous les dieux infernaux. La doctrine prétendue unique et rigoureuse selon les docteurs ou les chefs d'une église en fait de foi d'église se nomme *orthodoxie* et on pourrait bien la diviser en orthodoxie *despotique (brutale)* et en orthodoxie *libérale*. – Quand une église qui déclare que sa croyance particulière est obligatoire universellement, doit s'appeler *catholique,* mais celle qui s'inscrit en faux contre ces prétentions d'autres églises (encore qu'il lui plairait bien d'en pratiquer elle-même souvent de pareilles si elle pouvait) *protestante,* un observateur attentif constatera pas mal

---

1. Les Mongols appellent le Thibet (d'après George, *Alphab. Thibet,* p. 11), *Tangout-Chadzar,* c'est-à-dire le pays des habitants des maisons, pour les distinguer d'eux-mêmes, nomades vivant dans les déserts sous des tentes, d'où le nom de *Chadzar* duquel dérive celui d'hérétique[(a)] : parce que les premiers adhéraient à la croyance thibétaine (des lamas) qui concorde avec le manichéisme et en tire peut-être bien son origine et ils la répandirent dans leurs invasions en Europe : c'est pourquoi on s'est longtemps servi des termes *Haeretici* et *Manichaei* comme de termes synonymes.

(a) En allemand : *Ketzer.*

d'exemples louables de catholiques protestants et au contraire encore plus d'exemples scandaleux de protestants archicatholiques. Le premier cas concerne des hommes dont la mentalité s'élargit (bien que ce ne soit pas sans doute celle de leur Église); avec eux, les autres font en raison de leur esprit *borné* un singulier contraste qui n'est pas du tout à leur avantage.

VI

LA CROYANCE D'ÉGLISE A POUR SUPRÊME INTERPRÈTE LA PURE FOI RELIGIEUSE

Nous avons remarqué que, bien qu'il manque à une église le signe le plus important de la vérité, c'est-à-dire une légitime prétention à l'universalité, quand cette église se fonde sur une foi révélée qui, en tant qu'historique (encore que répandue au loin par l'Écriture et assurée ainsi à la postérité la plus lointaine) n'est cependant pas susceptible d'une communication universellement convaincante, il faut néanmoins, à cause du besoin naturel à tous les hommes de réclamer toujours pour les concepts et les principes suprêmes de la raison quelque *appui pour les sens,* quelque confirmation par l'expérience, ou autre chose de ce genre (ce dont il faut bien tenir compte quand on médite d'*introduire* une foi universelle), mettre en œuvre quelque croyance ecclésiastique historique que l'on trouve généralement à portée.

|Cependant, pour concilier avec une foi empirique de ce genre que nous ne devons à ce qu'il semble, qu'au hasard, le fondement d'une foi morale (qu'elle soit simplement fin ou moyen), il faut une analyse de la révélation qui nous est parvenue c'est-à-dire une explication générale de celle-ci, de façon que le sens en soit en harmonie avec les règles pratiques générales d'une pure religion de la raison. Car ce que la foi d'église a de théorique ne saurait nous intéresser moralement s'il ne contribue pas à l'accomplissement de tous les devoirs 110

humains en tant que commandements de Dieu (ce qui
constitue l'essentiel dans toute religion). Ce commentaire
peut même nous paraître souvent forcé par rapport au texte (de
la révélation); toutefois, pourvu qu'il soit possible que le
texte l'admette, on doit le préférer à une explication littérale
qui ne contient absolument rien en soi pour la moralité ou
peut même en contrarier les motifs[1]. On trouvera aussi qu'on
en a ainsi usé en tout temps avec les divers genres de croyance
anciens ou modernes en partie rédigés dans de saints livres et
111 que des peuples raisonnables et d'un bon esprit, les |ont
interprétés jusqu'à ce qu'ils les aient mis d'accord peu à peu,

1. Pour le montrer par un exemple, on n'a qu'à prendre le psaume
LIX-V, 11-16 où l'on trouve une *prière pour la vengeance* qui va jusqu'à
inspirer l'épouvante. Michaelis *(Morale,* 2e partie, p. 202) approuve cette
prière et ajoute : « Les psaumes sont *inspirés;* s'il y est demandé un
châtiment, ce ne peut être injuste et *nous ne devons pas avoir une morale plus
sainte que la Bible* ». Je m'en tiens ici à cette dernière expression et je pose la
question : Si la morale doit être expliquée d'après la Bible ou bien plutôt la
Bible d'après la morale ? – Sans faire état ici de ce passage du N. T. : « On a
dit aux anciens, etc. » mais moi je vous dis : Aimez vos ennemis, *bénissez
ceux qui vous maudissent* [a], etc., ni rechercher comment il peut, étant
inspiré lui aussi, se concilier avec les précédents, je tenterai, soit de l'adapter
à mes principes moraux qui subsistent par eux-mêmes (en disant par exemple
que dans ce passage on entend non des ennemis de chair et de sang, mais,
sous ce symbolisme, ces ennemis invisibles qui nous sont bien plus néfastes
c'est-à-dire nos mauvaises inclinations que nous devons désirer réduire
entièrement); ou si cette lecture se révélait impossible j'admettrai plutôt que
ce passage ne doit pas du tout s'entendre au sens moral, mais suivant le
rapport où les Juifs pensaient se trouver vis-à-vis de Dieu, leur Souverain
politique; et il en va de même d'un autre passage de la Bible où il est dit : « La
vengeance m'appartient, c'est moi qui châtierai dit le Seigneur » [b]. On
l'explique communément comme un avertissement moral interdisant la vengeance privée, quoique, vraisemblablement, il ne fasse allusion qu'à la loi en
vigueur dans tout État qui veut que pour obtenir satisfaction en cas d'offense
on s'adresse au tribunal du Souverain; et on ne doit pas considérer que la soif
de vengeance du plaignant y soit approuvée quand le juge l'autorise à
requérir un châtiment quelque sévère qu'il soit. (Addition à la 2e édition).

(a) *Matth*. V, 43-44.
(b) I, *Moïse*, V, 32, 35.

pour leur contenu essentiel avec les principes généraux de la croyance morale. Les philosophes moralistes chez les Grecs et ensuite chez les Romains, en firent peu à peu autant avec leur mythologie fabuleuse. Ils s'entendirent finalement à interpréter le polythéisme le plus grossier comme une simple représentation symbolique des qualités propres de l'être divin unique et à attribuer aux multiples actions immorales ou bien aux rêves barbares, beaux cependant, de leurs poètes un sens mystique qui rapprochait une croyance populaire (qu'il n'aurait même pas été prudent d'extirper parce qu'il aurait pu en résulter un athéisme encore plus dangereux pour l'État) d'une doctrine morale que tous pourraient comprendre et qui seule leur était avantageuse. Le *judaïsme* sous sa dernière forme et le Christianisme même comprennent des interprétations de ce genre en partie très forcées, mais, dans l'un comme dans l'autre, en vue de fins incontestablement bonnes et nécessaires à tous les hommes. Les *mahométans* s'entendent fort bien (comme le montre Reland) à donner à la description de leur paradis, voué à tout genre de sensualité, un sens spirituel et les Hindous en font autant en expliquant leurs *Vedas*, tout au moins pour la portion la plus éclairée de leur peuple. – Or, si cela se peut faire sans trop heurter le sens littéral de la croyance populaire, on doit l'attribuer à ce que bien avant cette croyance la disposition à la religion morale se trouvait cachée dans la raison humaine ; et il est bien certain que ses premières manifestations grossières se rapportaient uniquement aux usages du culte, donnant lieu, dans ce but même, à de prétendues révélations ; mais par là même, elles ont mis aussi quelque chose qui vient du caractère de leur origine suprasensible dans ces poèmes, involontairement il est vrai. On ne peut pas non plus accuser de déloyauté de semblables explications à condition toutefois de ne pas vouloir soutenir que le sens que nous donnons aux symboles de la foi populaire ou même aux livres saints, soit absolument celui qu'ils ont eu en vue, mais d'admettre seulement sans

approfondir davantage, la *possibilité* de comprendre ainsi les
auteurs de ces ouvrages. En effet, la lecture même de ces
saintes Écritures ou l'étude de leur contenu a pour fin de rendre
les hommes meilleurs; mais l'élément historique qui n'y
contribue en rien, est en soi une chose tout à fait indifférente
dont on peut faire ce qu'on veut. (La foi historique est « en soi
morte » c'est-à-dire qu'en elle-même, considérée comme
profession de foi, elle ne renferme rien qui puisse avoir pour
nous quelque valeur morale).

112 |Par conséquent quoiqu'un Écrit ait été admis comme
révélation divine, le critérium suprême de celui-ci, comme tel
sera : « Toute Écriture inspirée de Dieu est utile pour instruire,
châtier, rendre meilleur, etc. »[a], et comme l'amélioration
morale de l'homme forme la fin propre de toute religion
rationnelle cette dernière renfermera par suite le principe
supérieur de tout commentaire des Écritures. Cette religion
est : « L'esprit de Dieu qui nous guide en toute vérité ». Or,
cet esprit est celui qui, en nous *enseignant,* nous *vivifie* aussi
par des principes d'action et il rapporte tout ce que l'Écriture
peut renfermer en outre en fait de foi historique, entièrement
aux règles et aux motifs de la pure foi morale qui seule
constitue en toute foi d'Église ce que celle-ci contient de
religion proprement dite. Toute étude et tout commentaire de
l'Écriture doit nécessairement partir du principe qu'il faut s'y
enquérir de cet esprit et « l'on ne peut y trouver la vie éternelle
qu'autant qu'elle rend témoignage de ce principe ».

    Un autre interprète se trouve, encore associé à ce commen-
tateur de l'Écriture, tout en lui étant subordonné, à savoir le
docteur de la loi. L'autorité de l'Écriture, l'instrument le plus
digne et maintenant le seul dans la partie du monde la plus
éclairée, pour unir tous les hommes en une Église, constitue la
croyance d'église qui, en tant que foi populaire ne saurait être
négligée parce qu'aucune doctrine, fondée sur la seule raison,

a. II, *Tim.*, 3-16.

ne paraît convenir au peuple comme norme invariable et qu'il exige une révélation divine et conséquemment une attestation historique de l'autorité de cette dernière, déduite de son origine. Or, puisque l'art et la sagesse des hommes ne peuvent monter jusqu'au ciel pour vérifier par eux-mêmes la lettre de créance attestant la mission du premier Maître, mais qu'ils doivent se contenter des indices qui peuvent être tirés, en dehors du contenu, de la manière aussi dont cette foi s'est introduite, c'est-à-dire de renseignements humains qui doivent être recherchés dans des temps très anciens et des langues aujourd'hui mortes pour en apprécier la crédibilité historique ; alors la *science de l'Écriture* est donc requise pour conserver son autorité à une église fondée sur des Écritures saintes, mais non à une religion (car celle-ci doit pour être universelle toujours se fonder sur la pure raison) ; cette science toutefois n'a d'autre résultat que d'établir que l'origine de cette foi d'église ne renferme rien qui rende impossible de l'admettre comme révélation divine immédiate ; cela suffirait pour ne pas gêner ceux qui s'imaginent trouver dans cette idée un affermissement |de leur foi morale et l'acceptent volontiers **113** par conséquent. – Pour la même raison non seulement la *vérification,* mais encore l'*exégèse* de l'Écriture sainte a besoin de science ; car comment l'homme ignorant qui ne peut la lire que dans les traductions, peut-il être assuré de sa signification ? C'est pourquoi, l'exégète qui connaît à fond aussi la langue originelle, doit posséder de plus une connaissance et une critique historiques étendues pour emprunter à la condition, aux mœurs et aux opinions (la croyance populaire) de l'époque d'alors les moyens d'éclairer l'intelligence de la communauté de l'Église.

La religion de la raison et la science de l'Écriture sont donc les véritables exégètes et dépositaires compétents d'un document sacré. Il saute aux yeux que le bras séculier ne doit aucunement les empêcher d'user publiquement de leurs idées et de leurs découvertes en ce domaine, ni les lier à certains articles de foi ; car alors des *laïques* obligeraient les *clercs* à entrer dans leurs vues qu'ils n'empruntent cependant qu'à l'enseignement de ces mêmes clercs. Il suffit que l'État se soucie qu'il ne manque pas d'hommes érudits et bien réputés en fait de moralité, pour administrer en leur totalité les affaires de l'église et à la conscience desquels il en confie le soin, il aura fait tout ce que réclament son devoir et sa compétence. Mais introduire ces hommes dans les écoles et se mêler à ses discussions (lesquelles, lorsqu'on ne les soutient pas du haut de la chaire, laissent dans la paix la plus complète le public de l'église) c'est ce que le public ne peut exiger du législateur sans indiscrétion parce que cette prétention est au-dessous de la dignité de celui-ci [a].

Il se présente un troisième prétendant à la fonction d'interprète qui n'a besoin ni de raison, ni de science, mais seulement d'un *sentiment* intérieur, pour saisir le sens véritable de l'Écriture et en même temps son origine divine. Il est bien vrai qu'on ne peut nier que « celui qui se conforme à la doctrine de l'Écriture *faisant* ce qu'elle prescrit trouvera sans aucun doute qu'elle vient de Dieu » et que même l'impulsion aux bonnes actions et à l'honnêteté de la conduite que doit ressentir l'homme qui la lit ou en entend l'exposition, doit le **114** convaincre de son caractère |divin, parce que ce n'est autre chose que l'effet de la loi morale qui remplit l'homme d'un saint respect et qui a droit pour cette raison, à être considérée comme un commandement divin. Mais, pas plus qu'on ne peut s'élever d'un quelconque sentiment à la connaissance des lois et de leur moralité, on ne peut et moins encore même déduire d'un sentiment ou découvrir grâce à lui le signe certain d'une influence divine immédiate ; parce qu'un même effet peut avoir plus d'une cause, et que dans ce cas la simple moralité de la loi (et de la doctrine) reconnue par la raison en est la cause, et même n'aurait-on affaire ici qu'à la possibilité

---

a. Depuis : parce que... Addition à la 2ᵉ édition.

de cette origine c'est un devoir de l'interpréter en ce sens si l'on ne veut pas ouvrir largement la porte à l'enthousiasme et priver de toute dignité le sentiment moral non équivoque, en l'apparentant à tous les autres sentiments fantastiques. Quand la loi en vertu de laquelle ou, si l'on veut, suivant laquelle le sentiment se produit est connue antérieurement, chacun ne possède ce sentiment que pour lui, sans pouvoir l'attribuer à d'autres, ni le forcer non plus comme la pierre de touche de l'authenticité d'une révélation ; car il n'enseigne absolument rien, et ne renferme que la manière dont le sujet par rapport à son plaisir ou à sa douleur, est affecté et sur ce fondement aucune connaissance ne peut s'établir.

Il n'existe donc aucune autre norme de la croyance d'église que l'Écriture ni un autre interprète de cette foi hors la pure *religion de la raison* et la *science de l'Écriture* (qui considère l'élément historique) ; de ces interprètes seul le premier est *authentique* et valable pour tous, le second est seulement *doctrinal* et sert à transformer la croyance d'église pour un certain temps et un certain peuple en un système déterminé qui se maintient d'une façon constante. En ce qui le concerne, on ne saurait empêcher que la foi historique ne devienne finalement une simple croyance aux docteurs de la loi et en leur sagesse ; ce qui n'est pas particulièrement à l'honneur de la nature humaine assurément, le remède il est vrai s'en trouve dans la liberté publique de conscience qui se justifie d'autant plus que c'est par ce moyen seulement que les savants, en soumettant leurs explications à l'examen de tous, tout en demeurant eux-mêmes aussi disposés à accueillir des conceptions meilleures, peuvent compter sur la confiance de la communauté en leurs décisions.

|VII
Le passage graduel de la foi d'Église
à l'unique autorité de la pure foi religieuse
est l'approche du Royaume de Dieu

La marque distinctive de la véritable Église, c'est son *universalité*; qui à son tour a pour caractères sa nécessité et sa déterminabilité, comme n'étant possible que d'une seule manière. Or, la foi historique (qui est fondée sur la révélation, en tant qu'expérience) n'a qu'une valeur particulière, c'est-à-dire pour ceux-là seuls auxquels est parvenue l'histoire sur laquelle elle s'appuie, et comme toute connaissance fondée sur l'expérience, elle ne contient pas la conscience que l'objet auquel on croit doit *nécessairement* être ainsi et non autrement, mais seulement qu'il est ainsi en lui-même; elle contient par suite aussi la conscience de sa contingence. Elle peut donc suffire, il est vrai, à la croyance d'église, mais seule la pure foi religieuse, fondée entièrement sur la raison, peut être reconnue nécessaire, comme la seule par conséquent qui distingue la *véritable* Église. – Aussi, quoique (conformément aux bornes inévitables de l'humaine raison) une foi historique affecte la religion pure comme un fil conducteur, c'est toutefois avec la conscience qu'elle n'est que ce qu'elle est et alors cette foi, en tant que croyance d'église possède en elle-même un principe pour se rapprocher d'une manière continue de la pure foi religieuse et pouvoir enfin se passer de ce moyen, de telle sorte qu'une Église de cette nature peut bien cependant s'appeler la *véritable* Église : mais comme quand il s'agit de dogmes historiques de la foi, la discussion ne se peut jamais éviter, elle ne peut être nommée que l'Église *militante,* avec la perspective toutefois de devenir un jour enfin l'Église invariable, universelle conciliatrice, l'Église *triomphante* ! La foi de tout individu qui contient en elle-même la disposition (dignité) morale à la félicité éternelle, est appelée *foi sanctifiante.* Elle ne peut être qu'unique et, quelle que soit l'église, on la retrouve seulement chez l'individu où elle est pratique, tout en se rapportant à sa fin, la foi religieuse pure. En revanche, la croyance d'une religion cultuelle est une foi mercenaire et *servile (fides mercenaria, servilis)* et ne peut être considérée comme la foi sanctifiante parce qu'elle n'est point morale. Cette dernière doit être libre, en effet, uniquement fondée sur les pures intentions du cœur *(fides ingenua)*. L'une pense se rendre agréable à Dieu par des actes (du *culte) (cultus)* qui (bien que pénibles) n'ont par eux-mêmes aucune valeur morale et ne sont par suite que des actes |arrachés par la crainte ou **116** l'espérance et un méchant homme peut les accomplir aussi; mais l'autre suppose comme nécessaire à cet effet une intention moralement bonne.

La foi sanctifiante met deux conditions à cet espoir de félicité; l'une se rapporte à ce que l'homme ne peut effectuer lui-même, c'est-à-dire faire que les actes accomplis par lui soient comme s'ils ne l'avaient pas été, juridiquement (devant un Juge divin); l'autre à ce qu'il peut et doit faire à savoir vivre une vie nouvelle conformément à son devoir. La première de ces croyances est la croyance en une satisfaction (acquittement de sa faute, libération, réconciliation avec Dieu), la deuxième consiste à croire qu'il peut devenir agréable à Dieu par une vie honnête qu'il mènera à l'avenir. Ces deux conditions ne forment qu'une seule foi et vont nécessairement ensemble; mais il n'est possible de se rendre compte de la nécessité de leur union autrement qu'en admettant que l'une peut être déduite de l'autre, soit que de la foi en l'absolution du péché qui pèse sur nous résulte la bonne conduite, soit que de l'intention sincère et active de toujours avoir une bonne conduite résulte la foi en cette absolution, d'après la loi des causes morales efficientes.

Or, ici apparaît une remarquable antinomie de la raison humaine avec elle-même dont la solution ou au cas où il n'y en aurait pas de possible, le règlement à l'amiable tout au moins pourrait seul décider si une croyance historique (d'église) doit d'une façon constante s'ajouter à la pure foi religieuse, en tant que pièce essentielle de la foi sanctifiante, ou bien si cette croyance, en tant que simple fil conducteur peut se supprimer en pure foi religieuse quelque éloigné que soit cet avenir.

1) Supposé que : satisfaction ait été donnée pour les péchés des hommes : il est assurément bien compréhensible que tout pécheur veuille la rapporter à lui ; et s'il suffit simplement de *croire* (ce qui, en guise d'explication, signifie qu'il veut qu'elle ait été donnée aussi pour lui), il ne saurait avoir alors un seul moment d'hésitation. Cependant, on ne peut pas du tout comprendre comment un homme raisonnable qui se sait punissable, peut penser sérieusement qu'il n'a qu'à croire au message d'une satisfaction donnée pour lui, et à l'accepter *utiliter*, comme disent les juristes pour considérer sa faute comme extirpée, et à ce point en vérité (jusqu'en sa racine) qu'à l'avenir aussi une bonne conduite, chose pour laquelle il ne s'est pas jusqu'ici donné la moindre |peine, résultera immanquablement de cette foi et du fait d'accepter le bienfait qui lui est offert. Nul homme qui réfléchit, ne saurait en lui-même réaliser une foi pareille quelque grande que soit souvent la tendance de l'amour de soi à transformer le simple désir d'un bien pour lequel on ne fait ou ne peut rien faire en l'espoir que son objet, attiré par la seule appétence, se présentera spontanément. On ne peut imaginer cela comme possible que si l'homme considère cette foi même comme inspirée du ciel et comme une chose dont il n'est pas nécessaire de justifier devant la raison. S'il ne le peut, et s'il est encore trop sincère pour feindre en lui-même une semblable confiance comme simple moyen d'insinuation, il ne pourra faire autrement, malgré tout son respect pour une satisfaction aussi trans-cendante et tout son désir d'en avoir aussi le profit, que de la considérer comme conditionnée en tant que seule une amélioration antérieure de sa conduite, d'ailleurs dans la limite de ses forces, pourra lui donner une faible raison d'espérer qu'un mérite aussi supérieur puisse lui valoir

quelque avantage. – Si donc la connaissance historique de ce mérite relève de la foi d'église tandis que la bonne conduite dépend de la pure foi religieuse comme condition, *cette foi devra nécessairement précéder l'autre.*

2) Or, si l'homme est corrompu par nature, comment peut-il croire se transformer, quel que soit son effort, en un homme nouveau agréable à Dieu, quand, conscient des transgressions dont il s'est jusqu'alors rendu coupable, il se trouve encore soumis à la puissance du mauvais principe et ne trouve pas en lui-même une force suffisante pour faire mieux à l'avenir ? S'il ne peut considérer la justice qu'il a soulevée contre lui, comme réconciliée par une satisfaction étrangère, et lui-même en quelque sorte, comme régénéré par cette foi et s'il ne peut ainsi avant tout inaugurer une nouvelle vie qui serait alors la conséquence de l'union avec lui du bon principe, sur quoi donc fonderait-il l'espérance qu'il a de devenir un homme agréable à Dieu ? – En conséquence, la foi en un mérite qui n'est pas le sien et qui le réconcilie avec Dieu doit précéder en l'homme tout effort pour les bonnes œuvres ; ce qui contredit la thèse précédente. Ce conflit ne peut se résoudre par la connaissance de la détermination causale de la liberté de l'être humain c'est-à-dire des causes qui font que l'on devient bon ou mauvais, donc il ne peut être résolu théoriquement ; car ce problème dépasse |tout à fait la faculté spéculative de notre **118** raison. Mais en ce qui concerne la pratique où il n'est pas question de ce qui vient en première ligne physiquement, mais de ce qui vient en première ligne moralement pour l'exercice de notre libre arbitre et d'où par suite nous devons partir, à savoir de la foi en ce que Dieu a fait pour nous ou de ce que nous devons faire pour nous en rendre digne (en quoi que ce puisse consister), il faut se décider, sans hésitation possible pour la seconde branche de l'alternative.

En effet, l'admission de la première condition requise pour le salut, celle de la foi en une satisfaction substituée, est à la rigueur nécessaire pour le seul concept théorique ; nous ne pouvons nous rendre *intelligible* autrement la rémission. Mais en revanche, la nécessité du second principe est pratique et purement morale ; nous ne pouvons certainement espérer participer à l'imputation même d'un mérite étranger satisfactoire et ainsi au bonheur que si nous nous qualifions pour cela par notre effort pour nous acquitter de tout devoir humain, effort qui doit être l'effet de notre propre application à l'exclusion de toute influence étrangère qui nous laisse passifs. Car, du moment que ce dernier commandement n'est pas conditionné, il est nécessaire que l'homme en fasse, comme maxime, le fondement de sa foi et qu'il commence par améliorer sa vie, condition suprême qui seule peut rendre possible la foi sanctifiante.

La foi d'église, en tant qu'historique, commence à bon droit par le premier principe ; mais comme elle ne contient que le véhicule de la pure foi religieuse (où se trouve la fin proprement dite), il faut que ce qui en cette foi, en tant que pratique, constitue la condition c'est-à-dire la maxime du *faire,* soit placée au début et que celle du *savoir,* ou de la foi théorique ne vise que la confirmation et l'achèvement de la première.

On peut, à ce propos ajouter encore que, selon le premier principe (en une satisfaction par substitution) la foi est imposée à l'homme comme un devoir, tandis que la foi en une bonne conduite, due à une influence supérieure lui est attribuée comme grâce. – Mais selon le deuxième principe, c'est l'inverse. D'après lui, en effet, la *bonne conduite* est, en tant que condition suprême de la grâce, un devoir inconditionné, la satisfaction supérieure, au contraire, une simple affaire de grâce. – Au premier principe on reproche (souvent non sans raison) la *superstition* du culte qui sait concilier une conduite répréhensible avec la religion ; mais au second, **199** *l'incrédulité naturaliste* |qui associe à une conduite peut être exemplaire d'ailleurs, l'indifférence ou même l'opposition à toute révélation. – On trancherait ainsi le nœud (par une maxime pratique), au lieu de résoudre (théoriquement) la question, ce qui, est toutefois permis pour les problèmes religieux. – Toutefois, ce qui va suivre pourra satisfaire cette dernière exigence. – La foi vivante en l'archétype de l'humanité agréable à Dieu (le Fils de Dieu) se rapporte en *soi* à une idée morale de la raison en tant que celle-ci nous sert non seulement de ligne de conduite, mais aussi de motif, et il importe peu par suite si je pars de cette foi comme *rationnelle* ou du principe de la bonne conduite. Au contraire, la foi en ce même archétype dans la région des *phénomènes* (en l'Homme-Dieu), en tant que foi *empirique* (historique), ne se confond pas avec le principe de la bonne conduite (qui doit être tout rationnel) et ce serait tout différent si on voulait partir d'une semblable croyance[a] et en déduire la bonne conduite. Ainsi il y aurait contradiction entre les deux propositions ci-dessus. Toutefois, dans l'apparition de l'Homme-Dieu, ce n'est pas ce qui en tombe sous les sens, ni ce qui en peut être connu par l'expérience, mais au contraire l'archétype qui se trouve dans notre raison et que nous donnons à cet Homme-Dieu comme fondement (parce que dans la mesure où on peut l'observer par son exemple, on constate qu'il lui est conforme), qui est, à proprement parler, l'objet de la foi sanctifiante, et une telle foi se confond avec le principe d'une conduite agréable à Dieu. – Il ne s'agit donc pas de deux principes en soi différents de sorte que, suivant qu'on commencerait par l'un ou par l'autre, on pourrait prendre deux routes opposées, mais nous partons d'une seule et même idée pratique parce que d'abord elle représente l'archétype en tant que se trouvant en Dieu et procédant de Lui, puis en tant que résidant en nous, mais chaque fois parce qu'elle représente la ligne de conduite que nous avons à suivre ; l'antinomie n'est donc qu'apparente ; elle prend en effet par erreur, la même idée pratique, considérée

a. Qui doit établir l'existence de cette personne sur des preuves historiques. (Addition à la 2ᵉ édition).

sous un rapport différent pour deux principes différents. –
Toutefois, si l'on voulait faire de la croyance historique à la
réalité d'un semblable phénomène apparu dans le monde, la
condition de la seule foi sanctifiante il existerait assurément
120 alors deux principes |tout différents (l'un empirique, l'autre
rationnel) au sujet desquels il s'élèverait entre les maximes
pour savoir lequel des deux il faut prendre comme point de
départ et comme début un véritable débat qu'il ne serait
possible à aucune raison de résoudre jamais. – Cette
proposition : « Il faut croire qu'il a une fois existé un homme
qui par sa sainteté et son mérite a satisfait tout autant pour lui
(par rapport à son devoir) que pour tous les autres (et leur
déficience sous le rapport du devoir) (chose dont la raison
nous dit rien) afin d'espérer pouvoir, même en conduisant
bien notre vie, devenir bienheureux uniquement en vertu de
cette foi ». – Cette proposition dit toute autre chose que la
suivante : « Il faut poursuivre de toutes ses forces l'intention
sainte d'une vie agréable à Dieu pour pouvoir croire que son
amour pour l'humanité (qui nous est déjà assuré par la raison)
en tant que celle-ci se conforme à sa volonté de toutes ses
forces, complètera, tenant compte de l'honnêteté de l'intention, la déficience de l'action, peu importe de quelle
manière. » – Le premier de ces principes n'est pas au pouvoir
de tout homme (même illettré). L'histoire prouve que ce
conflit des deux principes de foi a régné dans toutes les formes
religieuses, et toutes les religions ont connu les expiations,
quelle que soit d'ailleurs la forme qu'il leur a plu de leur
attribuer. De son côté la disposition morale de l'homme ne
manquait pas de faire entendre ses exigences. Mais toujours
les prêtres se sont plaints plus que les moralistes, et assurément à haute voix (en sommant les autorités de réprimer le
scandale) de la désertion du culte qui a été institué pour
réconcilier le peuple avec le ciel et détourner de l'État le
malheur ; les moralistes eux se plaignent de la décadence des
mœurs qu'ils mettaient fort au compte de ces moyens

d'expiation par lesquels les prêtres facilitaient à tous la réconciliation avec la divinité, même s'il s'agissait des vices les plus grossiers. En effet, quand il existe un fond inépuisable pour le paiement des dettes faites ou à faire, où l'on n'a qu'à puiser (et où l'on s'empressera de puiser sans aucun doute, malgré toutes les réclamations de la conscience) pour s'acquitter, tandis que la résolution d'avoir une bonne conduite peut être différée jusqu'à ce que l'on soit en règle avec ce fond; il n'est guère possible de concevoir d'autres conséquences d'une foi semblable. – Mais, même si cette foi était présentée comme si elle avait une vertu particulière et une influence mystique (ou magique) telles que, même alors qu'on devrait, autant que nous |sachions, la tenir pour **121** simplement historique, elle serait capable, si l'on s'y abandonnait ainsi qu'aux sentiments qui s'y rattachent, d'améliorer tout l'homme foncièrement (d'en faire un homme nouveau), il faudrait qu'elle soit considérée comme départie et inspirée immédiatement par le ciel (avec et sous la forme de la foi historique), auquel cas tout se ramène finalement, y compris la constitution morale de l'homme, à un décret absolu de Dieu : « Il a *pitié* de qui il veut et il *endurcit* qui il veut »[a][1], proposition qui, prise à la lettre, constitue le *salto mortale* de la raison humaine.

C'est donc une conséquence nécessaire de notre disposition physique et en même temps de notre disposition morale qui est le fondement et aussi l'interprète de toute religion, que cette dernière soit enfin dégagée peu à peu de tous les principes

---

a. *Rom*, IX, 18.

1. Cette parole peut sans doute s'expliquer ainsi : aucun homme ne peut dire avec certitude d'où vient que tel homme est bon et tel autre mauvais (tous deux comparativement) puisque souvent la disposition à cette différence paraît se trouver déjà à la naissance et que souvent les hasards de la vie auxquels on ne peut rien sont en ce cas prépondérants : on ne peut pas dire davantage ce qu'il adviendra à chacun. A cet égard, nous devons laisser le

de détermination empirique, de tous les statuts qui s'appuient sur l'histoire et qui, au moyen d'une foi d'Église unissent provisoirement les hommes pour l'avancement du bien et qu'ainsi règne finalement sur tous la pure religion de la raison « afin que Dieu soit tout dans tout ». – Les voiles dans lesquels l'embryon pour devenir un homme commença à se former, doivent être déposés afin qu'il puisse paraître à la lumière. Les lisières de la sainte tradition avec ses appendices, statuts et observances, qui en leur temps ont rendu de bons services, deviennent peu à peu superflues et même enfin une chaîne, quand il parvient à l'adolescence. Aussi longtemps « qu'il (le genre humain) fut un enfant, il avait l'intelligence d'un enfant »[a] sachant associer aux règles qui lui |furent imposées sans qu'il s'en soit mêlé, de la science peut-être bien et même une philosophie utile pour le service de l'Église; « devenu homme maintenant, il dépose, ce qui est puéril »[b] . La distinction avilissante entre *laïques* et *clercs* cesse, l'égalité a sa source dans la vraie liberté, sans anarchie cependant parce que chacun obéit, il est vrai, à la loi non statutaire qu'il se prescrit lui-même, mais qu'il doit en même temps aussi considérer comme la volonté du Souverain de l'univers révélée par la raison, souverain qui unit invisiblement tous les hommes sous un gouvernement commun, dans un État qui avait auparavant été pauvrement représenté et

122

a. I, *Cor*. 13-11.
b. I, *Cor*. 13-11.

pouvoir de juger à Celui qui voit tout, ce qui s'exprime dans ce passage comme si avant la naissance son décret avait prononcé, sur chacun, lui prescrivant le rôle qu'il aurait à jouer un jour. *Prévoir* est dans l'ordre phénoménal pour le Créateur, même quand il est conçu de manière anthropomorphique, en même temps *prédéterminer*. Mais dans l'ordre suprasensible des choses suivant des lois de liberté quand le temps s'évanouit, ce n'est plus qu'un savoir qui *voit tout*, sans qu'il soit possible d'expliquer pourquoi l'un agit ainsi et l'autre suivant des principes opposés, ni en même temps d'établir une conciliation avec la liberté de la volonté.

préparé par l'Église visible. – Tout ceci ne doit pas s'attendre d'une révolution extérieure[a] qui, de façon orageuse et violente, atteint son effet, lequel dépend beaucoup des circonstances hasardeuses et où les fautes commises lors de l'établissement d'une constitution nouvelle sont maintenues non sans regret pendant de longs siècles parce que on ne peut plus rien y changer ou du moins non autrement que par une révolution nouvelle (toujours périlleuse). – Dans le principe de la pure religion de la raison, en tant que révélation divine (bien que non empirique), s'effectuant de manière constante pour tous les hommes, doit se trouver le fondement de ce passage à un nouvel ordre de choses qui, dès lors qu'il a été compris à partir d'une réflexion pure, parvient à s'exécuter grâce à une réforme graduellement progressive en tant qu'elle doit être œuvre humaine ; car pour les révolutions qui peuvent abréger ce progrès, on s'en remet à la Providence, et on ne saurait les introduire suivant un plan, sans nuire à la liberté.

Toutefois, on est fondé à dire : « Que le règne de Dieu est venu à nous »[b] ; bien que seul le principe du passage graduel de la foi d'église à la religion universelle de la raison et ainsi à un État éthique (divin) sur terre, ait pris racine d'une manière générale et en quelque endroit aussi *publiquement ;* cependant l'édification réelle de cet État se trouve encore à une distance infinie de nous. En effet, parce que ce principe contient le fondement d'un progrès continu vers cette perfection, il se trouve en lui comme en un germe qui se développe et par la suite ensemence à son tour, la totalité (de manière invisible) qui un jour doit éclairer et dominer le monde. Mais le vrai et le bien, que tout homme en vertu de ses dispositions naturelles, peut saisir par l'intelligence aussi bien que par le cœur, ne laissent pas, une fois devenus publics, de se communiquer universellement grâce à leur affinité naturelle avec |la disposition **123**

---

a. « extérieure », addition à la 2ᵉ édition.
b. *Luc*, IX, 11.

morale des êtres raisonnables. Les obstacles provenant de causes politiques et sociales qui peuvent s'opposer de temps en temps à leur extension, servent plutôt à rendre d'autant plus intime l'union des esprits pour le bien (et une fois qu'ils l'ont saisi du regard leur pensée ne s'en sépare plus jamais) [1].

1. On peut conserver à la foi d'église sans cesser d'ailleurs de la servir et sans la combattre, son influence utile de véhicule, en lui ôtant néanmoins comme à une illusion du devoir cultuel, toute influence sur le concept de la religion proprement dite (c'est-à-dire morale) ; et ainsi, malgré la divergence des croyances statutaires, on pourra instituer une tolérance réciproque de leurs adhérents grâce aux principes de l'unique religion de la raison, d'après laquelle les docteurs doivent expliquer toutes ces règles et observances jusqu'à ce que, avec le temps, grâce au triomphe des lumières véritables (c'est-à-dire d'une légalité qui dérive de la liberté morale) on pourra, du consentement de tous, échanger la forme d'une foi imposée avilissante pour une forme d'Église, conforme à la dignité d'une religion morale, à savoir celle d'une foi libre. – La conciliation de l'unité de croyance ecclésiastique avec la liberté dans les choses de la foi constitue un problème à la solution duquel l'Idée de l'unité objective de la religion rationnelle nous pousse constamment à cause de l'intérêt moral que nous y prenons ; mais il y a peu d'espoir d'y arriver dans une église visible, si nous consultons à cet égard la nature humaine. C'est une Idée de la raison qu'il nous est impossible de représenter dans une intuition qui lui serait conforme, mais qui cependant, comme principe pratique régulateur, possède une réalité objective qui lui permet d'agir en vue de cette fin qui est l'unité de la pure religion rationnelle. Il en va de cette Idée comme de l'Idée politique du droit public en tant qu'on doit le rapporter aussi à un droit des peuples universel et *souverain*. L'expérience nous en refuse tout espoir. Un penchant paraît être inculqué (à dessein peut-être) au genre humain, qui veut que chaque État particulier, quand les choses sont conformes à ses vœux, cherche à se soumettre les autres et à ériger une monarchie universelle ; mais il se disloque toutefois spontanément en États plus petits quand il a atteint une certaine grandeur. C'est ainsi que chaque Église nourrit la prétention orgueilleuse de devenir universelle ; mais lorsqu'elle a pris de l'extension et qu'elle est devenue régnante, un principe de dissolution et de séparation en diverses sectes apparaît bientôt.

Le fusionnement précoce et partant dommageable des États (s'il survient avant que les hommes soient moralement devenus meilleurs) se trouve entravé – s'il nous est permis d'admettre en ce cas un dessein de la

|C'est donc là le travail, inaperçu par les yeux des 124 hommes, mais continuellement poursuivi par le bon principe, afin de constituer dans le genre humain en tant que communauté régie par les lois de la vertu, une puissance et un royaume, affirmant sa victoire sur le mal et assurant au monde sous sa domination une paix éternelle.

Providence – notamment par deux causes exerçant une action puissante, à savoir la diversité des langues et la diversité des religions [a].

(a) Cette dernière phrase est une addition à la 2e édition.

124 **|REPRÉSENTATION HISTORIQUE
DE L'ÉTABLISSEMENT PROGRESSIF DE LA
SOUVERAINETÉ DU BON PRINCIPE
SUR LA TERRE**

A la religion sur la terre (au sens le plus étroit du mot) on
ne peut demander une *histoire universelle* du genre humain ;
car, fondée sur la pure foi morale, elle n'est pas un état de
choses public, chacun ne pouvant être conscient que pour lui-
même des progrès qu'il y a fait. On ne peut donc s'attendre
qu'à un exposé historique général de la foi d'église, en la
comparant en sa forme diverse et variable avec la pure foi
religieuse, unique et invariable. Dès lors que la foi d'église
reconnaît publiquement qu'elle dépend des conditions
restrictives de la seconde et de la nécessité d'un accord avec
celle-ci, l'*Église universelle* commence à se constituer en un
État éthique divin et à progresser vers l'achèvement de cet État
suivant un principe fermement établi, identique pour tous les
hommes et tous les temps. – On peut présumer que cette
histoire ne sera autre chose que le récit de la constante lutte
entre la foi religieuse cultuelle et la foi religieuse morale ; et
pour la première, qui est foi historique, l'homme inclinera

toujours à la placer en haut alors que la seconde n'a jamais renoncé à ses prétentions à être préférée, ce qui lui revient en tant que seule foi améliorant les âmes et assurément elle les fera finalement triompher.

Cette histoire ne saurait présenter de l'unité que si on la limite à cette partie du genre humain où est maintenant proche de son développement la disposition à l'unité de l'Église universelle, car elle a tout au moins déjà publiquement posé la question de la différence de la foi rationnelle et de la foi historique et donne à sa solution la plus grande importance morale ; en effet, |l'histoire des divers peuples[a] dont les croyances n'ont entre elles aucun lien, n'offre d'ailleurs aucune unité ecclésiastique. On ne peut tenir compte pour cette unité du fait que dans un même peuple a surgi un jour une foi nouvelle qui se distinguait notablement de la foi qui régnait précédemment ; quoique celle-ci ait porté en elle les causes *occasionnelles* de cette production nouvelle. En effet, il faut qu'il y ait unité de principe si l'on veut considérer la succession des diverses manières de croire comme des modifications d'une seule et même Église ; or, c'est proprement l'histoire de cette dernière dont nous nous occupons présentement. 125

Nous ne pouvons donc de ce point de vue que traiter de l'histoire de cette église qui, dès son début, portait en elle-même le germe et les principes de l'unité objective de la foi religieuse vraie et générale dont elle se rapproche peu à peu. Alors on constate d'abord que la foi *juive* n'a avec cette foi d'église dont nous allons considérer l'histoire aucune relation essentielle c'est-à-dire aucun lien d'unité selon des concepts, quoiqu'elle l'ait précédé immédiatement et qu'elle ait fourni pour fonder cette Église (chrétienne) l'occasion matérielle.

---

a. « L'histoire des dogmes des différents peuples » d'après le texte de Vorlaender.

La foi *juive* est d'après son institution primitive, un ensemble de lois uniquement statutaires sur lequel était établie une constitution d'État ; quant aux compléments moraux qui lui furent *ajoutés* déjà à cette époque, ou même par la suite, ils ne relèvent nullement du judaïsme comme tel. Celui-ci, à vrai dire, n'est pas une religion, il est simplement constitué par la réunion d'une foule de gens qui, appartenant à une même souche particulière, formèrent un État commun, sous des lois purement politiques et en aucune façon par conséquent une église ; ce *devait* être bien plutôt un État temporel, en sorte qu'à cet État, au cas où il se trouverait morcelé par suite du hasard de circonstances contraires, il restât néanmoins la foi (qui en était partie intégrante) en son rétablissement futur (à l'apparition du Messie). Le fait que cette constitution statique a pour fondement une théocratie (représentée ostensiblement par une aristocratie de prêtres ou de chefs qui se glorifiaient d'avoir reçu leurs instructions directement de Dieu) et que conséquemment le nom de Dieu, honoré ici, seulement comme souverain temporel, qui n'a pas la prétention de régenter la conscience, tout cela ne lui donne pas le caractère d'une constitution religieuse. La preuve qu'elle n'a pas dû l'être, est évidente. *Premièrement,* tous les

126 commandements |sont de nature à servir de base à une constitution politique et à pouvoir les imposer comme des lois de contrainte ; car ils ne concernent que des actes extérieurs, et bien que les dix commandements aussi, sans avoir besoin d'être promulgués, ont déjà une valeur éthique pour la raison, ils sont donnés dans cette législation sans que l'*intention* morale soit exigée dans leur exécution (ce qui fut requis ensuite par le christianisme comme le point essentiel), mais ils n'ont absolument en vue que l'observation extérieure ; c'est ce qui ressort aussi du fait que : *deuxièmement*, toutes les conséquences qui découlent de l'accomplissement ou de la transgression de ces lois, toutes les récompenses ou tous les châtiments, se bornent à ceux qui peuvent en ce monde être réservés à chacun et non pas même suivant des concepts éthiques; puisque récompenses et peines devaient toucher aussi la postérité qui pratiquement n'avait pas participé à ces faits ou méfaits, sans aucun doute procédé prudent dans une constitution politique pour obtenir de la docilité, mais qui dans une constitution éthique serait contraire à toute équité. Or, comme sans la foi en une vie future, aucune religion ne peut se concevoir, le judaïsme par suite, comme tel, ne contient pas de foi religieuse. Ceci est confirmé mieux encore par la remarque suivante. Il n'y a pas à douter en effet, que les juifs, aussi bien que d'autres peuples, même les plus barbares n'aient dû avoir aussi une croyance en une vie future, conséquemment leur Ciel et leur Enfer; car cette croyance, en vertu de la disposition morale générale de la nature humaine, s'impose spontanément à chacun. C'est donc *à dessein* assurément que le législateur de ce peuple, encore que représenté comme Dieu lui-même, n'a pas *voulu* tenir compte le moins du monde de la vie future, ce qui prouve qu'il n'a voulu fonder qu'un corps politique et non une société éthique; or, parler dans un corps politique, de récompenses et de châtiments qui ne peuvent être rendus visibles dans la vie d'ici-bas, c'eût été, dans cette hypothèse, un procédé tout à fait inconséquent et déplacé. Bien qu'il n'y ait pas lieu de douter que, par la suite, les Juifs, chacun pour soi, se soient fait une certaine foi religieuse et l'aient ajoutée aux articles de leur foi statutaire, elle n'a néanmoins jamais constitué une partie intégrante de la législation du judaïsme. *Troisièmement,* il est d'autant plus erroné de penser que le judaïsme ait constitué une époque relevant de la condition de l'*Église universelle* ou ait même constitué cette Église ǀen son temps qu'il a bien au **127** contraire exclu de la communauté qu'il formait la totalité du genre humain, comme étant le peuple particulièrement élu par Jéhovah, et qui, hostile à tous les peuples, était lui-même aussi en butte à l'hostilité de tous. A ce propos, il n'y a pas à tellement surestimer le fait que ce peuple se soit donné, comme Souverain universel du monde, un Dieu unique que ne devait représenter aucune image visible. En effet, on constate que chez la plupart des autres peuples leur doctrine de la foi tendait aussi à ce résultat et ne se rendait suspecte de polythéisme qu'en conséquence du *culte* rendu à de puissants dieux secondaires subordonnés à ce grand Dieu. Car un dieu qui ne réclame que l'obéissance à des commandements, n'exigeant aucune amélioration de l'intention morale, n'est pas à vrai dire cet Être moral dont le concept nous est nécessaire pour une religion. Celle-ci se réaliserait bien plutôt dans une croyance à un grand nombre de ces puissants êtres invisibles que si la foi se concentrait sur un être unique faisant du culte mécanique l'œuvre essentielle ; il suffirait pour cela qu'un peuple les conçoive de manière qu'en dépit de la diversité de leurs compétences respectives, ils s'accordent pour honorer de leur satisfaction celui-là seul qui serait attaché à la vertu de tout son cœur.

Nous ne pouvons donc commencer l'histoire générale de l'Église, si elle doit constituer un système, qu'à partir de l'origine du christianisme qui, abandonnant entièrement le judaïsme qui lui donna naissance et fondé sur un principe tout nouveau, provoqua une complète révolution en fait de dogmes. La peine que se donnent les docteurs du christianisme ou qu'ils ont pu se donner tout au début, pour relier ces deux religions, par un fil conducteur cohérent, en voulant que l'on ne considère la foi nouvelle que comme un prolongement de l'ancienne qui en aurait contenu, préfigurés, tous les faits, ne fait voir que trop évidemment que ce qui les intéressait uniquement en ceci, ce n'était que de disposer des moyens les plus convenables pour *introduire* à la place d'un ancien culte auquel le peuple était trop fermement habitué, une pure religion morale, en évitant toutefois de heurter de front ses préjugés. Déjà la suppression subséquente de la marque corporelle qui servait à distinguer ce peuple entièrement des autres, permet de juger que la nouvelle foi ne se rattachait pas aux statuts de l'ancienne et même à aucun genre de statuts d'une manière générale, et devait renfermer une religion valable pour tout l'univers et non pour un seul peuple.

C'est du judaïsme donc – d'un judaïsme toutefois qui n'était plus patriarcal et pur, n'ayant pour fondement que sa propre constitution politique (qui d'ailleurs était |déjà fort **128** ébranlée), mais qui était au contraire, déjà mêlé de foi religieuse, grâce à des doctrines morales qui y étaient peu à peu devenues publiques, à une époque où ce peuple ignorant naguère en était venu à recevoir beaucoup de philosophie étrangère (grecque), qui contribua sans doute elle aussi à l'éclairer par les concepts de la vertu, et à le préparer, lui qu'opprimait le poids de sa foi d'observances, à des révolutions, à l'occasion de l'affaiblissement de la puissance des prêtres soumis à la souveraineté d'un peuple qui considérait avec indifférence toutes les croyances étrangères, – c'est de ce judaïsme que naquit soudain, quoique non sans avoir été préparé, le Christianisme. Le Maître de l'Évangile, s'annonça comme envoyé du ciel, en déclarant en même temps, en personne digne d'un pareil message, que la foi servile (à des jours de culte, des confessions et des usages) est en soi vaine, mais que la foi morale au contraire, qui seule sanctifie l'homme « comme est saint leur Père dans les cieux »[a], et prouve par une bonne conduite son authenticité, est la seule qui procure le salut ; mais après qu'il eût donné par sa doctrine et ses souffrances jusqu'à sa mort imméritée mais en même temps méritoire[1], en sa personne, un exemple conforme à

---

a. *Moïse*, III, 19, 2 ; *Pierre*, I, 16.

1. Par elle se termine son histoire publique (qui par suite aussi put servir généralement d'exemple à imiter). L'histoire plus secrète, ajoutée en appendice et qui se passa seulement en présence de ses disciples, à savoir celle de sa *résurrection* et de son *ascension* (qui, considérées seulement comme Idées de la raison signifieraient le commencement d'une autre vie et l'accession au séjour du bonheur, c'est-à-dire en la communion de tous les êtres bons) ne peut, sans qu'il soit question de porter tort à sa valeur

129 l'archétype |de la seule humanité agréable à Dieu, il est représenté comme retournant au ciel d'où il était venu, en laissant de vive voix sa dernière volonté (comme un testament) et en pouvant toutefois dire, en ce qui concerne la force du souvenir attaché à son mérite, à sa doctrine et à son exemple « qu'il demeurait néanmoins (lui l'Idéal de l'humanité agréable à Dieu) auprès de ses disciples jusqu'à la fin du

historique, être de quelque utilité pour la religion dans les limites de la simple raison. La cause n'en est pas sans doute dans le fait que c'est un récit historique (car l'histoire qui la précède l'est aussi), mais parce que, prise à la lettre, elle admet un concept, très bien adapté assurément au mode de représentation sensible des hommes, mais très gênant pour la raison dans sa foi en l'avenir : celui de la matérialité de tous les êtres de l'univers, aussi bien le *matérialisme* de la *personnalité* de l'homme (matérialisme psychologique) qui ne saurait se réaliser qu'à la condition de la conservation du même corps, que celui de la *présence* dans un monde en général (matérialisme cosmologique), qui d'après ce principe ne pourrait être que *spatial ;* tandis que l'hypothèse de la spiritualité des êtres raisonnables de l'univers, qui veut que le corps puisse demeurer mort sous terre, alors que la personne même peut être vivante et l'homme de même, selon l'esprit (en sa qualité non sensible) parvenir au séjour des bienheureux, sans être transporté en quelque endroit de l'espace infini qui entoure la terre (et que nous nommons aussi le ciel), cette hypothèse, dis-je, est plus favorable à la raison, non seulement à cause

129 de l'impossibilité de pouvoir comprendre une matière |pensante, mais surtout à cause de la contingence à laquelle notre existence est exposée après la mort, si elle doit uniquement dépendre de la cohérence d'un certain bloc de matière en une certaine forme ; alors qu'elle peut concevoir la permanence d'une substance simple comme fondée sur sa nature propre. – Dans cette dernière hypothèse (qui est celle du spiritualisme) la raison ne peut trouver un intérêt quelconque à traîner après soi pour l'éternité, un corps qui, quelque purifié qu'il soit, doit cependant toujours consister en la même matière (si la personnalité repose sur son identité) qui constitue la base de l'organisation de l'homme et que celui-ci n'a même guère apprécié durant sa vie, et elle ne peut pas non plus arriver à comprendre ce que cette terre calcaire dont il se compose aurait à faire au Ciel, c'est-à-dire dans une autre partie de l'univers, où d'autres matières vraisemblablement pourraient bien être la condition de l'existence et de la conservation d'êtres vivants.

monde »[a]. A cet enseignement qui, s'il s'agissait par exemple d'une *croyance historique* concernant l'origine et le rang peut-être surnaturel de sa personne, avait bien besoin d'une confirmation par des miracles, mais qui en tant que se rattachant uniquement à la foi moralisatrice qui améliore les âmes peut se passer, quant à sa vérité propre, de toutes les preuves de ce genre, s'ajoutent encore, dans un livre sacré, des miracles et des mystères dont la divulgation elle-même est à son tour un miracle et exige une foi historique qui ne peut être vérifié et de même assuré pour l'importance et le sens, autrement que par l'érudition.

Or, toute foi qui se fonde, comme croyance historique, sur des livres a besoin, pour être garantie d'un *public instruit* où elle pourrait en quelque sorte être contrôlée par des écrivains contemporains qui ne sont pas suspects de connivence particulière avec ses premiers propagateurs et dont la liaison avec notre littérature actuelle s'est maintenue sans interruption. Au contraire, la pure foi rationnelle n'a pas besoin d'une semblable confirmation, mais se prouve elle-même. Or, à l'époque de cette révolution, il y avait parmi le peuple qui dominait les Juifs et s'était répandu dans les lieux où ils résidaient, un public instruit, par lequel l'histoire aussi de cette époque, pour ce qui est des événements ayant trait à l'organisation |politique, nous a été transmise grâce à une **130** suite ininterrompue d'écrivains ; et ce peuple bien qu'il se souciât peu des croyances religieuses de ses sujets non romains, n'était nullement incrédule à l'égard des miracles qui se seraient passés parmi eux ; toutefois ces auteurs contemporains n'ont rien mentionné, ni de ces miracles, ni de la révolution, cependant effectuée publiquement, que ces miracles avaient provoquée (au point de vue religieux) dans ce peuple qui leur était assujetti. Ce n'est que plus tard seulement, après plus d'une génération, qu'ils firent des

a. *Matth.*, XXVIII, 20.

recherches sur la nature de ce changement de croyance qui jusque-là leur était demeuré inconnu (et qui ne s'était pas accompli sans agitation publique), mais ils n'en firent aucune concernant l'histoire de ses premiers commencements en s'en enquérant dans leurs propres annales. Depuis ces débuts jusqu'au temps où le Christianisme constitua pour lui-même un public instruit, son histoire est conséquemment obscure et nous ignorons l'effet de sa doctrine sur la moralité de ceux qui en faisaient profession et si les premiers chrétiens étaient véritablement des hommes moralement amendés ou des gens de trempe ordinaire. Mais depuis que le Christianisme a lui-même constitué un public savant ou depuis qu'il a fait du moins son entrée dans l'universel, son histoire, en ce qui concerne l'effet bienfaisant qu'on est en droit d'attendre d'une religion morale, ne lui sert aucunement de recommandation. En effet, combien d'enthousiasmes mystiques dans la vie des ermites et des moines et la glorification de la sainteté du célibat, rendirent inutiles au monde un grand nombre d'hommes, combien de prétendus miracles qui s'y ratta-chaient, opprimèrent le peuple sous les lourdes chaînes d'une superstition aveugle, comment par le moyen d'une hiérarchie s'imposant à des hommes libres, s'éleva la terrible voix de l'*orthodoxie* dans la bouche d'exégètes prétentieux, seuls autorisés, et divisa le monde chrétien en partis exaspérés, au sujet d'opinions religieuses (où aucun accord universel ne peut se faire, si l'on n'en appelle à la raison pure, en qualité d'exégète); comment en Orient où l'État s'occupait ridicule-ment des statuts religieux des prêtres et des choses du clergé au lieu de maintenir ce clergé dans les bornes étroites d'une simple fonction enseignante (dont il est en tout temps disposé à sortir pour passer dans une fonction dirigeante), comment, dis-je, cet État devait enfin inévitablement devenir la proie d'ennemis extérieurs qui mirent un terme à sa croyance dominante; et comment, en Occident, où la foi s'était élevée sur un trône particulier, indépendant du pouvoir |temporel,   **131** l'ordre civil ainsi que les sciences (qui le conservent) furent bouleversés et privés de leur force par un prétendu vicaire de Dieu ; comment les deux parties du monde chrétien, semblables aux plantes et aux animaux qui, près de se décomposer par suite de maladie, attirent des insectes destructeurs afin d'en terminer, furent attaquées par les barbares ; comment dans le Christianisme d'Occident le chef spirituel dominait et châtiait des rois ainsi que des enfants, grâce à la baguette magique de l'excommunication dont il les menaçait, les excitait à des guerres étrangères (les croisades) qui dépeuplaient l'autre partie du monde et à se combattre les uns les autres, fomentait la révolte des sujets contre l'autorité royale et inspirait des haines sanglantes contre leurs contemporains adeptes d'un seul et même Christianisme prétendu universel, mais qui pensaient différemment, comment la racine de cet état de discorde dont aujourd'hui encore seul l'intérêt politique forme un rempart devant les manifestations violentes, se trouve caché dans le principe d'une foi d'église d'une autorité despotique et fait toujours redouter des scènes semblables : cette histoire du christianisme, dis-je (qui ne pouvait se présenter autrement, puisque celui-ci devait s'édifier sur une croyance historique) quand on l'embrasse d'un seul coup d'œil, comme un tableau pourrait bien justifier l'exclamation : « *Tantum religio potuit suadere malorum* »[a] si l'institution du Christianisme ne montrait pas toujours d'une façon suffisamment claire qu'il n'eut pas primitivement d'autre fin véritable que d'introduire une pure foi religieuse au sujet de laquelle il ne pouvait y avoir des opinions opposées et que tout ce tumulte, qui bouleversa le genre humain et qui le divise encore, provient uniquement de ceci que, par suite d'un penchant de la nature humaine, ce qui au début devait servir à l'introduction de cette foi, c'est-à-dire gagner la nation habituée à sa vieille croyance historique à la nouvelle au

---

a. Lucrèce, *De rerum natura*, V, 101.

moyen même de ses propres préjugés, devint par la suite le
fondement d'une religion mondiale universelle.

Or, si l'on demande : Quelle a été l'époque la meilleure
dans toute l'histoire de l'Église connue jusqu'à ce jour, je
n'hésite pas à dire : *c'est l'époque actuelle,* en ce sens qu'on
peut laisser se développer de plus en plus librement le germe
de la vraie foi religieuse, comme il a été déposé seulement par
quelques-uns, il est vrai, publiquement toutefois, aujourd'hui
dans la chrétienté, pour en attendre un rapprochement continu
vers l'Église qui doit pour toujours associer tous les hommes
et qui constitue la représentation visible (le schème) d'un
royaume invisible de Dieu |sur terre. – La raison en se libérant
du poids d'une croyance constamment exposée au caprice des
commentateurs, dans les choses qui, suivant leur nature,
doivent être morales et améliorer l'âme, a admis universellement dans tous les pays de notre partie du monde, chez ceux
qui vénèrent vraiment la religion (bien que non publiquement
partout), *premièrement,* le principe d'une équitable *modération* dans les jugements concernant tout ce qui se nomme
révélation ; c'est ainsi que, puisque personne ne saurait
contester à un écrit qui, sous le rapport de son contenu
pratique ne renferme que des choses purement divines, la
possibilité de pouvoir bien (en ce qu'il contient d'historique)
être considéré comme une révélation divine et que de même
l'union des hommes par le moyen d'une religion ne saurait
s'effectuer et se stabiliser convenablement sans un livre sacré
et une foi d'église fondée sur lui ; que d'ailleurs, étant donné
l'état actuel de la sagesse humaine, il se trouvera difficilement
quelqu'un pour attendre une révélation nouvelle, introduite
par de nouveaux miracles, – en sorte que le parti le plus raisonnable et le plus équitable est de continuer à utiliser ce livre,
puisqu'il existe, comme fondement de l'enseignement de
l'Église, sans en affaiblir la valeur par des attaques inutiles ou
malicieuses, mais d'autre part aussi de ne pas imposer la foi en
lui comme indispensable à la félicité. Voici le *second*

132

principe : Puisque l'histoire sainte qui est simplement instituée à l'usage de la foi d'Église, ne peut et ne doit avoir absolument aucune influence sur l'admission de maximes morales, n'ayant été donnée à cette foi qu'en vue de la vivante représentation de son véritable objet (la vertu tendant à la sainteté), elle doit toujours être enseignée et expliquée comme visant la moralité, mais il faut en même temps insister avec soin et à diverses reprises (parce que l'homme du commun surtout a en lui la tendance constante à passer à la croyance passive) [1] |sur le fait que la vraie religion ne doit pas consister 133 dans la connaissance ou la confession de ce que Dieu fait ou a fait pour nous procurer le salut, mais au contraire en ce qu'il nous faut faire pour nous en rendre dignes, ce qui en aucun cas ne saurait être autre chose, que ce qui a en soi une indubitable valeur inconditionnée, qui par suite peut seul nous rendre agréable à Dieu, et dont la nécessité est une chose dont chacun peut acquérir la parfaite certitude sans nul recours à la science des Écritures. – Le devoir des souverains est de ne pas faire obstacle à ces principes afin qu'ils deviennent publics ; on risque beaucoup au contraire et on engage fort sa propre responsabilité, si l'on intervient en ce cas dans la marche de la Providence divine et, si par complaisance pour certaines

1. L'une des causes de ce penchant se trouve dans ce principe de sécurité que les défauts d'une religion dans laquelle je suis né et j'ai été élevé, dans laquelle il ne dépendait pas de mon choix d'être instruit et que je n'ai en rien modifié par mes raisonnements ne doivent pas m'être imputés, mais à celui qui m'a éduqué ou aux maîtres nommés publiquement pour cet objet ; c'est aussi une raison pour laquelle on n'approuve pas facilement un homme qui change ouvertement de religion ; il est vrai qu'il s'y ajoute une autre raison encore (plus profonde celle-là), c'est que, étant donnée l'incertitude que chacun ressent, de savoir quelle croyance (parmi les croyances historiques) est la véritable, alors que la croyance morale est partout la même, on considère comme parfaitement inutile d'attirer l'attention à ce sujet.

doctrines historiques de l'Église, qui n'ont tout au plus
qu'une vraisemblance à discuter entre savants, on induit en
tentation[1] la conscience des sujets en offrant ou refusant
certains avantages civils, d'ordinaire accessibles à tous,
134   mesure qui |sans compter le préjudice qui en résulte pour la
liberté en ce cas sacrée, ne peut procurer que difficilement à
l'État de bons citoyens. Qui donc, parmi ceux qui s'offrent
pour empêcher le libre développement de dispositions divines

---

1. Quand un Gouvernement ne veut pas que l'on prenne pour une
contrainte exercée sur la conscience la simple interdiction de *déclarer
publiquement* son opinion religieuse, tout en n'empêchant personne de
penser secrètement ce qu'il trouve bon, on en plaisante d'ordinaire, en disant
qu'ainsi il n'accorde aucune liberté en fait puisque c'est une chose qu'il ne
peut empêcher. Mais ce que ne peut la puissance temporelle suprême,
l'autorité spirituelle le peut : à savoir, interdire même la pensée et l'entraver
réellement ; bien plus, elle est capable d'imposer à ses puissants chefs
l'interdiction de ne même pas penser autrement qu'elle le prescrit. – En
effet, à cause du penchant qu'ont les hommes pour la foi cultuelle servile à
laquelle ils sont disposés à donner non seulement, de préférence à la foi
morale (qui consiste à servir Dieu d'une manière générale en satisfaisant à
tous les devoirs) la plus grande importance, mais même la seule, celle qui
compense toute déficience, il est en tout temps facile aux gardiens de
l'orthodoxie, d'inspirer comme pasteurs des âmes à leur troupeau une pieuse
terreur au moindre manquement concernant certaines affirmations de la foi
à base historique, d'y adhérer avant toute enquête, au point de ne pas oser
laisser s'élever en eux, même en pensée, un doute à l'encontre des
affirmations qu'on leur impose ; parce que ce serait, en quelque sorte, prêter
l'oreille au malin. Il est vrai que pour se débarrasser de cette contrainte, il
suffit de *vouloir* (ce qui n'est pas le cas pour la contrainte imposée par le
souverain concernant la confession publique) ; mais ce vouloir est justement
ce sur quoi on tire intérieurement le verrou. Or cette intolérance en elle-
même est déjà assez fâcheuse (parce qu'elle conduit à l'hypocrisie
intérieure), mais elle l'est moins toutefois que l'entrave mise à la liberté de
134   conscience extérieure parce qu'elle doit nécessairement peu |à peu dispa-
raître grâce au progrès de l'intelligence morale et à la conscience de la
liberté, de laquelle seule, peut naître le véritable respect du devoir tandis que
la contrainte extérieure fait obstacle à tous les progrès volontaires dans la
communauté éthique des croyants qui constitue 1'essence de la véritable
Église, et en subordonne la forme à des ordonnances toutes politiques.

pour le plus grand bien du monde ou proposent même de l'empêcher, voudrait se porter garant, après y avoir songé en consultant sa conscience, de tout le mal qui peut résulter de ces interventions violentes, capables d'entraver pour long-temps peut-être le progrès dans le bien voulu par le Gouver-nement de l'univers et pourrait même le faire rétrograder, bien qu'il ne puisse jamais être supprimé entièrement par un pouvoir ou une institution humaine quelconques.

Finalement, le royaume des cieux est représenté dans cette histoire, en ce qui concerne la direction de la Providence, non seulement comme se rapprochant, de façon ralentie il est vrai, à de certaines époques, sans interruption complète toutefois, mais aussi à son avènement. On peut l'expliquer comme une représentation symbolique ayant simplement pour but d'animer davantage l'espoir, le courage et l'aspiration au royaume si à ce récit historique s'ajoute encore une prophétie (comme dans les livres sybillins) concernant l'achèvement de cette grande transformation du monde dans la peinture d'un royaume visible de Dieu sur la terre (sous le Gouvernement de son représentant et lieutenant descendu à nouveau du ciel), du bonheur, dont, après la séparation et l'expulsion de rebelles qui essayent une fois encore de résister, on doit jouir ici-bas, ainsi que de l'anéantissement complet de ces rebelles et de leur chef (dans l'*Apocalypse*), la *fin du monde* constituant ainsi la conclusion de l'histoire. Le Maître de l'Évangile n'a montré à ses disciples le royaume des cieux sur la terre que par le côté magnifique, sublime, moral, c'est-à-dire la dignité d'être citoyen d'un État divin et leur a indiqué ce qu'ils auraient à faire non seulement pour y parvenir eux-mêmes, mais pour s'y réunir avec d'autres individus pareillement intentionnés et si possible, avec tout le genre humain. Toutefois, pour ce qui est du bonheur, qui constitue l'autre partie des vœux humains inévitables, il leur dit par avance de ne pas y compter durant leur vie |terrestre. Il les prépara bien plutôt à s'attendre aux **135** afflictions et aux sacrifices les plus grands ; il ajouta cependant (car on ne saurait prétendre que l'homme, tant qu'il vit, renonce complètement au facteur physique du bonheur) : « Soyez joyeux et confiants ; vous en serez bien récompensés au ciel »[a]. Le scolie ajoute à l'histoire de l'Église qui en concerne la destinée future et dernière, la présente finalement comme *triomphante* c'est-à-dire couronnée même ici-bas de bonheur, après avoir surmonté tous les obstacles. – La séparation des bons d'avec les méchants qui, durant le progrès de l'Église vers la perfection, n'aurait point convenu à pareille fin (puisque précisément le mélange des uns et des autres était nécessaire soit pour servir aux uns de pierre à aiguiser leur vertu, soit pour détourner par leur exemple les autres du mal), est représentée, l'édification de l'État divin une fois achevé, comme en étant la conséquence finale ; et on y ajoute encore comme l'ultime preuve de sa solidité, comme puissance, sa victoire sur tous les ennemis de l'extérieur qui sont considérés aussi comme faisant partie d'un État (l'État infernal), et c'est alors la fin de toute la vie terrestre, puisque, « le dernier ennemi (des hommes de bien) la mort est anéantie » et que pour les deux parties commence l'immortalité, salut des uns, perdition des autres, que la forme même d'une Église est dissoute et que le lieutenant divin sur la terre rentre dans la même classe que les hommes, élevés jusqu'à lui comme citoyens du ciel. Dieu étant ainsi tout dans tout[b][1].

a. *Matth*, V, 12.
b. I, *Cor*, XII, 6.

1. Cette expression (si l'on ne tient pas compte de l'élément mystérieux, dépassant toutes les limites de l'expérience possible, qui relève uniquement de l'*histoire* sainte de l'humanité et qui donc ne nous regarde pas *pratiquement*) peut-être comprise en ce sens que la croyance historique qui, comme foi d'église, a besoin d'un livre sacré, lisière pour les hommes, mais entrave toutefois ainsi l'unité et l'universalité de l'Église, prendra fin elle-même, se transformant en une foi religieuse également évidente pour tout le monde ; c'est à ce but que nous devons assidûment travailler aujourd'hui pour dégager avec constance la pure religion de la raison, de cette gangue dont actuellement elle ne peut encore se passer.

Cette représentation d'un récit historique du monde futur, qui elle-même ne constitue pas une histoire, est un bel idéal de l'époque morale de l'Univers, due à l'introduction de la véritable religion universelle, époque *vue par avance* |dans la **136** foi jusqu'en sa perfection, que notre *vue ne saisit* pas en son achèvement empirique, mais vers laquelle *nous pouvons projeter nos regards* en marchant et en progressant sans arrêt vers le bien le plus haut possible sur terre (en quoi il n'y a rien de mystique, mais tout se passe naturellement, d'une façon morale), c'est-à-dire nous y disposer. L'apparition de l'Antéchrist, le chiliasme, la nouvelle que la fin du monde approche peuvent prendre pour la raison une signification symbolique valable, et cette fin du monde représentée comme un événement imprévisible (pareil au terme de la vie, proche ou éloigné) exprime fort bien la nécessité d'y être prêt en tout temps, mais en réalité (si l'on confère à ce symbole la signification intellectuelle) celle de nous considérer constamment comme les citoyens désignés d'un État divin (éthique). « Quand arrivera donc le règne de Dieu ? » – « Le règne de Dieu ne viendra pas sous forme visible. On ne dira pas non plus : Regarde par ici ou le voilà. *Car voyez le royaume de Dieu est au-dedans de vous* » (*Luc* XVII, 21-22)[1].

Il ne s'agit pas pour elle de cesser (car comme véhicule elle peut toujours être utile et nécessaire), mais de pouvoir cesser, et par là on n'entend que la fermeté intérieure de la pure foi morale (Addition à la 2ᵉ édition).

1. On représente alors ainsi un royaume de Dieu qui n'est pas établi suivant un pacte particulier (messianique), mais *moral* (reconnaissable par la seule raison). – Le premier de ces royaumes devait tirer ses preuves de l'histoire *(regnum divinum pactitium);* et alors on le distingue en règne *messianique* suivant *l'ancienne* ou la *nouvelle* alliance. Or, il est remarquable que ceux qui suivent l'ancienne alliance (les Juifs) se soient conservés tels quoique dispersés dans le monde entier, tandis que les adeptes d'autres religions ont confondu leurs croyances d'ordinaire avec celles des peuples où ils furent dispersés. Le phénomène paraît à nombre de gens si

En tous les genres de croyances qui se rapportent à la religion, le chercheur rencontre inévitablement, sous leur constitution intrinsèque, un *mystère,* c'est-à-dire quelque chose de *sacré* « heilig », qui peut être connu il est vrai, d'un

étonnant qu'ils ne le jugent pas vraiment possible selon le cours de la nature, mais bien comme une disposition extraordinaire en vue d'un dessein spécial de Dieu. Un peuple cependant, qui possède une religion écrite (des livres sacrés) ne fusionne jamais en une seule foi avec un peuple qui (comme celui de l'empire romain, – à l'époque, tout le Monde civilisé) n'en a pas de semblable, mais seulement des coutumes ; il fait bien plutôt, après un temps plus ou moins long, des prosélytes. C'est pourquoi aussi, les Juifs, avant la captivité de Babylone [a], après laquelle, à ce qu'il semble, leurs livres sacrés commencèrent à devenir l'objet de lectures publiques, ne furent plus accusés du penchant qu'ils avaient de courir après des dieux étrangers, d'autant plus que la culture alexandrine, qui dut sur eux aussi avoir de l'influence, pouvait leur être favorable pour donner à ces livres une forme systématique. C'est ainsi que les *Parsis,* sectateurs de la religion de Zoroastre, ont conservé leur croyance jusqu'à ce jour, malgré leur dispersion, parce que leurs *destours* conservaient le *Zend-Avesta.* Les *Hindous,* au contraire, qui, sous le nom de Tziganes se sont répandus au loin, n'ont pu échapper à une fusion de leurs croyances avec des croyances étrangères, parce qu'ils appartenaient à la lie du peuple (les *Parias* auxquels il est même |interdit de lire leurs livres sacrés). Ce que les Juifs toutefois n'auraient pas pu effectuer à eux seuls, la religion chrétienne le fit et plus tard la religion musulmane, la première surtout ; parce qu'elles supposent l'une et l'autre la foi juive et les livres sacrés qui s'y rattachent (encore que la seconde prétende qu'ils sont falsifiés). Les Juifs, en effet, pouvaient toujours retrouver leurs anciens documents auprès des chrétiens qui étaient issus d'eux, à condition seulement que dans leurs pérégrinations pendant lesquelles a bien pu fréquemment se perdre l'aptitude à les lire, ils aient conservé le souvenir d'en avoir possédé jadis. Aussi, ne trouve-t-on pas de juifs en dehors des régions auxquelles il a été fait allusion, si l'on excepte le petit nombre d'entre eux qui résident sur la côte de Malabar, et encore une communauté en Chine (et de ces juifs les premiers pouvaient être en

137

(a) Tel est le sens que donne le texte de Kant, mais il faut lire sans doute avec Vorlaender : Les Juifs *après* la captivité de Babylone lorsque leurs livres sacrés, etc.

chacun en particulier, mais qui ne peut pas être publiquement *reconnu* ou si l'on veut qui ne peut être généralement communiqué. – En tant que *sacré,* ce doit être un objet moral, donc, un objet de la raison, et cet objet doit pouvoir être connu intérieurement d'une façon suffisante pour l'usage pratique, sinon pour l'usage théorique en tant que mystère ; car dans ce dernier cas il devrait être communicable à tous et de même pouvoir être connu extérieurement et publiquement.

La foi en une chose que nous devons aussi considérer comme un saint mystère, peut être tenue pour une foi *inspirée* |*par Dieu ou* pour une *pure foi de la raison.* A moins qu'une **138** extrême nécessité ne nous oblige à admettre la première de ces croyances, nous prendrons pour maxime de nous en tenir à la deuxième. – Des sentiments ne sont pas des connaissances et n'indiquent donc pas de mystères et, comme le mystère, se rapporte à la raison sans pouvoir cependant être communiqué à tous, chacun n'aura qu'à le rechercher (si toutefois il s'en trouve jamais) dans sa propre raison.

Il est impossible d'établir *a priori*, et objectivement s'il existe ou non de semblables mystères. Il faudra donc que nous

constantes relations commerciales avec leurs coreligionnaires d'Arabie), quoiqu'il n'y ait pas lieu de mettre en doute qu'ils ne se soient répandus dans ces opulentes contrées, mais leur croyance n'étant pas du tout apparentée aux croyances de ces pays, ils ont complètement oublié la leur. Il est toutefois fâcheux de fonder des considérations édifiantes sur cette conservation du peuple juif et de sa religion dans des circonstances qui leur étaient défavorables, parce que chacun des deux partis intéressés pense y trouver son compte. L'un voit dans la conservation du peuple auquel il appartient et dans celle de son antique croyance, demeurée pure de tout mélange, malgré cette dispersion parmi tant de peuples divers, la preuve d'une Providence particulièrement bienveillante qui lui réserve un futur royaume terrestre ; l'autre n'y voit que des ruines donnant à penser d'un État détruit, s'opposant à l'avènement du Royaume céleste qu'une Providence particulière conserve toutefois encore, soit pour maintenir dans la mémoire l'antique prédiction d'un Messie, issu de ce peuple, soit pour en faire un exemple de sa justice redoutable parce qu'il voulait se faire de ce Messie avec obstination un concept politique et non moral.

fassions des recherches directes dans ce que notre disposition morale a d'intérieur, de subjectif, pour voir s'il s'en rencontre en nous. Toutefois, nous ne pourrons pas ranger au nombre des saints mystères les *fondements* insondables disposant à la moralité qui peuvent, il est vrai, se communiquer publiquement, bien que la cause ne nous en soit pas donnée, mais au contraire ce qui seul nous est donné pour la connaissance, tout en n'étant pas susceptible d'une communication publique. C'est ainsi que la liberté, propriété révélée à l'homme grâce à la déterminabilité de son arbitre par la loi morale inconditionnée, n'est pas un mystère, parce que la connaissance peut en être *communiquée* à chacun ; mais l'insondable fondement de cette propriété est un mystère, parce qu'il ne nous *est pas donné* comme objet de connaissance. Toutefois, cette liberté précisément est ce qui seul nous conduit infailliblement, quand elle est appliquée au suprême objet de la raison pratique, la réalisation de l'Idée de la fin morale, à de saints mystères [1].

1. C'est ainsi que la *cause* de la pesanteur universelle de toute la matière dans le monde, nous est inconnue au point qu'on peut, de plus, se rendre compte que nous ne pourrons jamais la connaître ; parce que son concept déjà présume une première force motrice qui lui est absolument inhérente. Elle n'est pourtant pas un mystère, mais peut être rendue manifeste à tous parce que la loi en est suffisamment connue. Quand Newton la présente en quelque sorte comme l'omniprésence divine dans le phénomène *(omnipraesentia phaenomenon)*, il n'y a pas là un essai d'explication (car la présence de Dieu dans l'espace renferme une contradiction), mais bien une sublime analogie où l'on n'a en vue que l'union d'êtres corporels en une totalité universelle, en lui donnant pour fondement une cause incorporelle ; et il en serait également ainsi de la tentative de voir dans un État éthique le principe autonome de l'union des êtres raisonnables de l'univers et d'expliquer cette union par là. Nous ne connaissons pas autre chose que le devoir qui nous y attire ; mais la possibilité de l'effet projeté, encore que nous lui obéissions, est au-delà des limites de toute notre intelligence. Il y a des mystères, des secrets *(arcana)* de la nature, il peut y avoir des mystères (des choses tenues secrètes, *secreta)* en politique qui ne *doivent* pas être connues par le public ; mais nous *pouvons* cependant connaître les uns et les autres dans la mesure

|Comme l'homme ne peut pas réaliser lui-même l'Idée du **139** souverain bien, inséparablement liée à la pure intention morale (non seulement par rapport au bonheur qui s'y rattache, mais aussi par rapport à l'union indispensable des hommes en vue de la fin intégrale), mais que néanmoins il trouve en lui le devoir d'y travailler, il se voit conduit à la croyance en la collaboration d'un Souverain du monde ou en une disposition prise par lui, pouvant seules rendre cette fin possible et alors s'ouvre devant l'homme l'abîme d'un mystère, à savoir quelle est l'action de Dieu, s'il faut somme toute lui attribuer *quelque action* et à lui (à Dieu) en particulier *quoi* donc, tandis qu'en tout devoir, l'homme ne reconnaît que de ce qu'il a lui-même à faire pour devenir digne de cette intervention complémentaire qui lui est inconnue ou tout au moins inintelligible.

Cette idée d'un Souverain moral de l'Univers est une tâche de notre raison pratique. Il nous importe moins de savoir ce que Dieu est en lui-même (en sa nature), que ce qu'il est pour nous comme êtres moraux ; bien que nous devions, en vue de ce rapport, concevoir et admettre la nature divine, comme l'exige cette condition avec toute la perfection nécessaire à l'exécution de sa volonté (par exemple le concevoir comme un être immuable, omniscient, tout-puissant, etc.); et que, en dehors de ce rapport, nous ne puissions rien connaître de lui.

Or, conformément à ce besoin de la raison pratique, la véritable foi religieuse universelle est la foi en Dieu, 1) en tant

---

où ils dépendent de causes empiriques. En ce qui concerne la connaissance du devoir universel des hommes (à savoir la moralité), il ne saurait y avoir de mystère ; mais en ce qui concerne les choses que Dieu seul peut faire et dépasse notre propre faculté d'agir et par suite aussi notre devoir, il ne saurait y avoir qu'un mystère (*mysterium*) proprement dit, c'est-à-dire un mystère sacré de la religion au sujet duquel il pourrait à la rigueur être utile [a] seulement de savoir qu'il en existe un semblable, de le comprendre, mais non à vrai dire de le pénétrer.

(a) « il nous est utile » dans la 1re édition.

que Créateur tout-puissant du ciel et de la terre, c'est-à-dire au point de vue moral en tant que législateur *sacré*, 2) en Lui, le Conservateur du genre humain, autant que son Souverain bienveillant et son protecteur moral, 3) en Lui, administrateur de ses propres lois saintes, c'est-à-dire Juge intègre.

140 |Cette foi ne contient, à dire vrai, aucun mystère parce qu'elle exprime uniquement l'attitude morale de Dieu vis-à-vis du genre humain ; elle se présente aussi spontanément à toute raison humaine et se rencontre par conséquent dans la religion de la plupart des peuples policés [1]. Elle se trouve dans le concept d'un peuple, en tant que communauté où il faut constamment penser à une triple puissance supérieure (*pouvoir*)[a] de ce genre sauf que cette communauté est ici représentée comme éthique ; de là vient que cette triple qualité du chef moral du genre humain peut être conçue comme unie en un seul et même Être, mais dans un État juridique civil elle devrait se répartir nécessairement entre trois sujets différents [2].

a. En français dans le texte.

1. Dans la Sainte Histoire prophétique des choses ultimes, le *Juge de l'univers* (à proprement parler celui qui prendra sous sa souveraineté et les mettra à part comme siens, ceux qui relèvent du règne du bon principe) n'est pas représenté et appelé comme Dieu, mais comme le Fils de l'Homme. Ceci paraît indiquer que l'*Humanité elle-même,* consciente de ses bornes et de sa fragilité, sera l'arbitre de ce choix, ce qui est un effet de bonté qui ne nuit pourtant pas à la justice. – Au contraire, le *Juge* des hommes, représenté en sa divinité, c'est-à-dire ainsi qu'il parle à notre conscience suivant la loi, reconnue par nous comme sainte, et selon notre propre responsabilité (c'est-à-dire le Saint-Esprit), ne peut être conçu que comme jugeant dans la rigueur de la loi, parce que nous-mêmes ne savons nullement tout ce qui mis au compte de notre fragilité, peut nous profiter, n'ayant devant les yeux que notre transgression avec la conscience de notre liberté et du manquement au devoir qui nous est entièrement imputable, et n'ayant par suite aucune raison d'admettre de la bienveillance à notre égard dans la sentence du Juge.

2. On ne peut guère expliquer pourquoi tant de peuples anciens s'accordèrent sur ce point, à moins d'admettre que cette idée se trouve dans la raison humaine universelle et se présente dès qu'on veut concevoir le

|Toutefois, parce que cette foi, qui avait purifié d'anthro- 141
pomorphismes nuisibles le rapport dans l'intérêt d'une
religion en général moral de l'homme à l'Être suprême, et
l'avait adapté à la pure moralité d'un peuple de Dieu, avait été
présentée d'abord publiquement. au monde dans une dogmatique (la chrétienne) et dans celle-ci seulement, on en peut bien
appeler la promulgation une révélation de ce qui, jusque-là,
avait été pour les hommes un mystère par leur propre faute.

En effet, il y est dit *premièrement* : on ne doit pas se
représenter le Législateur suprême en tant que tel, comme
clément, donc *indulgent*[a] pour la faiblesse humaine, ni
comme *despotique,* commandant uniquement selon son droit
illimité ; ni ses lois comme arbitraires, sans aucune affinité
avec nos idées de moralité, mais comme des lois visant à la
sainteté de l'homme. *Deuxièmement* : il ne faut pas faire
consister sa bonté en une *bienveillance* inconditionnée à

a. En français dans le texte.

gouvernement d'un peuple et (par analogie avec celui-ci) un gouvernement
de l'univers. La religion de Zoroastre connaissait ces trois personnes
divines : *Ormuzd, Mithra* et *Ahriman ;* la religion *hindoue : Brahma,
Vischnou* et *Siwa* (avec cette différence que la première de ces religions
représente la troisième personne non seulement comme auteur du *mal* en tant
que châtiment, mais même du *mal moral* pour lequel l'homme est puni ; la
seconde la représente seulement comme jugeant et châtiant). La religion
égyptienne avait ses *Phta, Kneph* et *Neith* dont le premier, autant que l'obscurité des renseignements pour les temps les plus anciens de ce peuple
permet de le deviner, devait représenter l'esprit distinct de la matière, en tant
que *créateur de l'univers ;* mais le second principe, la bonté qui conserve et
règne, et le troisième, la sagesse qui limite cette dernière, c'est-à-dire *la
justice.* La religion gothique révérait son *Odin* (le Père universel), sa *Freya*
(*Freyer* aussi, *la bonté*) et |*Thor,* le dieu qui juge (punit). Les *Juifs* eux-mêmes 141
paraissent dans les derniers temps de leur constitution hiérarchique avoir
cultivé ces idées. En effet, dans l'accusation portée par les pharisiens que le
Christ s'était appelé *Fils de Dieu*, ils ne semblent pas ajouter une importance
particulière dans l'inculpation à la doctrine que Dieu a un Fils, mais
seulement à ceci que le Christ ait voulu être le Fils de Dieu (Addition à la
2ᵉ édition).

l'égard de ses créatures, mais en ceci qu'il considère en premier lieu leur caractère moral, qui peut les lui rendre *agréables* et il ne supplée alors qu'à l'impuissance où elles sont de satisfaire par elles-mêmes à cette condition. *Troisièmement,* Sa justice ne peut être représentée comme *bonté* et *pardon* (ce qui contient une contradiction) et encore moins comme s'exerçant en conformité avec la *sainteté* du Législateur (au regard de laquelle nul n'est juste); mais seulement comme limitant la bonté à la condition qu'il y ait harmonie entre les hommes et la loi sainte, dans la mesure où *en enfants des hommes*, ils peuvent se conformer à ce qu'elle exige. En un mot, Dieu veut qu'on le serve en répondant à une triple qualité morale, spécifiquement diverse et à laquelle convient donc bien la dénomination d'une personnalité distincte (non physique, mais morale) d'un seul et même Être et ce symbole de la foi exprime aussi la pure religion morale tout entière qui, sans cette distinction, courrait le risque de concevoir, selon le penchant naturel de l'homme, la divinité

142 comme un chef suprême humain |(qui, dans son gouvernement, ne sépare pas communément cette triple qualité en ses aspects divers, mais souvent les mêle et les confond), dégénérant ainsi en une foi servile anthropomorphique.

Si, toutefois, cette foi précisément (en une Trinité divine) était considérée non seulement comme la représentation d'une Idée pratique, mais comme devant représenter ce que Dieu est en soi, il y aurait alors là un mystère dépassant tous les concepts humains et par suite non susceptible d'une révélation pour la compréhension humaine et il ne pourrait être annoncé comme tel à cet égard : la foi en ce mystère en tant que développement de la connaissance théorique de la nature divine ne saurait être autre chose que la confession d'une foi d'Église entièrement inintelligible aux hommes et, au cas où ils imagineraient la comprendre, ce ne serait qu'un symbole anthropomorphique de la foi d'Église et, de cette manière, on n'obtiendrait absolument rien pour l'amélioration morale.

– Cela seul que l'on peut fort bien comprendre et pénétrer au point de vue pratique, mais qui théoriquement (s'il s'agit de déterminer la nature de l'objet en soi) dépasse tous nos concepts, est un mystère (en un sens), et peut cependant être révélé (en un autre sens). Le mystère relevé plus haut est de ce dernier genre et on peut y distinguer trois mystères qui nous sont révélés par notre propre raison.

1) Celui de la *vocation* (des hommes comme citoyens d'un État éthique). – Nous ne pouvons concevoir la soumission générale *inconditionnée* de l'homme à la législation divine autrement qu'en nous considérant en même temps comme ses *créatures*; c'est ainsi que Dieu ne peut être considéré comme l'auteur de toutes les lois de la nature que parce qu'il est le Créateur des choses de la nature. Toutefois, il est, pour notre raison, absolument inconcevable que des êtres puissent être créés en vue du libre usage de leurs forces, parce que, selon le principe de la causalité, nous ne pouvons attribuer à un être considéré comme prudent, aucun autre motif intérieur de ses actes que celui qu'y a mis la cause productrice, motif qui détermine ensuite (c'est donc une cause extérieure) toutes les actions de cet être, d'où il suit que cet être même ne serait pas libre. Ainsi les lumières de notre raison ne peuvent concilier la législation divine, sainte, ne concernant par conséquent que des êtres libres, avec le concept d'une création de ces |êtres : il faut au contraire, les considérer déjà comme des êtres libres, existants, déterminés non par leur dépendance de la nature, en vertu de leur création, mais par une obligation simplement morale, possible suivant des lois de liberté, ce qui signifie une vocation à être citoyen dans l'État divin. Ainsi, moralement, la vocation à cette fin est parfaitement claire; pour la spéculation cependant la possibilité de ces élus est un mystère impénétrable.

2) Le mystère de la *satisfaction*. L'homme, comme nous le connaissons, est perverti et nullement adapté par lui-même à cette sainte loi. Néanmoins, si la bonté de Dieu l'a en

143

quelque sorte appelé à l'existence, c'est-à-dire invité à une façon particulière d'exister (comme membre du royaume des cieux), il faut bien qu'il ait un moyen pour suppléer à la déficience de la capacité, ici requise, par la plénitude de sa propre sainteté. Or, voilà qui est contraire à la spontanéité (que l'on suppose en tout le bien ou tout le mal moral qu'un homme peut présenter par lui-même) selon laquelle un bien pareil doit provenir de l'homme lui-même et non d'un autre, si l'on veut pouvoir le lui imputer. Donc, autant que la raison en peut juger, nul être différent de tel homme ne peut se substituer à lui grâce à un excédent de bonne conduite et de mérite, ou bien, si on l'admet, il ne peut être nécessaire de l'admettre que pour une fin morale, car, pour le raisonnement, c'est un mystère inaccessible.

3) Le mystère de l'*élection*. Même en concédant comme possible, cette satisfaction par substitution, son acceptation, en vertu de la foi morale, est cependant une détermination volontaire au bien, supposant déjà dans l'homme une intention agréable à Dieu qu'il ne peut toutefois, par suite de sa corruption naturelle produire spontanément en lui. Cependant, qu'une grâce céleste doive agir en lui, qui accorde ce secours non suivant le mérite des œuvres, mais, en vertu d'un *décret* inconditionné, l'accorde à l'un et le refuse à l'autre et qu'une partie de notre espèce soit élue pour la félicité et l'autre pour la damnation éternelle, voilà qui encore ne donne aucune idée d'une Justice divine, et devrait être rapporté à la rigueur à une sagesse dont la règle constitue pour nous de toute façon un mystère.

Or, au sujet de ces mystères, en tant qu'ils concernent l'histoire de la vie morale de tout homme, à savoir : comment il se fait qu'un bien ou un mal moral en général se rencontrent dans le monde (et si le mal existe en tous et en tout temps), comment du mal résulte-t-il cependant le bien et se rétablit-il dans un individu quelconque, ou encore pourquoi, si ceci arrive là à quelques-uns, d'autres en sont-ils toutefois exclus ?
– Dieu ne nous a rien révélé et ne peut rien nous révéler non

plus parce que nous ne le comprendrions pas[1]. Ce serait comme si nous voulions expliquer ce qui arrive, de par sa *liberté*, à l'homme et nous le rendre ainsi compréhensible; Dieu assurément nous a à cet égard révélé sa volonté par la loi morale en nous, mais a laissé dans l'ombre les causes en vertu desquelles un acte libre arrive ou non dans le monde, ombre dans laquelle doit demeurer, pour toutes les recherches humaines, ce qui, en tant qu'histoire, doit cependant aussi être compris comme à partir de la liberté en vertu même de la loi des causes et des effets[2]. Toutefois, en ce qui concerne la règle objective de notre conduite, tout ce dont nous avons besoin nous est révélé suffisamment (par la raison et l'Écriture) et cette révélation est également intelligible pour tous les hommes.

Que l'homme soit appelé par la loi morale à une bonne vie, que, grâce à son respect inaltérable pour cette loi qui est en lui,

---

1. On ne se fait d'ordinaire aucun scrupule d'exiger des novices en religion, la croyance aux mystères parce que le fait que nous ne pouvons les *comprendre*, c'est-à-dire que nous ne pouvons saisir la possibilité de leur objet, ne peut pas plus nous autoriser à en refuser 1'admission, que par exemple celle de la faculté de reproduction qu'ont les matières organiques, ce que nul homme ne comprend non plus et qu'on ne peut se refuser à admettre, quoique ce soit pour nous un mystère qui durera. Cependant, nous *entendons* très bien ce que veut dire cette expression et nous avons un concept empirique de son objet avec la conscience qu'il n'y a pas là de contradiction. – On peut exiger légitimement de tout mystère proposé à la foi de pouvoir entendre ce que l'on veut signifier par lui; or, il ne sert à rien à cet égard d'entendre *séparément* les mots qui le désignent, c'est-à-dire en y mettant un sens, mais il faut qu'unis en un concept, ils permettent de saisir un sens sans que la pensée s'y épuise. On ne peut croire que Dieu permette à cette connaissance de nous arriver par inspiration, pourvu que de notre côté nous en ayons le sérieux désir; en effet, toute inhérence est en ce cas impossible; parce que la nature de notre entendement en est incapable (Addition à la 2ᵉ édition).

2. C'est pourquoi nous comprenons très bien, sous le rapport pratique, ce que c'est que la liberté (quand il est question de devoir), tandis qu'au point de vue théorique, sous le rapport de sa causalité (de sa nature en quelque sorte), nous ne pouvons même pas songer sans contradiction à vouloir la comprendre (Addition à la 2ᵉ édition).

il trouve en lui-même une promesse permettant d'avoir confiance en ce bienveillant Esprit et d'espérer lui donner satisfaction d'une manière quelconque, qu'enfin, rapprochant **145** cette espérance du sévère commandement |de la loi, il doive constamment s'examiner comme cité devant un juge pour se justifier ; c'est ce que nous enseignent et ce à quoi en même temps nous invitent la raison, le cœur et la conscience. Il serait peu discret de demander qu'on nous en communique davantage et si ce pouvait se faire, il ne faudrait pas comprendre cette révélation parmi les besoins généraux de l'humanité.

Bien que ce grand mystère, comprenant tous ceux dont il a été question, en une formule, puisse être rendu compréhensible à tout homme comme Idée religieuse pratiquement nécessaire, on peut dire néanmoins que, pour devenir le fondement moral de la religion, notamment d'une religion publique, il fut tout d'abord révélé, au moment où il fut enseigné *officiellement* et où il fut constitué comme symbole d'une époque religieuse toute nouvelle. Des *formules solennelles* disposent d'ordinaire d'un langage qui leur est propre, réservé à ceux qui font partie d'une société particulière (corporative ou communautaire), langage déterminé, parfois mystique, que tous ne comprennent pas, et dont on ne devrait, à juste titre, user (par respect) qu'en vue d'un acte solennel (comme, par exemple, quand quelqu'un doit être admis en qualité de membre dans une société se distinguant des autres). Toutefois, le but suprême, que les hommes ne pourront jamais atteindre complètement, c'est-à-dire la perfection morale des créatures finies, c'est l'amour de la loi.

Suivant cette idée, ce serait, en religion, un principe de foi que : « Dieu est amour » : en lui on peut *honorer* Celui qui aime (avec cet amour issu de la *satisfaction* morale que lui procurent les hommes quand ils sont adéquats à sa sainte loi), le *Père,* et de plus en Lui honorer en tant qu'il se représente en son Idée conservatrice de toute chose, l'archétype de l'humanité, engendré par Lui et aimé de Lui, son *Fils*, enfin on peut

honorer en Lui en tant qu'il fait dépendre cette satisfaction de
l'accord des hommes avec la condition de cet amour reposant
sur la satisfaction, prouvant ainsi que cet amour se fonde sur la
sagesse, le *Saint-Esprit*[1] ; |mais, en réalité, on ne peut 146

1. Cet Esprit par lequel l'amour de Dieu, comme sanctifiant (en réalité
l'amour qu'en retour nous avons pour Lui) s'unit à la crainte de Dieu, en
qualité de législateur, c'est-à-dire le conditionné à la condition, cet Esprit qui
par suite, peut être représenté comme « procédant de l'un et de l'autre » est
aussi, outre qu'il « conduit en toute vérité » (à l'observation de la loi), à
proprement parler, le juge des hommes (devant leur conscience). Car l'acte
de juger peut être interprété de deux manières : il peut porter sur le mérite et
le défaut de mérite ou bien sur la culpabilité et l'innocence. Dieu considéré
comme *amour* (en son Fils) juge les hommes dans la mesure où, leurs
obligations remplies, un certain mérite peut encore leur |profiter et sa 146
sentence se formule alors par *dignes* ou *indignes.* Il met à part comme siens
ceux auxquels un mérite de ce genre peut encore être imputé, quant aux
autres ils s'en vont les mains vides. Au contraire, la sentence du juge selon la
justice (de celui qui doit proprement être appelé juge sous le nom de
Saint-Esprit) concernant ceux qu'aucun mérite ne peut favoriser, se formule
par *coupable* ou *innocent,* c'est-à-dire damnation ou absolution. – *Juger*
signifie dans le premier cas séparer les méritants des non méritants, les uns
comme les autres aspirant à un même prix (la béatitude). Toutefois, par le
terme de *mérite,* on n'entend pas ici un avantage de la moralité par rapport à
la loi (à l'égard de laquelle il ne peut nous revenir aucun excédent dans
l'observation du devoir, au-delà de nos obligations), mais par comparaison
avec d'autres hommes, sous le rapport de leur intention morale. La *dignité*
n'a qu'une signification négative (non indigne), à savoir d'être moralement
susceptible d'une pareille marque de bonté. – Celui donc qui juge en la
première qualité (comme *brabeuta*) rend une sentence sur le choix entre
deux personnes (ou deux partis) qui briguent le prix (la béatitude) ; mais celui
qui juge en la deuxième qualité (le juge proprement dit) rend la sentence à
l'égard d'une *seule et même* personne devant un tribunal (la conscience) qui
prononce entre l'accusateur et l'avocat [(a)]. – Or, si l'on admet que tous les
hommes souffrent de la souillure du péché, mais qu'à quelques-uns un
certain mérite peut profiter ; c'est alors que la sentence du *juge par amour*
intervient, sentence dont le défaut entraînerait un *jugement de renvoi,* qui

(a) Ce passage depuis « *Juger* » jusqu'à « avocat » est une addition à la
2ᵉ édition.

l'invoquer en une personnalité aussi complexe (car ce serait

147 indiquer une différence d'essence alors qu'il est |toujours un unique objet), mais bien au nom de l'objet qu'il honore et aime par-dessus tout, et avec lequel on a le désir et aussi le devoir de se trouver uni moralement. D'ailleurs, la confession théorique de la foi en la nature divine sous cette triple qualité relève de la simple formule classique d'une foi d'Église pour la distinguer d'autres espèces de croyances dérivées de sources historiques, peu d'hommes étant d'ailleurs capables de s'en faire un concept clair et déterminé (qui ne soit pas exposé à une fausse interprétation) ; et c'est plutôt aux docteurs (comme interprètes philosophiques et érudits d'un livre saint) dans leurs rapports mutuels de la commenter en vue de s'accorder sur sa signification, tout n'y étant pas accessible à l'intelligence commune ni même approprié au besoin de l'époque, et la pure foi littérale corrompant plus qu'elle ne l'améliore la véritable pensée religieuse.

aurait pour conséquence inévitable un jugement de damnation (l'homme étant alors déféré au juge selon la justice). – On pourrait ainsi concilier, à mon avis, ces propositions qui se contredisent en apparence : « Le Fils viendra pour juger les vivants et les morts » [a] et d'autre part : « Dieu ne l'a pas envoyé dans le monde pour juger le monde, mais afin que le monde soit sauvé par lui » (*Ev. Jean* III, 17) et elles pourraient s'accorder avec celle-ci où il est dit : « Celui qui ne croit pas au Fils est *déjà jugé* » (V. 18), à savoir par cet Esprit dont il est dit : « Il jugera le monde à cause du péché et au nom de la justice » [b]. – Le soin inquiet apporté à de semblables distinctions dans le domaine de la raison pure, dans l'intérêt de laquelle on les établit ici à vrai dire, pourrait aisément être considérée comme une subtilité inutile et fâcheuse ; il le serait en effet s'il avait pour but de scruter la nature divine. Mais comme les hommes, dans l'affaire de leur religion, ont la tendance constante de s'adresser en raison de leurs fautes à la bonté divine, sans pouvoir éviter néanmoins sa justice et que d'autre part un *juge bienveillant* en une seule et même personne est une contradiction, on voit bien que, même sous le rapport pratique, leurs concepts doivent à cet égard être très flottants et sans harmonie entre eux et qu'il est par conséquent d'une grande importance pratique de les rectifier et de les déterminer exactement.

(a) *Act. Ap.*, X, 42.

(b) *Jean*, XVI, 8.

|DU VRAI ET DU FAUX CULTE   151
SOUS LA SOUVERAINETÉ DU BON PRINCIPE
OU DE LA RELIGION ET DU SACERDOCE

C'est déjà un début de la souveraineté du bon principe et un signe « que le règne de Dieu vient vers nous » même si ce sont les principes seuls de la constitution de ce règne qui commencent à devenir *publics* ; car c'est dans le monde de l'entendement déjà que les causes qui seules peuvent le produire ont pris racine de manière universelle, bien que son entier développement phénoménal dans le monde sensible soit reculé encore dans un éloignement immense. Nous avons vu que s'unir en une cité éthique constitue un devoir d'un genre particulier (*officium sui generis)* et que, encore que chacun obéisse à son devoir privé, on peut bien en tirer une *harmonie contingente* de tous en vue d'un bien commun, même sans qu'une institution particulière soit de plus nécessaire, mais cette harmonie universelle ne peut être espérée si l'on ne fait pas une affaire propre de cette union mutuelle en vue d'un même but, institution d'une *communauté* soumise à des lois morales, dont les forces associées sont d'autant plus efficaces pour résister aux attaques du mauvais principe (auquel les hommes sont d'ailleurs tentés les uns par les autres de servir d'instruments). Nous avons vu aussi que l'établissement d'une telle communauté, comme *royaume de Dieu,* ne peut être entreprise par les hommes que par le moyen de la *religion,* et qu'enfin, pour que celle-ci soit publique (chose nécessaire à une cité), il faut que ce royaume **152** puisse être représenté sous la forme sensible |d'une Église dont il appartient aux hommes de créer l'organisation, car c'est là une œuvre laissée à leurs soins et qui peut être exigée d'eux.

Une Église toutefois, en tant que communauté à édifier, selon des lois religieuses, paraît demander plus de sagesse (aussi bien au point de vue de l'intelligence que de la bonne intention) que l'on peut sans doute en attribuer aux hommes; déjà le bien moral que l'on se propose d'atteindre par une semblable institution, paraît à cet égard devoir être déjà présupposé en eux. C'est bien à coup sûr une absurde expression quand on dit que des *hommes* devraient *fonder* un royaume de Dieu (comme on peut bien dire d'eux qu'ils peuvent instituer le royaume d'un monarque humain). Dieu doit être lui-même le fondateur de son règne. Toutefois, comme nous ne savons pas ce que Dieu fait de façon immédiate, pour exposer dans la réalité l'Idée de son règne, alors que nous trouvons en nous la destination morale d'en être les citoyens et les sujets, mais que nous savons bien ce que nous avons à faire pour nous rendre propres à en devenir les membres, cette Idée, qu'elle ait été suggérée au genre humain et y soit devenue *publique* du fait de la raison ou de l'Écriture, nous associera cependant en vue d'organiser une Église; et dans ce dernier cas, Dieu lui-même comme fondateur, sera l'auteur de la *constitution* de cette Église, mais les hommes en qualité de membres et de citoyens libres de ce royaume, sont, dans tous les cas, les auteurs de son *organisation*; et parmi eux, ceux qui, selon cette organisation en administrent les affaires publiques en constituent l'*admi-*

nistration comme serviteurs de l'Église ; les autres personnes forment une association soumise à ses lois, c'est-à-dire la *communauté*.

Comme une pure religion de la raison, en tant que foi religieuse publique, n'admet que la seule Idée d'une Église (à savoir invisible), et que l'Église visible, fondée sur des dogmes, n'est susceptible que d'une organisation établie par les hommes et y est apte, le culte sous l'autorité du bon principe, ne pourra pas être considéré dans la première comme un culte d'Église, et cette religion-là n'a pas des serviteurs légaux, fonctionnaires d'une cité morale ; tout membre y recevant directement les ordres du législateur suprême. Cependant, comme par rapport à tous nos devoirs (que nous devons considérer aussi dans leur ensemble comme des commandements de Dieu), nous sommes constamment au service de Dieu, la *pure religion de la raison* aura pour *serviteurs* tous les hommes bien intentionnés (lesquels toutefois ne seront pas des *fonctionnaires*) ; |il est vrai, qu'ils **153** ne pourront en ce cas être appelés les serviteurs d'une église (d'une église visible s'entend, la seule dont il soit ici question). – Or, comme toute Église, fondée sur des lois statutaires ne peut être l'Église véritable, que si elle contient en elle-même le principe de se rapprocher constamment de la pure foi de la raison (celle qui, quand elle est pratique, constitue à proprement parler, dans toute foi, la religion), lui permettant de pouvoir avec le temps, se passer de la foi d'église (c'est-à-dire de son contenu historique), nous pourrons attribuer à ces lois et aux fonctionnaires de l'Église établie sur ce fondement un *service (cultus)* de l'Église en tant qu'ils conformeront en tout temps leur enseignement et leur organisation à cette fin ultime (une foi religieuse publique). Tout au contraire, les serviteurs d'une église qui ne tiennent pas compte de ces considérations et déclarent bien plutôt que la maxime, invitant à se rapprocher constamment de cette fin est damnable et qu'en revanche l'attachement à l'élément historique et statutaire de la foi d'église est seul capable de procurer le salut, peuvent être accusés à bon droit de *pratiquer le faux culte* dans l'église ou dans (ce que celle-ci représente) la communauté éthique sous l'autorité du bon principe. Par faux culte *(cultus spurius)* on entend la persuasion de servir quelqu'un par des actions qui en réalité lui font manquer l'objet qu'il se propose. C'est ce qui arrive dans une communauté quand on fait passer ce qui n'a que la valeur d'un moyen propre à donner satisfaction à la volonté d'un supérieur pour ce qui nous rend *immédiatement* agréable à lui et on déjoue de cette manière les intentions de ce supérieur.

|DU SERVICE DE DIEU DANS UNE RELIGION EN GÉNÉRAL

La religion (considérée subjectivement) est la connaissance de tous nos devoirs *comme* commandements divins[1].

1. Grâce à cette définition, on évite mainte interprétation erronée du concept de religion en général. *Premièrement,* elle n'exige pas en ce qui concerne la connaissance théorique et la confession de foi une science assertorique (même pas celle de l'existence de Dieu); car, étant donnée notre déficience pour ce qui est de la connaissance d'objets suprasensibles, cette confession pourrait bien être une imposture; elle présuppose seulement, du point de vue spéculatif, au sujet de la cause suprême des choses, une acceptation *problématique* (une hypothèse), |mais par rapport à l'objet en vue duquel notre raison, commandant moralement, nous invite à agir, une foi pratique, promettant un effet quant au but final de cette raison, par suite une foi *assertorique* et libre, laquelle n'a besoin que de *l'Idée de Dieu* où doit inévitablement aboutir tout effort moral sérieux (et, par suite soutenu par la foi) en vue du bien, sans prétendre pouvoir en garantir par une connaissance théorique la réalité objective. Pour ce qui peut être imposé à chacun comme devoir, le *minimum* de connaissance (possibilité de l'existence de Dieu) doit déjà suffire subjectivement. *Deuxièmement,* on prévient, grâce à cette définition d'une religion en général la représentation erronée, qu'elle constitue un ensemble de devoirs *particuliers,* se rapportant à Dieu directement, et on évite ainsi d'admettre (ce à quoi les hommes sont d'ailleurs très disposés) outre les devoirs humains moraux et civiques (des

154 Celle où je dois savoir |au préalable que quelque chose est un commandement divin, pour le reconnaître comme mon devoir, est la religion *révélée* (ou qui exige une révélation); au contraire, celle où je dois savoir par avance que quelque chose est un devoir avant que je puisse le reconnaître comme commandement de Dieu, c'est la *religion naturelle*. – Celui qui déclare que seule la religion naturelle est moralement nécessaire c'est-à-dire un devoir peut se nommer aussi *rationaliste* (en matière de foi). S'il nie la réalité de toute révélation divine surnaturelle, il se nomme *naturaliste*. Mais s'il admet la révélation en soutenant que la connaître et

155 l'admettre |comme vraie, n'est pas pour la religion une condition nécessaire, on peut alors l'appeler *un rationaliste pur ;* enfin s'il croit que la foi en elle est nécessaire à la religion universelle, on pourra l'appeler le pur *supranaturaliste* en matière de foi.

hommes envers les hommes) des *services de cour,* en cherchant peut-être même par la suite à compenser par ces derniers, la carence des premiers. Dans une religion universelle, il n'y a pas devoirs spéciaux à l'égard de Dieu, car Dieu ne peut rien recevoir de nous et nous ne pouvons agir ni sur lui, ni pour lui. Si on voulait faire du respect, qui lui est dû, un devoir de ce genre, on ne tiendrait pas compte de ceci qu'on ne saurait y voir un acte religieux particulier, mais bien l'intention religieuse qui accompagne tous nos actes conformes au devoir. Et, bien que l'on dise : « Il faut obéir à Dieu plutôt qu'aux hommes », cela ne signifie pas autre chose que : si des commandements statutaires, par rapport auxquels les hommes peuvent être législateurs et juges, se trouvent en conflit avec des devoirs que la raison prescrit d'une manière absolue et dont l'accomplissement et la transgression ne peuvent avoir que Dieu pour juge, l'autorité des premiers doit céder à ces derniers. Mais, si l'on entendait dans l'idée qu'il faut obéir à Dieu plutôt qu'aux hommes, le respect des commandements statutaires qu'une Église fait passer pour des ordres divins, ce principe pourrait aisément devenir le cri de guerre, entendu maintes fois, de prêtres hypocrites et avides de pouvoir, poussant à l'insurrection contre l'autorité civile. Car, les actions licites que cette dernière ordonne constituent *assurément* des devoirs; toutefois qu'une chose en soi il est vrai licite, mais connaissable pour nous seulement par révélation divine soit vraiment ordonné par Dieu, voilà qui est fort incertain (tout au moins le plus souvent).

En vertu de son titre, le rationaliste doit déjà de lui-même, se tenir dans les bornes de la sagesse humaine. C'est pourquoi il ne niera jamais comme un naturaliste et ne contestera jamais la possibilité intrinsèque de la révélation en général, ni la nécessité d'une révélation comme moyen divin pour introduire à la vraie religion ; car c'est là une manière sur laquelle nul ne peut rien décider par raison. Le débat ne peut donc porter que sur les prétentions réciproques du rationaliste pur et du supranaturaliste en matière de foi c'est-à-dire sur ce que l'un ou l'autre admet comme nécessaire et suffisant pour l'unique religion vraie ou seulement comme contingent en elle.

Si en religion on établit des divisions non d'après son origine première et sa possibilité intrinsèque (car on la divise en ce cas en naturelle et révélée), mais uniquement d'après la disposition qui la rend susceptible d'*une communication extérieure ;* elle peut être de deux sortes ; c'est ou bien la religion *naturelle,* de laquelle (dès lors qu'elle existe), chacun peut être convaincu par sa raison, ou bien une religion *savante* dont on peut convaincre autrui au moyen de l'érudition, seulement (en laquelle et par laquelle il faut qu'on soit guidé). – Cette distinction est fort importante, car de l'origine seule d'une religion on ne peut rien conclure en ce qui concerne son aptitude ou son inaptitude à devenir une religion humaine universelle, mais on peut bien conclure de sa constitution si elle est ou non communicable universellement ; or, la première de ces qualités constitue le caractère essentiel de la religion qui doit obliger tout homme.

Il s'ensuit qu'une religion peut être la religion *naturelle,* tout en étant aussi révélée si elle est tellement constituée que les hommes *eussent pu ou dû* y parvenir grâce au seul usage de leur raison, bien qu'ils n'y *fussent* pas parvenus aussi tôt et aussi nombreux qu'il est désirable ; il s'ensuit qu'une révélation de cette religion en un temps et un lieu déterminé pouvait être sage, et très profitable au genre humain, à la condition toutefois que, la religion ainsi introduite étant une

156 fois établie et |rendue publique, chacun puisse se convaincre désormais de la vérité qu'elle comporte par lui-même et sa propre raison. Dans ce cas *objectivement* la religion est religion naturelle, bien que *subjectivement* elle soit révélée; c'est pourquoi, la première dénomination lui convient à proprement parler. Car par la suite, il pourrait tomber complètement dans l'oubli qu'une semblable révélation surnaturelle eut jamais eût lieu, sans que par là cette religion cependant perde le moins du monde de son intelligibilité, de sa certitude ou de sa puissance sur les esprits. Mais il en va autrement de la religion qui, du fait de sa constitution intérieure, ne peut être considérée que comme révélée. Si elle n'était pas conservée par une tradition tout à fait sûre ou dans des livres sacrés comme documents, elle disparaîtrait du monde et il devrait se produire une révélation surnaturelle qui, ou bien se renouvellerait publiquement de temps à autre, ou bien se perpétuerait intérieurement en chacun, et sans laquelle l'extension et la propagation d'une foi de ce genre ne serait pas possible.

Toutefois par un côté tout au moins toute religion, même la religion révélée doit renfermer aussi certains principes de la religion naturelle. Car la révélation ne peut être ajoutée par la pensée au concept d'une *religion* que par la raison; parce que ce concept même en tant que déduit d'une obligation soumise à la volonté d'un législateur moral, est un pur concept rationnel. Ainsi nous pourrons considérer, examiner une religion révélée d'un côté comme *naturelle,* mais d'un autre côté aussi comme une religion *savante,* et nous pourrons distinguer les emprunts qu'elle a fait à l'une ou l'autre de ces sources ou bien l'importance respective de ces emprunts.

Mais cela ne peut très bien se faire, alors que nous avons le dessein de parler d'une religion révélée (tout au moins d'une religion considérée comme telle), sans prendre un exemple dans l'histoire, sinon il nous faudrait bien imaginer certains cas, comme exemples, pour nous faire comprendre, cas dont la possibilité pourrait d'ailleurs être contestée. Nous ne pouvons donc mieux faire que de prendre quelque livre présentant de tels cas, où en particulier se trouvent étroitement mêlés des préceptes moraux, apparentés par suite à la raison, afin qu'il nous serve de moyen intermédiaire pour expliquer notre Idée d'une religion révélée en général ; nous l'étudierons ensuite comme un de ces nombreux livres qui traitent de religion et de vertu, abrités sous le crédit d'une révélation, pour y chercher, comme exemple du procédé utile ⎸en soi, ce que nous pouvons **157** y considérer comme pure religion rationnelle, universelle par conséquent, sans intervenir dans le travail de ceux auxquels est confié l'exégèse de ce même livre comme somme de doctrines positives révélées, et sans vouloir par là attaquer leur interprétation qui se fonde sur l'érudition. Il est plutôt avantageux pour cette dernière puisqu'elle se propose la même fin unique que les philosophes, à savoir le bien moral, d'amener ceux-ci par ses propres motifs rationnels où elle pense parvenir elle-même par une autre voie. – Que ce livre soit donc en ce cas le Nouveau Testament en tant que source de la dogmatique chrétienne. Suivant notre dessein, nous allons représenter en deux chapitres premièrement la religion chrétienne en tant que religion naturelle, puis deuxièmement en tant que religion savante, suivant son contenu et les principes qui s'y trouvent.

|LA RELIGION CHRÉTIENNE, RELIGION NATURELLE

La religion naturelle en tant que morale (par rapport à la liberté du sujet) jointe au concept de ce qui peut donner une valeur effective à sa fin ultime (le concept de Dieu comme auteur moral du monde) et rapportée à une durée de l'homme conforme donc à cette fin (à l'immortalité), est un pur concept pratique de la raison qui, malgré sa fécondité infinie, suppose cependant pour une si faible part la faculté de raison théorique, qu'on en peut convaincre chacun pratiquement d'une manière suffisante et en exiger aussi de chacun l'effet au moins comme devoir. Elle possède en soi la condition capitale de la véritable Église, étant qualifiée en effet pour l'universalité, si l'on entend par là qu'elle est valable pour tous *(universalitas vel omnitudo distributiva),* c'est-à-dire l'unanimité universelle. Pour la propager et la conserver en ce sens comme religion du monde, il lui faut assurément un corps de serviteurs *(ministe-rium),* attachés à l'Église simplement invisible, mais non de fonctionnaires *(officiales)* c'est-à-dire des maîtres et non des administrateurs, parce que la religion de la raison d'un chacun en particulier ne forme pas encore une église c'est-à-dire une *association* universelle *(omnitudo collectiva)* et le dessein

même à vrai dire, n'en est pas compris dans cette Idée. – Or,
158   comme une semblable unanimité ne se |maintiendrait pas
d'elle-même, et par suite, ne se propagerait pas dans son
universalité, à moins qu'il ne s'y joigne une universalité
collective, c'est-à-dire une association de croyants en une
Église (visible) suivant les principes d'une pure religion de la
raison, et que celle-ci ne se forme pas d'elle-même en vertu de
cette unanimité, ou même, une fois établie, ne saurait
acquérir, du fait de ses libres adeptes (comme on l'a fait voir
précédemment) une condition *permanente,* en tant que
communion des croyants (car aucun de ces gens éclairés ne
pense que ses intentions religieuses aient besoin de la participation d'autrui à une religion de ce genre), il manquera
toujours, si aux lois naturelles cognoscibles par la raison pure
ne s'ajoutent aussi certaines règles statutaires accompagnées
par l'autorité législative *(Auctoritas)*, ce qui constitue un
devoir particulier des hommes et un moyen pour parvenir à
leur fin la plus haute, à savoir, leur association stable pour
former une Église visible universelle, or l'autorité que doit
avoir le fondateur de cette église présuppose un fait et non pas
seulement le pur concept de la raison.

Or, si nous admettons qu'il y ait eu un maître dont une
histoire (ou du moins l'opinion générale qu'il n'y a pas à
discuter à fond) dit qu'il a exposé une religion pure, universellement intelligible au monde entier (naturelle), pénétrante et
dont nous pouvons nous-mêmes examiner les dogmes pour
cette raison comme nous étant réservés; qu'il l'a exposée
d'abord publiquement et même en dépit d'une foi d'église
dominante, fâcheuse et n'ayant pas en vue la fin morale (qui
par son culte servile peut servir de modèle à toute croyance
dans les points fondamentaux de la foi essentiellement
statutaire généralement répandue dans le monde à cette
époque); et si nous constatons qu'il a fait de cette religion
générale de la raison la condition suprême indispensable de
toute foi religieuse, ayant ajouté ensuite certains statuts

contenant des formes et des observances pour servir de moyens afin d'instituer une église fondée sur ces principes, on ne peut, malgré ce qu'il y a de contingent et d'arbitraire dans les règles qu'il a établies à cette fin, contester à cette église le nom d'Église universelle, ni à lui-même la grandeur d'avoir invité les hommes à s'unir en elle, sans charger la foi de nouvelles ordonnances incommodes, ni vouloir faire de ces dispositions prises d'abord par lui des actions obligatoires en soi en tant qu'éléments constitutifs de la religion.

|On ne peut, après cette description, se tromper sur la 159 personne qui peut être révérée, non à vrai dire comme *fondatrice* de la *religion* pure de toute prescription inscrite dans le cœur de tous les hommes (car l'origine de cette religion en effet n'a rien d'arbitraire), mais toutefois de la première *Église* véritable.

Pour attester la dignité de sa mission divine, nous allons citer quelques-unes de ses doctrines, incontestables chartes d'une religion en général ; peu importe d'ailleurs ce que dit l'histoire (car l'Idée elle-même contient déjà la raison suffisante de cette admission) ; ces doctrines, il est vrai, ne sauraient être que de purs enseignements de la raison ; ceux-là seuls en effet se démontrent d'eux-mêmes, et c'est d'eux que doit de préférence dépendre la confirmation des autres.

Et d'abord, pour lui, ce n'est pas l'observation des devoirs civils extérieurs ou des devoirs d'église statutaires, mais seulement la pure intention morale du cœur qui peut rendre agréable à Dieu (*Matthieu* V, 20-48) ; le péché en pensée doit être considéré devant Dieu comme valant l'acte (V. 28) ; d'une manière générale la sainteté est le but où l'on doit tendre (V. 48) ; haïr dans son cœur par exemple, est tout autant que tuer (V. 22), l'injustice faite au prochain ne peut être réparée que par la satisfaction donnée à celui-ci, mais non par des actes cultuels (V. 24) et en ce qui concerne la véracité, le moyen

civil usité pour y contraindre[1] c'est-à-dire le serment, nuit
160 même au respect de la vérité |(V. 34-37); selon lui, le mauvais
penchant naturel du cœur humain doit s'inverser entièrement;
le doux sentiment de la vengeance se changer en patience
(V. 39-40) et la haine pour les ennemis en bienfaisance
(V. 44). Il pense, dit-il, satisfaire parfaitement à la loi juive
(V. 17), mais en ce cas visiblement il ne faut pas que ce soit la
science des Écritures, mais la pure religion qui soit chargée de
l'interprétation; car au pied de la lettre, la loi autorisait
exactement le contraire. – En outre, il ne laisse pas de
remarquer par les termes de porte étroite et de voie étroite, la
fausse interprétation de la loi que les hommes se permettent
pour passer outre à leur véritable devoir moral, en s'en
dédommageant par l'observation du devoir cultuel (VII, 13)[2].

---

1. On ne voit pas bien pourquoi cette claire interdiction d'un moyen de
coercition, fondé sur la superstition pure et non sur l'intégrité de la
conscience, pour obliger à l'aveu devant un tribunal civil est considéré par
les docteurs de la religion comme si peu importante. Qu'en ce cas on compte
surtout sur l'effet de la superstition, c'est ce qu'on peut reconnaître à ce
signe que l'on pense qu'un homme auquel on ne fait pas confiance de dire la
vérité dans une déclaration solennelle de la vérité de laquelle dépend la
décision du droit des hommes (ce qu'il y a de plus sacré au monde), sera
amené à le dire en vertu d'une formule qui, outre cette déclaration, ne
contient autre chose que d'appeler sur lui les châtiments divins (auxquels,
d'ailleurs, après un pareil mensonge, il ne saurait échapper); comme s'il
dépendait ou non de lui de rendre des comptes devant un tribunal suprême. –
Dans le passage cité de l'Écriture ce mode d'affirmation solennelle est
représenté comme une *absurde* démesure, pour donner en quelque sorte à
des choses qui ne sont pas en notre pouvoir, de la réalité par des paroles
magiques. – Toutefois, l'on voit bien que le Sage Maître qui dit que tout ce qui
va au-delà de : Oui, oui ! Non, non ! comme affirmation de la vérité, vient du
mal, a bien vu les conséquences fâcheuses que les serments entraînent après
eux, à savoir que l'importance plus grande qu'on leur attribue, autorise
presque le mensonge ordinaire.

2. La *porte étroite* et la voie étroite conduisant à la vie sont celles de la
bonne conduite; *la grande porte* et la voie large que suivent beaucoup de
gens, c'est l'église. Assurément, ce n'est point sa faute, ni celle de ses statuts,
si les hommes vont à leur perte, mais celle de la croyance que se *rendre* à

Il exige néanmoins de ces intentions pures, qu'elles doivent se prouver aussi par des *actes* (V. 16) et ôte au contraire leur espérance perfide à ceux qui pensent en remplacer la déficience par l'invocation et la glorification du législateur suprême en la personne de son messager et gagner sa faveur par des flatteries (V. 21). Il désire que ces œuvres se fassent aussi publiquement à cause de l'exemple à imiter (V, 16), et à la vérité dans une humeur joyeuse, non comme des actes servilement extorqués (VI, 16), en sorte que, partant d'une communication et d'une propagation, modestes au début de semblables intentions, comme d'un grain de semence dans un bon terrain ou d'un ferment du bien, la religion, en vertu de sa force intérieure se développerait peu à peu en un règne de Dieu (XIII, 31, 32, 33). Enfin, il résume tous les devoirs ; 1) en une seule règle *générale* (comprenant en soi la condition morale intérieure comme la condition morale extérieure de l'homme) à savoir : Fais ton devoir sans invoquer d'autre motif que sa valeur immédiate, c'est-à-dire aime Dieu par dessus tout (le Législateur de tous les devoirs) ; 2) en une règle *particulière*, à savoir celle qui porte en tant que devoir universel, sur les rapports extérieurs avec d'autres hommes : Aime ton prochain comme toi-même, c'est-à-dire avance son bien avec une bienveillance qui, immédiate, ne dérive pas de motifs égoïstes. Ces commandements ne sont pas seulement des lois 161 de vertu, mais des prescriptions de la *sainteté* que nous devons poursuivre, et à cet égard le simple effort a nom *vertu*. – A ceux donc qui pensent attendre tout passivement ce bien moral, les mains dans les poches, comme un don tombant du ciel, il ôte tout espoir d'y parvenir jamais. A celui qui laisse sans l'utiliser, la disposition naturelle au bien qui se trouve dans la nature humaine (comme un talent qui lui a été confié) avec cette confiance paresseuse qu'une influence morale

l'église, confesser ses statuts et célébrer ses usages, est, à proprement parler, la manière dont Dieu veut être servi.

supérieure viendra bien compléter les qualités et la perfection morales qui lui font défaut, il adresse cette menace que même le bien qu'il aurait pu faire en vertu de ses dispositions natives, ne lui profitera aucunement à cause de cette négligence (XXV, 29).

Or, en ce qui concerne l'attente très naturelle à l'homme sous le rapport du bonheur, d'un sort en conformité avec la conduite morale, étant donné surtout qu'il a dû faire tant de sacrifices en fait de bonheur, au profit de cette conduite, il promet (V, 11, 12) en retour la récompense d'un monde futur ; mais selon la diversité des intentions qui inspirent cette conduite le prix de ceux qui firent leur devoir *à cause de la récompense* (ou pour être exonérés d'un châtiment mérité) différera du prix réservé aux hommes de meilleure volonté qui ont fait leur devoir pour l'amour du devoir même. Celui que gouverne l'égoïsme, le dieu de ce monde, nous est représenté, quand sans s'en détacher, il lui suffit de l'affiner par la raison et de l'étendre par delà les bornes étroites du présent, comme un homme (*Luc* XVI, 3-9) qui trompe son maître en se servant de ce maître lui-même et lui impose des sacrifices dans l'intérêt même du devoir. En effet, quand il comprend qu'il devra bien un jour, et bientôt peut-être, quitter le monde, qu'il ne pourra dans l'au-delà rien emporter de ce qu'il possédait ici-bas, il pourra bien se résoudre à rayer de son compte, ou de celui de son maître, ce que l'intérêt personnel pouvait réclamer légalement à des gens besogneux se procurant ainsi en quelque sorte en échange, des traites payables dans un autre monde ; ce faisant, il procède, il est vrai, avec plus de *prudence* que de *morale*, en ce qui concerne le motif d'actions bienfaisantes de ce genre, en conformité toutefois avec la loi morale, au moins selon la lettre et il lui est loisible d'espérer que cette manière d'agir ne demeurera pas pour lui à l'avenir sans récompense[1].

---

1. Du futur nous ne savons rien et nous n'avons pas non plus à prévoir
plus que ce qui se rapporte raisonnablement aux motifs de la moralité et |à

Si l'on compare ce qu'il est dit de la bienfaisance |à l'égard des   162
besogneux en vertu de purs motifs du devoir (*Matth.* XXV,
35-40) à savoir que le juge du monde proclame comme les
vrais élus de son royaume, ceux qui secoururent les indigents
sans même concevoir l'idée que pareille chose méritait encore
une récompense, précisément parce qu'ils le firent sans cette
arrière pensée, on verra bien que le Maître de l'Évangile,
quand il parle de récompenses dans le monde futur, n'a pas
voulu en faire le motif de nos actions, mais seulement (en tant
que représentation édifiante, de la perfection, de la bonté et de
la sagesse divines dans la conduite du genre humain), l'objet
de la plus grande vénération et de la plus grande satisfaction
morale pour une raison jugeant en son ensemble la destination
de l'homme.

Nous voici donc en présence d'une religion complète qui
peut être exposée à tous les hommes en recourant à leur raison
propre, de manière claire et persuasive, et dont la possibilité et
même la nécessité, de devenir pour nous l'archétype de notre
imitation (selon la capacité des hommes) ont été en outre
rendues intuitivement évidentes par un exemple, sans que ni
la vérité de ces enseignements, ni l'autorité et la dignité du
Maître aient besoin de quelque autre confirmation (pour
laquelle il faudrait de la science et des miracles, ce qui n'est
pas l'affaire de chacun). S'il lui arrive de se réclamer de la
législation et la culture primitive antérieures (Mosaïques), en
quelque sorte pour lui servir d'attestation, il faut dire qu'il le

---

leur but. C'est à quoi se rapporte également la croyance qu'il n'existe pas de
bonne action qui n'ait dans le monde à venir d'heureuses conséquences pour
celui qui s'en acquitte ; et que, par suite, l'homme quelque condamnable qu'il
puisse se trouver à la fin de sa vie, ne doit pas se laisser arrêter pour cette
raison d'accomplir encore au moins *une* bonne action, si c'est en son
pouvoir, ayant de cette façon lieu d'espérer qu'elle aura toujours plus de
valeur, dans la mesure où son intention était pure et bonne que ces absolutions
oisives qui, sans contribuer en quelque manière à une diminution de la
culpabilité doivent compenser l'absence de bonnes actions.

fait non pour établir la vérité de ses enseignements même, mais seulement pour leur servir d'introduction auprès des gens qui demeureraient entièrement et aveuglément attachés aux vieilles traditions, entreprise qui, chez des hommes qui, la tête farcie de dogmes statutaires, ont perdu en quelque sorte toute compréhension pour la religion de la raison doit être toujours plus difficile que si on avait eu à la proposer à la raison d'hommes ignorants, |mais ayant gardé toute leur candeur. C'est pourquoi nul ne doit s'étonner s'il trouve un exposé accommodé aux préjugés du temps, énigmatique pour notre époque et nécessitant une exégèse minutieuse ; bien qu'à la vérité, il permette à une doctrine religieuse d'apparaître partout, qui pour tout homme doit être intelligible et convaincante sans aucun appareil d'érudition.

|LA RELIGION CHRÉTIENNE,
RELIGION SAVANTE

En tant qu'une religion expose comme nécessaires des dogmes qui ne peuvent être reconnus comme tels par la raison, mais qui doivent néanmoins être transmis en leur intégrité (pour leur contenu essentiel) à tous les hommes et pour tous les temps à venir, elle doit être considérée (si l'on ne veut pas admettre un miracle continu de la révélation) comme un bien sacré confié à la garde des *savants*. Car, bien que accompagnée *dès le début* de miracles et de faits, elle ait pu partout trouver accès, aussi en ce qui concerne ce qui n'est pas précisément confirmé par la raison ; la relation même de ces miracles ainsi que les dogmes qui en avaient besoin pour être attestés, rendront nécessaire, *dans la suite des temps,* pour la postérité un enseignement scripturaire, documenté et invariable.

A l'admission des principes d'une religion on donne excellemment le nom de foi *(fides sacra)*. Nous aurons donc à considérer la foi chrétienne d'une part comme pure *foi de la raison*, d'autre part comme *foi révélée (fides statutaria)*. Or, la première peut être considérée comme acceptée librement par chacun *(fides elicita),* l'autre comme une foi imposée *(fides imperata).* Chacun peut se convaincre par sa propre raison du mal qui réside dans le cœur humain et duquel nul n'est exempt, de l'impossibilité aussi à nous croire jamais justifiés devant Dieu par notre conduite, et de la nécessité malgré cela de posséder une justice valable devant Lui ; de la vanité du moyen de compensation qui substitue à l'honnêteté déficiente, des observances cultuelles et de pieuses corvées, et en revanche de l'obligation indispensable de devenir un homme nouveau ; se convaincre de tout cela fait partie intégrante de la religion.

164 |Or, dès l'instant que la doctrine chrétienne s'édifie sur des faits et non sur de simples concepts de la raison, elle ne se nomme plus seulement *religion* chrétienne, mais *foi* chrétienne, foi qu'on a donnée comme fondement à une Église. Le culte d'une Église, consacrée à une telle foi est donc double ; il comprend d'une part, celui qui doit lui être rendu selon la foi historique, d'autre part, celui qui lui convient selon la foi rationnelle, pratique et morale. Dans l'Église chrétienne aucun de ces deux cultes ne peut être séparé de l'autre, comme subsistant séparément ; le second ne peut être séparé du premier parce que la foi chrétienne est une foi religieuse, ni le premier du second parce que c'est une foi érudite.

La foi chrétienne en tant qu'érudite, s'appuie sur l'histoire et elle n'est pas, dans la mesure où la science (objectivement) lui sert de fondement, une *foi* en soi *libre* dont la source serait l'intelligence de preuves théoriques suffisantes (*fides elicita*). Si elle était une foi rationnelle pure, il faudrait la considérer comme une foi libre bien que les lois morales sur lesquelles elle se fonde comme foi en un Législateur divin, ordonnent de manière inconditionnée, c'est ainsi que cette foi d'ailleurs a été présentée dans le premier chapitre ; et même, pourvu qu'on ne fasse pas de la foi un devoir, elle pourrait être, comme foi historique, une foi libre théoriquement ; si tout le monde était savant. Mais si elle doit être valable pour tous, même pour les ignorants, ce n'est plus seulement une foi imposée, mais encore une foi obéissant aveuglément au commandement c'est-à-dire sans examiner s'il s'agit d'un véritable commandement de Dieu *(fides servilis)*.

Toutefois, la doctrine chrétienne de la révélation ne peut débuter par la *foi inconditionnée* à des dogmes révélés (cachés à la raison elle-même), continuant ensuite par la connaissance savante, qui ne serait en ce cas qu'une sorte de protection contre un ennemi qui attaquerait l'arrière-garde ; car alors la foi chrétienne ne serait pas seulement *fides imperata*, mais même *fides servilis*. Elle doit donc toujours s'enseigner tout au moins comme *fides historice elicita,* c'est-à-dire que chez elle, comme doctrine révélée, la science devrait former non l'arrière-garde, mais l'avant-garde, et le petit nombre des docteurs de la loi (clercs) qui ne pourraient non plus du tout se passer de la science profane, traînerait après soi la longue file des ignorants (laïques), qui, en ce qui les concerne, ne connaissent pas l'Écriture (dont font partie même les souverains, citoyens |du monde). – Pour que cela n'arrive pas, il faut que la raison humaine universelle, l'élément de la religion naturelle, soit reconnue et honorée dans la dogmatique chrétienne comme le suprême principe souverain, mais que la doctrine de la révélation sur laquelle on fonde une église et à laquelle des savants sont nécessaires en qualité d'exégètes et de conservateurs soit aimée et cultivée comme simple moyen, hautement estimable d'ailleurs pour rendre la première de ces doctrines accessible, même à l'intelligence des ignorants et pour lui donner diffusion et permanence.

C'est là le vrai *culte* de l'Église, sous la domination du bon principe ; mais le culte où la foi révélée doit précéder la religion se nomme le *faux culte* par lequel l'ordre moral se trouve renversé et ce qui n'est que moyen, ordonné d'une manière absolue (pour ainsi dire comme une fin). La foi en des dogmes, dont l'ignorant ne peut se convaincre ni par la raison, ni par l'Écriture (dont on doit tout d'abord démontrer l'authenticité) deviendrait un devoir absolu *(fides imperata),* et serait élevée ainsi, avec les autres observances qui s'y rattachent, au rang d'une foi sanctifiante comme culte servile, à défaut même de motifs moraux déterminant aux actions. – Une église fondée sur ce dernier principe n'a pas en réalité des serviteurs *(ministri)* comme étaient ceux de l'institution précédente, mais des fonctionnaires de haut grades qui ordonnent *(officiales)* et qui, même quand ils n'apparaissent pas dans tout l'éclat de la hiérarchie (comme dans l'église protestante), en dignitaires ecclésiastiques, revêtus du pouvoir extérieur, bien plus, s'élevant en paroles contre une pareille prétention, veulent néanmoins être considérés comme les seuls exégètes autorisés des Écritures Saintes, après avoir dépouillé la pure religion de la raison de la dignité qui lui revient d'en être toujours le suprême interprète et avoir ordonné de n'user de la science des Écritures que dans l'intérêt de la foi de l'église. De cette façon ils transforment le *service* de l'Église *(ministerium)* en une *domination* sur ses membres *(imperium),* quoique, pour dissimuler cette usurpation, ils se servent du titre modeste de serviteurs. Toutefois cette domination qui eût été aisée pour la raison, leur coûte cher, car il leur faut déployer une grande érudition. En effet, « aveugle sous le rapport de la nature cette ambition se charge la tête de toute l'antiquité et s'ensevelit dessous ». Voici le cours que prennent les choses, quand elles sont mises sur ce pied-là.

D'abord on considère le procédé prudemment observé par les premiers propagateurs de la doctrine du Christ pour lui donner accès parmi leur peuple, comme |faisant partie intégrante de la religion, valable pour tous les temps et tous les peuples, de façon à inspirer la croyance *que tout chrétien est un Juif dont le Messie est venu ;* avec cela n'est nullement lié le fait qu'à proprement parler il n'est soumis à aucune loi (statutaire) du Judaïsme, tout en devant admettre intégralement le livre saint de ce peuple très fidèlement comme révélation divine donnée à tous les hommes[1]. Or, tout de suite, l'authenticité de ce livre (qui n'est pas démontrée, tant s'en faut, du fait que des passages de celui-ci et même toute l'histoire sainte qui s'y trouve, sont employés dans les livres des chrétiens dans l'intérêt de la fin qu'ils se proposaient) crée bien des difficultés. Le Judaïsme, avant le début du Christianisme et avant même la progression déjà considérable de celui-ci, n'avait pas pénétré dans le public *savant* c'est-à-dire qu'il n'était pas connu chez les autres peuples par les savants contemporains; l'histoire des Juifs n'avait pas été en quelque sorte contrôlée : c'est ainsi que leur livre saint était parvenu à cause de son antiquité à l'authenticité historique. Admettons-la, néanmoins, il ne suffit pas de connaître ce livre par des traductions et de le transmettre ainsi à la postérité; mais pour la garantie de la foi d'église qui s'y appuie, on exige qu'il y ait aussi pour toutes les époques futures et |chez tous   167

---

1. Mendelssohn utilise de façon très habile ce côté faible de la manière ordinaire de se représenter le Christianisme pour écarter l'idée de demander à un fils d'Israël de changer de religion, car, disait-il, puisque la foi juive, même d'après l'aveu de chrétiens, est l'étage inférieur sur lequel repose le Christianisme en tant qu'étage supérieur; ce serait comme si l'on exigeait de quelqu'un la démolition du rez-de-chaussée pour qu'il puisse s'établir au premier étage. Son opinion véritable transparaît assez clairement. Il veut dire ceci : Si vous éliminez d'abord vous mêmes le judaïsme de votre religion (il est loisible qu'il demeure toujours comme une pièce d'antiquité dans votre dogmatisme historique), nous pourrons alors réfléchir à votre proposition. (En effet, il ne resterait, dans ce cas, sans doute, qu'une religion purement morale sans alliage de statuts). Secouer le joug des observances extérieures, n'allègera pas le moins du monde notre charge si, en échange, on nous en impose un autre à savoir celui des confessions de foi à une histoire sainte qui opprime bien plus durement l'homme scrupuleux. – D'ailleurs les livres saints de ce peuple, seront sans doute toujours conservés et honorés, sinon dans l'intérêt de la religion, du moins dans l'intérêt de la Science; car l'histoire d'aucun peuple ne remonte avec quelque apparence de crédibilité aussi loin dans les époques passées, où l'on peut situer toute l'histoire profane à nous connue, que celle-ci (même jusqu'au commencement du monde) qui comble ainsi l'immense lacune que l'autre histoire a dû laisser (Addition à la 2ᵉ édition).

les peuples des savants, connaissant la langue hébraïque (autant que cela est possible pour une langue dont on ne possède qu'un seul livre), et ce n'est pas assurément une péripétie concernant seulement la science historique en général, mais une affaire dont dépend le bonheur des hommes qu'il y ait des gens qui connaissent suffisamment cette langue pour assurer au monde la vraie religion.

La religion chrétienne a un destin analogue en ce sens que, bien que les événements sacrés la concernant se soient passés publiquement sous les yeux même d'un peuple instruit, son histoire néanmoins a mis un retard de plus d'une génération avant de pénétrer dans le public savant de ce peuple, il s'ensuit que son authenticité est privée de toute confirmation par les contemporains. Elle a toutefois ce grand avantage sur le Judaïsme d'être représentée comme étant sortie de la *bouche de son premier Maître,* sous la forme d'une religion non statutaire, mais morale ; et se rattachant de cette manière à la raison le plus étroitement possible, elle put être propagée par elle, spontanément, même sans érudition historique, en tout temps et chez tous les peuples avec la plus grande sûreté. Cependant, les premiers fondateurs de *communautés* trouvèrent nécessaire d'y mêler l'histoire des Juifs, ce qui était agir avec prudence étant donnée leur situation à cette époque, mais peut-être par rapport à cette situation seulement et c'est ainsi que cette méthode nous est parvenue avec leur héritage sacré. Les fondateurs de l'*Église* recueillirent ces procédés de glorification épisodiques parmi les articles essentiels de la foi, les amplifiant par la tradition ou des commentaires auxquels les conciles donnèrent force légale ou qui étaient confirmés par l'érudition ; et l'on ne saurait prévoir à combien de modifications doit encore s'attendre la foi du fait de cette dernière ou de son antipode, la lumière intérieure à laquelle aussi bien tout laïque peut prétendre ; choses inévitables aussi longtemps que nous chercherons la religion non en nous-mêmes, mais hors de nous.

|DU FAUX CULTE DE DIEU   167
DANS UNE RELIGION STATUTAIRE

La vraie et unique religion ne contient que des lois c'est-à-dire des principes pratiques d'une nécessité inconditionnée, nécessité dont nous pouvons avoir conscience, et que nous reconnaissons par suite comme révélés par la raison pure (et non de manière |empirique). Ce n'est que dans l'intérêt d'une **168** église dont il peut exister différentes formes également bonnes qu'il peut y avoir des statuts c'est-à-dire des règles considérées comme divines, mais qui pour notre jugement purement moral sont arbitraires et contingentes. Or, considérer d'une manière générale cette foi statutaire (qui, toujours limitée à un peuple, ne peut renfermer l'universelle religion du monde) comme essentielle pour le service de Dieu et en faire la condition suprême pour que l'homme soit agréable à Dieu, c'est là une *illusion religieuse*[1] et s'y conformer, constitue un

1. Une illusion est ce genre d'erreur consistant à considérer la simple représentation d'une chose comme équivalente à cette chose elle-même. Ainsi, chez un riche avare, l'*illusion de l'avarice* consiste à tenir la représentation de pouvoir, un jour, s'il le voulait, se servir de ses richesses, comme compensant suffisamment le fait de ne s'en servir jamais. L'*illusion des honneurs* met dans les éloges que nous font les autres, au fond simple

faux culte, c'est-à-dire une prétendue adoration de Dieu qui est
en réalité un acte contraire au culte véritable exigé par Dieu lui-
même.

I

LE FONDEMENT SUBJECTIF GÉNÉRAL DE L'ILLUSION
RELIGIEUSE

L'anthropomorphisme, que les hommes peuvent éviter
difficilement dans leur représentation théorique de Dieu et de
son essence et qui est d'ailleurs assez inoffensif (quand il
n'influe pas sur les concepts du devoir), est, au plus haut point
dangereux en ce qui concerne notre rapport pratique avec la
volonté de Dieu et même pour notre moralité ; car alors *nous
nous fabriquons un Dieu*[1] si bien que nous pensons pouvoir

représentation extérieure d'une considération (que peut-être ils ne
ressentent pas du tout intérieurement), la valeur qu'on ne devrait attribuer
qu'à cette dernière ; à ce genre d'illusion je ramène aussi la manie des titres
et des distinctions parce que ce ne sont là que les représentations extérieures
d'un avantage sur autrui. La *démence* même n'est ainsi nommée qu'à cause
de l'habitude de prendre une simple représentation (de l'imagination) pour
la présence même de la chose, en lui en attribuant la valeur. – Or, avoir
conscience de la possession d'un moyen en vue d'une certaine fin (avant de
s'en être servi) équivaut à posséder cette dernière dans la représentation
seulement ; donc, se contenter de cette conscience comme pouvant se
substituer à cette possession, constitue une *illusion pratique ;* c'est de celle-là
seulement qu'il est ici question.

1. Il est, en vérité, périlleux, mais nullement condamnable, de dire que
tout homme se *fabrique un dieu,* bien plus que suivant des concepts moraux, il
faut qu'il s'en fabrique un lui-même (pourvu de ces qualités immensément
grandes qui dépendent de la faculté de représenter dans le monde un objet
convenant à ces concepts) |afin d'honorer en lui *Celui qui l'a fait.* Car, quelle
que soit la manière dont un autre nous ait fait connaître et décrit un être
comme dieu et même la manière dont cet être ait pu lui apparaître (si c'était
possible), il lui faut cependant tout d'abord comparer cette représentation
avec son Idéal pour juger s'il a le droit de la considérer et de l'honorer
comme une divinité. Par simple révélation, sans prendre comme base,

169

le gagner plus facilement |à nos intérêts, tout en nous **169**
dispensant du pénible effort ininterrompu nécessaire pour agir
sur le fond intime de notre intention morale. Le principe que
l'homme se forge d'ordinaire en vue de ce rapport est celui-ci :
que, par tout ce que nous faisons uniquement pour plaire à la
Divinité (pourvu que cela ne s'oppose pas directement à la
moralité, sans d'ailleurs y contribuer le moins du monde),
nous prouvons à Dieu notre empressement de sujets
obéissants et pour cette raison agréables, et servons Dieu par
conséquent *(in potentia)*. – Ce ne sont pas toujours des
sacrifices par lesquels l'homme croit s'acquitter de ce service
de Dieu ; des fêtes solennelles aussi, des jeux publics comme
chez les Grecs et les Romains ont dû souvent servir et servent
encore à rendre la divinité favorable à un peuple ou même à un
particulier, selon leur illusion. Les sacrifices toutefois
(pénitences, mortifications, pèlerinages, etc.) ont toujours été
considérés comme ayant plus de vertu, plus d'action sur la
faveur céleste, et plus d'efficacité pour la purification parce
qu'ils servent à marquer plus fortement la soumission illimitée (quoique non morale) à sa volonté. Plus ces tourments,
volontaires sont inutiles, moins ils ont pour fin l'amélioration morale générale de l'homme et plus ils paraissent
empreints de sainteté ; car précisément parce qu'ils sont
parfaitement inutiles dans le monde, tout en donnant bien du
mal, ils semblent avoir uniquement pour but de témoigner la
dévotion à Dieu. – Quoique ainsi, dit-on, on n'ait rendu par
des actes aucun service à Dieu ; il y voit cependant la bonne
volonté, le cœur qui, trop faible sans doute pour obéir à ses
commandements moraux, compense cette déficience par
l'empressement dont de cette manière il fait preuve. Ici est
bien visible la tendance à user d'un procédé qui en soi n'a

---

antérieurement, ce concept en sa pureté, en guise de pierre de touche, il ne
saurait donc y avoir de religion et tout culte divin serait de *l'idolâtrie.*
(Addition à la 2ᵉ édition).

aucune valeur morale sauf peut-être d'être un moyen pour
élever la faculté sensible de représentation jusqu'à accompa-
170 gner les Idées intellectuelles de la fin ou, au cas où elle
|pourrait agir à leur encontre, pour l'abaisser[1] ; nous attribuons
dans notre opinion, à cette façon de procéder la valeur de la fin
elle-même ou, ce qui est identique, nous attribuons à la
disposition de l'esprit qui le rend susceptible de soumission à
l'égard de Dieu (c'est-à-dire de *dévotion*) la valeur de
l'intention ; il s'ensuit que cette façon de procéder est une pure
illusion religieuse qui peut revêtir toutes sortes de formes ; il
se peut que dans l'une, elle paraisse plus morale que dans une
autre ; cependant dans toutes ces formes, il ne s'agit pas
seulement d'une simple illusion non préméditée mais on y
trouve au contraire la maxime d'attribuer au moyen et non à la
fin une valeur intrinsèque ; en vertu de cette maxime cette
illusion sous toutes ses formes est également absurde et
condamnable comme tendance secrète à la supercherie.

1. Pour ceux qui, constamment, là où les distinctions entre le sensible et
l'intellectuel ne leur sont pas très familières, s'imaginent rencontrer des
contradictions de la *Critique de la Raison pure* avec elle-même, je
remarquerai que lorsqu'on parle de moyens sensibles pour réaliser
l'intellectuel (de la pure intention morale), ou de l'empêchement que les
moments sensibles opposent à ce dernier, cette influence de deux principes
aussi hétérogènes ne doit jamais nécessairement être conçue comme
directe. En effet, comme êtres sensibles, nous pouvons agir sur les *phénomènes du principe intellectuel*, c'est-à-dire sur la détermination de nos
forces physiques par le *libre arbitre,* qui se manifeste en actes, à l'encontre
de la loi ou en sa faveur ; de telle sorte que cause et effet soient en fait
représentés comme homogènes. Mais en ce qui concerne le suprasensible
(le principe subjectif de la moralité en nous, enclos dans la propriété
incompréhensible de la liberté) par exemple la pure intention religieuse,
nous n'en voyons, sauf sa loi (ce qui est à la vérité suffisant) rien pouvant
concerner le rapport dans l'homme de cause et d'effet, c'est-à-dire que
nous ne pouvons nous *expliquer* la possibilité des actions imputables à
l'homme en tant qu'événements du monde sensible dûs à sa disposition
morale précisément parce que ce sont des actes libres et que les principes
d'explication de tous les événements doivent être tirés du monde sensible.

II

Du principe moral de la religion qui s'oppose à l'illusion religieuse

J'admets *premièrement* la proposition suivante, comme principe n'ayant pas besoin de preuve : *Tout ce que l'homme pense pouvoir faire, hormis la bonne conduite, pour se rendre agréable à Dieu est simplement illusion religieuse et faux culte de Dieu.* – Je dis ce que l'*homme* croit pouvoir |faire ; car il n'est pas question de nier que, en plus de tout ce que *nous* puissions faire, il n'y ait encore dans les secrets de la plus haute sagesse, quelque chose que Dieu seul peut faire pour que nous devenions des hommes qui lui soient agréables. Toutefois, au cas où l'Église annoncerait comme révélé un mystère de ce genre, l'opinion cependant que, *croire* à cette révélation, comme nous la raconte l'histoire sainte et la *confesser* (intérieurement ou extérieurement) soit une chose en soi par laquelle nous nous rendons agréables à Dieu serait une dangereuse folie religieuse. En effet, cette foi, en tant que profession de foi intérieure est si véritablement un *acte* extorqué par la peur qu'un homme sincère pourrait accepter toute autre condition plutôt que cette dernière, parce que dans tous les autres services serviles, il ne paraît jamais que quelque chose de superflu, tandis que là, dans une déclaration dont il n'est pas convaincu (quant à sa vérité), il ferait une chose contraire à sa conscience. La profession donc, dont il se persuade qu'en soi (comme acceptation d'un bien qui lui est offert) elle peut le rendre agréable à Dieu, est une chose qu'il pense pouvoir faire, en dehors de la bonne conduite c'est-à-dire de l'obéissance aux lois morales qu'on doit pratiquer dans le monde, en s'adressant par son culte immédiatement à Dieu.

Relativement à la déficience de notre propre justice (qui compte devant Dieu), la raison, *premièrement,* ne nous laisse pas tout à fait sans espoir. Elle dit que, celui qui, dans une intention véritablement soumise au devoir, fait tout ce qui est

171

en son pouvoir pour satisfaire à ses obligations (tout au moins en cherchant à se rapprocher constamment de la parfaite conformité au devoir) peut avoir l'espérance que la sagesse suprême suppléera à ce qu'il n'est pas en son pouvoir d'accomplir d'une *manière quelconque* (qui peut rendre inébranlable l'intention de cet avancement constant), sans prétendre cependant la déterminer et savoir en quoi elle consiste ; car, elle pourrait être mystérieuse au point qu'il ne serait possible à Dieu de nous la révéler que par une représentation symbolique tout au plus dont nous ne saisirons que l'élément pratique, tandis que, théoriquement, nous ne pourrions pas du tout comprendre ce qu'est en soi cette relation de Dieu à l'homme ni y rattacher des concepts, même s'Il consentait à nous découvrir un semblable mystère. – Or, supposé qu'une certaine église soutienne qu'elle connaît d'une manière sûre, la façon dont Dieu supplée à cette insuffisance morale du genre humain et condamne du même coup à l'éternelle damnation tous ceux qui ignorent ce moyen de justification inconnu

172 |naturellement de la raison et ne peuvent par suite l'admettre comme principe religieux, ni en faire profession, quel est donc dans ce cas l'infidèle ? Celui qui a confiance, sans savoir comment arrivera ce qu'il espère, ou celui qui prétend absolument connaître ce genre de salut qui doit délivrer du mal l'homme, faute de quoi il renoncera à tout espoir de salut ? Au fond, la connaissance de ce secret lui importe peu (car sa raison déjà lui enseigne que savoir une chose à laquelle il ne peut rien, lui est parfaitement inutile) ; il veut simplement le savoir pour pouvoir se faire (quand bien même cet événement serait purement intérieur) de la *foi* en toute cette révélation, de son acceptation, de sa confession et de sa glorification, un culte susceptible de lui gagner la faveur céleste, avant même de travailler de toutes ses forces à avoir une bonne conduite par conséquent d'une manière absolument gratuite : susceptible même de produire cette bonne conduite d'une façon sur-

naturelle ou, si parfois il agissait contrairement à elle de pouvoir tout au moins réparer sa transgression.

Deuxièmement : Quand l'homme s'écarte tant soit peu de la maxime mentionnée ci-dessus, le faux culte de Dieu (la superstition) ne connaît *plus de limites ;* car au-delà, tout est arbitraire (si ce n'est pas directement en opposition avec la moralité). Depuis le sacrifice du bout des lèvres qui lui coûte le moins jusqu'à celui des biens naturels qui pourraient être mieux utilisés dans l'intérêt des hommes et même jusqu'au sacrifice de sa propre personne (dans l'état d'ermite, de fakir ou de moine) dont on prive ainsi le monde, il offre tout à Dieu, à la réserve de son intention morale : et quand il dit qu'il lui apporte aussi son cœur, il n'entend pas par là l'intention d'une conduite qui lui serait agréable mais le désir venant du fond du cœur que ces sacrifices soient acceptés en paiement à la place de cette dernière *(natio gratis anhelans, multa agendo nihil agens,* Phèdre).

Enfin, quand on est une fois arrivé à cette maxime d'un prétendu service en soi agréable à Dieu, le réconciliant même à la rigueur, non purement moral toutefois, il n'y a pas dans les manières de le servir mécaniquement de différence essentielle de façon à donner la préférence à l'une plus qu'à l'autre. Toutes sont pareilles sous le rapport de la valeur (ou plutôt de la non valeur), et c'est affectation pure de se considérer, parce qu'on s'écarte d'une manière *plus* élégante de l'unique principe intellectuel |du vrai culte divin, comme plus distingué aux **173** gens coupables de se ravaler d'une façon *plus grossière,* à ce que l'on prétend, à la sensibilité. Que le dévôt aille à l'*église* conformément aux statuts ou bien qu'il entreprenne un pèlerinage aux sanctuaires de *Lorette* ou de Palestine, qu'il présente à l'autorité céleste ses formules de prière des *lèvres* ou, comme le Thibétain (qui pense que ces vœux atteignent tout aussi bien leur but même mis par écrit, pourvu qu'ils soient *agités* par quelque chose par exemple par le vent s'ils sont inscrits sur des pavillons, ou par la main s'ils sont placés dans une boîte, comme un volant) au moyen d'un moulin à prières ; quel que soit enfin l'équivalent substitué au culte moral de Dieu tous sont pareils et se valent. – Ce qui, ici importe, c'est moins la diversité dans la forme extérieure, que l'admission ou l'abandon du seul principe de se rendre agréable à Dieu, ou bien uniquement par l'intention morale, se présentant vivante dans des actes qui la manifestent ou bien par de pieuses amusettes et une paresse dévote[1]. Mais n'existe-t-il pas aussi une extravagante *illusion de la vertu* qui s'élève au-delà des bornes de la puissance humaine et qui pourrait bien avec l'illusion servile religieuse, être rangée dans la classe générale des illusions spontanées ? Non, l'intention vertueuse se préoccupe de quelque chose de *réel* qui en soi est agréable à Dieu et qui concorde avec le bien universel. Il peut s'y joindre, il est vrai, une illusion de suffisance si l'on se considère comme adéquat à l'idée de son devoir sacré ; mais cela n'arrive que par accident. Toutefois, lui attribuer la plus haute valeur, cela n'est pas une illusion, par exemple l'illusion des exercices cultuels dans l'église, mais une contribution effective au bien universel.

C'est d'ailleurs un usage (tout au moins de l'Église) **174** d'appeler |*nature,* ce qui peut par l'effet du principe moral, être accompli par les hommes, et, en revanche, de nommer *grâce,* ce qui ne sert qu'à compléter la déficience de tout notre pouvoir moral et qui, parce que le devoir exige qu'il soit suffisant, ne peut être que souhaitée, ou encore espérée et obtenue

---

1. C'est un phénomène psychologique que les adhérents d'une confession où l'on trouve un peu moins de croyance statutaire, se sentent par là en quelque sorte ennoblis et comme plus éclairés ; quoiqu'ils en aient encore conservé suffisamment pour n'avoir pas (comme ils font effectivement d'ailleurs), du haut de leur prétendue pureté, à regarder avec mépris leurs confrères en illusion ecclésiastique. La cause en est qu'ils se considèrent comme plus près, pour si peu que ce soit, de la pure religion morale, bien qu'ils restent toujours encore attachés à l'illusion de vouloir la parfaire par de pieuses observances où la raison se trouve seulement un peu moins passive.

par des prières ; de les regarder l'une et l'autre comme des causes efficientes d'une mentalité qui suffit pour une conduite agréable à Dieu ; mais, d'autre part aussi non seulement de les distinguer l'une de l'autre, mais même peut être bien de les opposer.

Être persuadé de pouvoir distinguer les effets de la grâce de ceux de la nature (de la vertu) ou même pouvoir les produire en soi c'est l'*enthousiasme ;* car nous ne pouvons reconnaître à quelque signe un objet suprasensible dans l'expérience et encore moins influer sur lui de manière à le faire descendre vers nous, quoiqu'il se produise parfois dans l'âme des mouvements agissant positivement sur le sens moral, qu'on ne peut s'expliquer et au sujet desquels notre ignorance doit avouer que : « Le vent souffle où il veut, mais nul ne sait d'où il vient, etc. »[a]. Vouloir *percevoir* en soi-même des influences célestes, est une forme d'illusion où il peut y avoir de la méthode (parce que ces prétendues révélations intérieures doivent toujours se ratracher à des Idées morales, et donc à des Idées de la raison), mais qui demeure toujours une illusion personnelle, préjudiciable à la religion. Tout ce que nous pouvons dire de la grâce, c'est de croire que les effets peuvent en exister et peut-être qu'il faut qu'il en existe pour suppléer à l'insuffisance de notre effort vertueux ; mais nous sommes incapables d'en déterminer de quelque manière les caractères et plus incapables encore de faire quelque chose pour les produire.

L'illusion consistant à croire que par les actes religieux du culte, on peut faire quelque chose pour sa justification devant Dieu, c'est la superstition religieuse ; de même qu'en l'illusion d'arriver à ce but, en s'efforçant d'avoir un prétendu commerce avec Dieu, consiste l'*enthousiasme* religieux. — C'est une illusion superstitieuse que de vouloir devenir agréable à Dieu par des actes que chacun peut accomplir sans

---

a. *Jean*, III, 8.

être pour cela un homme de bien (par exemple en professant des dogmes statutaires, en se conformant aux observances et à la discipline de l'église, etc.). On l'appelle superstitieuse parce qu'elle fait choix pour elle-même, de simples moyens naturels (nullement moraux) qui en soi ne peuvent aucunement agir sur ce qui n'est pas de la nature (c'est-à-dire le bien **175** moral). Une illusion |se nomme chimérique quand le moyen imaginaire, en tant que suprasensible n'est même pas au pouvoir de l'homme et sans tenir compte encore de l'impossibilité de parvenir à la fin suprasensible que l'on a vue ; car ce sentiment de la présence immédiate de l'Être suprême et la distinction de ce sentiment d'avec tout autre y compris même le sentiment moral, indiquerait une réceptivité envers une intuition pour laquelle il n'existe aucun sens dans la nature humaine. – L'illusion superstitieuse, parce qu'elle contient un moyen en soi pratique pour beaucoup de gens qui leur rend au moins possible de combattre les obstacles que rencontre une intention agréable à Dieu, est sous cet aspect apparenté à la raison et uniquement condamnable par accident pour faire de ce qui ne peut être qu'un moyen, un objet immédiatement agréable à Dieu ; au contraire l'illusion religieuse chimérique est la mort morale de la raison sans laquelle il ne peut pourtant pas y avoir de religion, qui, comme toute moralité en général, doit être fondée sur des principes.

En conséquence, la foi d'église qui veut faire disparaître ou prévenir les illusions religieuses doit avoir pour principe de contenir outre les dogmes statutaires dont pour le moment elle ne peut se passer tout à fait, une maxime susceptible de faire naître la religion de la bonne conduite, qui est le but véritable permettant de pouvoir un jour se passer de ces dogmes.

III

DU SACERDOCE [1] CONSIDÉRÉ COMME UN MINISTÈRE AU SERVICE DU FAUX CULTE DU BON PRINCIPE

L'adoration d'êtres puissants et invisibles qui fut imposée à l'homme dépourvu de tout secours par la crainte naturelle fondée |sur la conscience de son impuissance, ne commença **176** pas tout de suite par une religion, mais par un culte servile de la divinité (ou des idoles); ce culte, après avoir acquis une forme légale publique, devint un *culte de temple ;* et seulement un *culte d'église* quand, peu à peu, eût été rattachée à ces lois la culture morale des hommes ; ces deux genres de culte se fondaient sur une foi historique jusqu'à ce qu'on ait enfin commencé à s'apercevoir que celle-ci n'était que provisoire et ne constituait que la représentation symbolique d'une pure foi religieuse et l'instrument de son avancement.

D'un *schaman* tongouse à un *prélat* d'Europe gouvernant à la fois l'Église et l'État ou bien (si nous ne voulons envisager au lieu des chefs et des dirigeants que les adhérents à la foi suivant la façon dont chacun se représente les choses), du *Vogoul* tout matériel qui se place le matin la patte d'une peau d'ours sur la tête en prononçant la brève prière : « Ne me tue pas », jusqu'au *Puritain,* tout sublime, et de l'Indépendant

---

1. Cette dénomination qui ne désigne que l'autorité d'un père spirituel (πάπα) n'acquiert que grâce à l'idée secondaire d'un despotisme spirituel qui peut se rencontrer dans tous les genres d'églises, quelque modestes et populaires que soient leurs déclarations, la signification d'un blâme [a]. Je ne désire donc pas du tout être entendu comme si je voulais, en opposant les sectes, déprécier les unes par rapport aux autres, en en comparant les usages et les dispositions. Toutes sont également dignes d'estime en tant que leurs formes sont des tentatives de pauvres mortels pour se représenter de manière sensible ici-bas le royaume de Dieu, mais également de blâme lorsqu'elles prennent la forme représentative de cette Idée (dans une Église visible) pour la chose elle-même. (Addition à la 2ᵉ édition).

(a) Le mot *Pfaffentum* dont il est ici question est généralement pris en mauvaise part.

dans le *Connectitut* la différence est assurément considérable dans la *manière*, mais non dans le *principe* de la croyance ; car par rapport à ce dernier, tous rentrent dans une seule et même classe, celle de ceux qui font leur culte de ce qui ne rend pas en soi un homme meilleur (c'est-à-dire la créance en certaines propositions statutaires ou l'accomplissement de certaines observances arbitraires). Ceux-là seuls qui sont d'avis qu'il consiste uniquement dans l'intention d'une bonne conduite, se distinguent des premiers par le passage à un principe tout autre et bien supérieur au précédent, et par lui ils font profession d'appartenir à une Église (invisible), comprenant tous ceux qui pensent avec rectitude et qui peut seule, en vertu de sa constitution essentielle, être la véritable Église universelle.

Tous se proposent de diriger à leur avantage la puissance invisible qui régit la destinée des hommes ; mais sur la manière d'y arriver, leurs avis diffèrent ; s'ils considèrent cette puissance comme un être raisonnable, en lui attribuant par conséquent une volonté de laquelle ils font dépendre leur sort, tout leur effort se bornera à choisir le moyen grâce auquel, ils pourront être soumis à sa volonté, se rendre agréable à lui par leur conduite. S'ils pensent que c'est un être moral, leur propre raison les convaincra aisément que la condition pour gagner son agrément doit être nécessairement une conduite **177** bonne moralement et notamment l'intention pure |qui en est le principe subjectif. Cependant il se peut que l'Être suprême veuille peut-être aussi être servi d'une manière que la simple raison ne peut nous faire connaître, à savoir par des actes dans lesquels nous n'apercevons rien de moral, mais que nous accomplissons néanmoins volontairement comme s'il les ordonnait ou bien simplement pour témoigner de notre soumission à son égard. D'une manière générale on considère qu'il existe un *culte* de Dieu quand ces deux manières de procéder constituent un ensemble d'occupations ordonnées systématiquement. – Si les deux procédés doivent se combiner, il faudra admettre ou bien que chacun, immédiatement, est la manière de plaire à Dieu, ou bien que l'un des deux servira simplement de moyen à l'autre qui serait alors le véritable culte divin. Il est de soi évident que le culte moral de Dieu Lui plaît immédiatement *(officium liberum)*. Il ne peut toutefois être reconnu comme la condition suprême de tout l'agrément que Dieu trouve en l'homme (ce que contient pourtant déjà le principe de moralité), si le service intéressé *(officium mercenarium)* pouvait être *à lui seul* considéré comme agréable à Dieu ; car alors, nul ne saurait quel culte devrait être préféré dans un cas donné, pour déterminer d'après cela son devoir, ni comment ces deux cultes se complètent l'un, l'autre. Il s'ensuit que des actions, n'ayant en elles-mêmes aucune valeur morale ne devront être admises comme agréables à Dieu que si elles servent de moyen pour l'avancement de ce qui est dans des actions immédiatement bon (de la moralité) c'est-à-dire *à cause du culte moral de Dieu*.

Or, l'homme qui se sert d'actions, n'ayant en elles-mêmes rien d'agréable à Dieu (c'est-à-dire de moral), comme moyens d'obtenir pour lui-même l'immédiate satisfaction divine et de cette manière l'accomplissement de ses désirs, a l'illusion de posséder un art lui permettant de produire par des moyens purement naturels un effet surnaturel ; on a coutume d'appeler *magie* des tentatives de ce genre ; nous substituerons toutefois à ce terme (qui comprend le concept secondaire d'une association avec le principe mauvais, alors que l'on peut considérer que ces tentatives peuvent du reste aussi être entreprises dans une bonne intention morale, par malentendu), le terme connu d'ailleurs de *fétichisme*. Or, un effet surnaturel obtenu par l'homme serait un effet possible dans sa pensée par là uniquement qu'il prétend agir sur Dieu, en se servant de lui comme d'un moyen pour produire |cet effet dans le monde, **178** action pour laquelle ni ses forces ni même son intelligence quelque agréable qu'elle pût être à Dieu, ne sauraient suffire ; ce qui dans son concept même, contient une absurdité.

Cependant, si l'homme, en plus de ce qui le rend immédiatement l'objet de la satisfaction divine (c'est-à-dire à l'intention active d'une bonne conduite), cherche à se rendre *digne* d'une aide surnaturelle, en complétant son insuffisance au moyen de certaines formalités et escompte, à cette fin, se rendre seulement *susceptible* d'atteindre l'objet de ses bons souhaits moraux par exemple par des observances qui n'ont pas assurément de valeur immédiate, mais qui servent de moyens pour avancer cette intention morale, il s'appuie bien pour suppléer à son insuffisance naturelle sur quelque chose de *surnaturel,* non toutefois sur une chose effectuée par l'*homme* (en influant sur la volonté divine), mais au contraire sur quelque chose qui est reçu par lui et qu'il peut espérer, non produire. – Si toutefois des actions qui en soi, autant que nous pouvons en juger, ne contiennent rien de moral, rien d'agréable à Dieu, doivent servir néanmoins, à son avis de moyen et même de condition, pour attendre directement de Dieu la réalisation de ses vœux, il faut qu'il soit plongé dans l'illusion. Celle-ci consiste en ce que bien qu'il n'ait pour ce surnaturel ni faculté physique, ni réceptivité morale, il puisse néanmoins le produire par des actions *naturelles,* en soi toutefois sans relation avec la moralité (donc l'exercice n'exige aucune intention agréable à Dieu et que peut exécuter par suite l'homme le plus mauvais aussi bien que le meilleur), des formules incantatoires, de professions de foi mercenaire, des observances ordonnées par l'Église, etc., et *provoquer ainsi magiquement* en quelque sorte l'aide de Dieu ; car, il n'existe aucun lien rattachant des moyens purement physiques à une cause agissant moralement, conformément à une loi que pourrait concevoir la raison et suivant laquelle cette dernière cause pourrait être représentée comme déterminable par ces moyens en vue de certains effets.

Celui qui, conséquemment, met en première ligne, comme nécessaire à la religion, l'observation de lois statutaires, exigeant une révélation, et à la vérité, non seulement comme moyen pour réaliser l'intention morale, mais comme la condition objective pour plaire par là immédiatement à Dieu, subordonnant à cette croyance historique, l'effort en vue d'une bonne conduite (tandis que cette observation comme une chose qui ne peut être agréable à Dieu que |*condition-* **179** *nellement*, doit se conformer à cet effort qui seul lui plaît *absolument*), celui-là transforme le service de Dieu en un simple *fétichisme ;* s'acquittant ainsi d'un culte mensonger qui fait échouer toute application en vue de la vraie religion. Telle est l'importance de l'ordre que l'on suit quand on veut rattacher deux choses bonnes en elles-mêmes l'une à l'autre ! La culture vraiment *éclairée* consiste en cette distinction ; c'est ainsi que le culte de Dieu devient tout d'abord un culte libre, partant moral. S'en écarter, c'est imposer à l'homme, au lieu de la liberté des enfants de Dieu, bien plutôt le joug d'une loi (statutaire) qui en tant qu'obligation absolue de croire à quelque chose, qui, ne pouvant être connu qu'historiquement, ne saurait pour cette raison convaincre tout le monde, est pour les hommes consciencieux un joug bien plus pesant[1] que ne

---

1. « Le joug est bien doux et le fardeau léger »[a] quand le devoir qui incombe à tout homme, peut être considéré, comme lui étant imposé par lui-même et sa propre raison ; donc un joug dont il se charge volontairement. Ce n'était toutefois que des lois morales, en tant que commandements divins, dont seul le fondateur de la pure Église pouvait dire : « Mes commandements ne sont point difficiles »[b]. Cette expression signifie seulement : « Ils ne sont pas *pénibles* parce que chacun comprend spontanément la nécessité de s'y conformer et que rien ne lui est imposé par suite tandis qu'au contraire, des règles, ordonnant despotiquement, qui nous sont imposées pour notre bien à la vérité (mais non par notre raison) et dont nous ne pouvons saisir l'utilité, sont en quelque sorte des vexations (des avanies) auxquelles on ne se soumet que par force. Cependant, en elles-mêmes, les actions ordonnées par ces lois morales, sont, considérées dans la pureté de leur source, précisément celles qui coûtent le plus à l'homme et il se chargerait bien volontiers des vexations les plus pénibles s'il était possible de donner celles-ci en paiement au lieu des autres.

(a) *Matth*, XI, 30.

(b) *Jean*, V, 3.

pourrait l'être jamais tout le fatras de pieuses observances qu'on leur impose et auxquelles il suffit de se conformer afin de s'adapter à une communauté ecclésiastique constituée, sans que l'on doive professer intérieurement ou extérieurement sa foi, à savoir qu'on la considère comme une organisation *établie par Dieu ;* car c'est là ce qui importunerait véritablement la conscience.

Le *sacerdoce* est par conséquent la constitution d'une église où règne un *culte fétichiste* que l'on rencontre toujours là où ce ne sont pas les principes de la moralité, mais des commandements statutaires, des règles de foi et des observances qui en forment le fondement et l'essentiel. Or, il existe certainement maintes formes d'Églises où le fétichisme |est si varié et si mécanique qu'il paraît éliminer presque toute moralité et par suite aussi toute religion et devoir prendre leur place, confinant ainsi de très près au paganisme ; mais le plus ou le moins importe peu en ce cas où dignité ou indignité dépendent de la nature du suprême principe d'obligation. Si celui-ci impose une soumission docile à un dogme c'est-à-dire un culte servile, et non cet hommage libre qui doit être rendu à la loi morale *en premier lieu,* peu importe qu'il y ait un nombre d'observances imposées aussi faible que l'on voudra ; si l'on déclare qu'elles sont absolument nécessaires, il suffit, ce sera toujours une croyance fétichiste qui régira la foule et la privera de sa liberté morale en lui imposant l'obéissance à une église (non à la religion). Que la constitution de cette Église (la hiérarchie) soit monarchique, aristocratique ou démocratique, cela n'en concerne que l'organisation ; sous toutes ces formes, la constitution en effet sera et demeurera toujours despotique. Quand les statuts de la foi font partie de la loi constitutionnelle, le *clergé* règne qui pense bien pouvoir se passer de la raison et même finalement de la science scripturaire parce que, seul conservateur et exégète autorisé de la volonté de l'invisible Législateur, il a autorité pour administrer exclusivement ce que prescrit la foi et que, par suite, pourvu de cette puissance il a non à convaincre, mais seulement à *ordonner*. – Or, comme en dehors de ce clergé, tout le reste est *laïque* (sans en excepter le chef de l'organisation politique) l'Église gouverne finalement l'État, non pas précisément par la force, mais par son influence sur les âmes, de plus aussi en faisant miroiter le profit que cet État doit, soi-disant, retirer d'une obéissance absolue à laquelle une discipline spirituelle a accoutumé la *pensée* même du peuple ; mais alors insensiblement l'habitude de l'hypocrisie sape la droiture et la fidélité des sujets, les dresse même à la simulation dans les devoirs civils et produit comme tous les principes erronés qu'on adopte, précisément le contraire de ce qu'on avait en vue.

Tout ceci est la conséquence inévitable de la transposition insignifiante en apparence à première vue des principes de la foi religieuse seule sanctifiante, alors qu'il s'agissait de savoir auquel |des deux on céderait la première place comme condition suprême (à laquelle l'autre est subordonné). Il est équitable, il est raisonnable d'admettre que ce ne sont pas uniquement les « sages selon la chair »[a], les savants ou les raisonneurs qui seront appelés à être ainsi éclairés sur leur véritable salut, car tout le genre humain doit être apte à cette foi, mais « ce qui est fou aux yeux du monde »[b], l'ignorant même ou l'homme le plus borné en faits de concepts, doit pouvoir prétendre à un enseignement semblable et à cette intime conviction. Il est vrai qu'une foi historique, surtout quand les concepts qui lui sont nécessaires pour formuler ce qu'elle apporte sont tout à fait anthropologiques et adaptés à la sensibilité, paraît être précisément de cette espèce. Quoi de plus facile en effet, que de comprendre un semblable récit rendu sensible et tout simple, et de se le raconter mutuellement ou de répéter les mots des mystères, sous lesquels il

181

a. I, *Cor*, 1, 26.
b. I, *Cor*, 1, 26.

n'est pas du tout nécessaire de mettre un sens; avec quelle
facilité ces choses trouvent-elles un accueil universel, surtout
lorsqu'on assure qu'elles offrent un grand intérêt et combien
profonde est la racine de la foi en la vérité d'un pareil récit qui
se fonde de plus sur un texte reconnu depuis bien longtemps
comme authentique; et c'est ainsi qu'une foi de ce genre est
assurément appropriée aux capacités humaines les plus
communes. Cependant, bien que la publication d'un événement semblable ainsi que la foi aux règles de conduite qui se
fondent sur lui, ne peuvent avoir été données précisément ou
surtout pour des savants ou des philosophes, ceux-ci néanmoins n'en sont pas exclus; et alors naissent tant de
difficultés, soit par rapport à la vérité de ces faits, soit par
rapport au sens dans lequel il faut prendre leur exposé que
l'admission d'une telle foi, sujette à tant de débats (même
sincères par l'intention), comme suprême condition d'une
croyance universelle et seule sanctifiante est la chose la plus
absurde que l'on puisse concevoir. – Or, il existe une
connaissance pratique qui, quoique reposant uniquement sur
la raison et n'ayant nul besoin d'un enseignement historique,
intéresse néanmoins tous les hommes même le plus simple,
comme si elle était littéralement inscrite dans leur cœur; une
loi, qu'il suffit de nommer pour s'entendre aussitôt avec un
chacun sur son autorité et qui introduit dans la conscience de
tous une obligation *absolue*, à savoir la loi de moralité; et qui
plus est, cette connaissance conduit déjà par elle-même, à la
croyance en Dieu ou détermine tout au moins à elle seule son
concept comme celui d'un législateur moral; elle conduit
182   donc à une pure |foi religieuse, non seulement intelligible,
mais encore respectable pour tout homme au suprême degré,
elle y conduit même si naturellement que, si l'on en veut faire
l'essai, on trouvera qu'on peut la demander intégralement à
tout homme sans l'avoir instruit à cet égard le moins du
monde. Donc ce n'est pas seulement agir prudemment que de
commencer par elle, en la faisant suivre de la foi historique qui

s'accorde avec elle, mais c'est le devoir aussi – devoir de l'ériger en condition suprême à laquelle seule nous pouvons espérer participer au salut, quoi que puisse nous promettre d'ailleurs une croyance historique quelconque; et même au point que nous ne pouvons ni ne devons attribuer à celle-ci une valeur d'obligation universelle que d'après l'interprétation qu'en donne la pure foi religieuse (qui renferme la doctrine universellement valable); en revanche, celui qui possède la foi morale, n'est point fermé à la croyance historique, dans la mesure où il la trouve propre à vivifier sa pure intention religieuse; et c'est ainsi seulement que cette foi acquiert une pure valeur morale parce qu'elle est libre et nullement extorquée par des menaces quelconques (car dans ce cas elle ne peut jamais être sincère).

Or, comme dans une église le culte de Dieu vise avant tout à l'honorer de façon purement morale, selon les lois généralement prescrites à l'humanité, on peut encore poser la question : Si c'est toujours la *théorie de la piété* ou aussi la pure *théorie de la vertu,* et chacune en particulier, qui doivent former le contenu de l'exposé religieux. Le premier de ces termes, théorie de la piété, exprime peut-être le mieux la signification du mot *religio* objectivement (comme on l'entend actuellement).

La *piété* comprend deux déterminations de l'intention morale relativement à Dieu; ce sentiment est la *crainte* de Dieu quand on obéit à ses commandements en vertu du devoir obligatoire (du sujet) c'est-à-dire par respect pour la loi; mais l'*amour* de Dieu, désigne dans l'intention le mouvement de libre *choix* et le contentement pris à la loi (par devoir filial). Ces deux déterminations renferment encore, outre la moralité, le concept d'un Être suprasensible pourvu des propriétés nécessaires pour parachever le bien suprême, prévu par la moralité, mais dépassant notre pouvoir; or, le concept de la *nature* de cet Être, si nous allons au-delà du rapport moral de son Idée à nous, risque toujours d'être conçu par nous d'une façon anthropomorphique et par suite, précisément, souvent au détriment de nos principes moraux ; cette Idée, en conséquence, |ne peut subsister en soi dans la raison spéculative et qui plus est tire son origine et bien mieux encore sa force, entièrement de son rapport à la détermination de notre devoir qui est à elle-même son propre fondement. Qu'est-ce qui est donc plus naturel pour l'instruction première de la jeunesse et même pour la prédication : d'exposer la théorie morale avant celle de la piété ou celle-ci avant celle-là (peut être même sans en faire mention)? Il est évident qu'elles se rattachent nécessairement l'une à l'autre. Mais les relier n'est possible que si, du moment qu'elles *ne se confondent pas,* l'une était conçue et exposée comme fin et l'autre seulement comme moyen. Or, la théorie de la vertu a son fondement en elle-même (et même sans le concept de Dieu) et la théorie de la piété renferme le concept d'un objet que nous nous représentons par rapport à notre moralité, comme cause suppléant à notre impuissance quant à la fin morale ultime. La théorie de la piété ne peut donc par elle-même constituer la fin dernière de l'effort moral, mais servir seulement de moyen pour fortifier ce qui en soi rend un homme meilleur, l'intention vertueuse ; et elle le fait en lui promettant et en lui garantissant (en tant qu'elle est une tendance au bien et même à la sainteté) la réalisation de son attente de la fin dernière qu'elle est incapable d'atteindre. Le concept de la vertu au contraire est tiré de l'âme humaine. L'homme le possède intégralement, bien que non développé et n'a pas à le déduire subtilement comme le concept de religion, par des raisonnements. Dans la pureté de ce concept, dans l'éveil en la conscience d'une faculté que nous n'aurions jamais soupçonnée, de pouvoir triompher en nous des plus grands obstacles dans la dignité de l'humanité que l'homme doit respecter en sa propre personne et sa destination, et à laquelle il tend pour l'atteindre, il y a quelque chose qui élève l'âme et nous conduit à la Divinité elle-même, adorable uniquement à cause de sa sainteté et

183

comme Législatrice de la vertu ; de telle sorte que l'homme, même quand il est encore bien loin de donner à ce concept la force d'influer sur ses maximes, ne s'en entretient pas néanmoins volontiers parce qu'il se sent en effet ennobli jusqu'à un certain point par cette idée alors que le concept d'un maître du monde nous imposant ce devoir comme un commandement est encore bien loin de lui ; et en effet s'il commençait par lui, ce concept abattrait son courage (élément constitutif de la vertu) et risquerait d'autre part de transformer sa piété en une servile soumission adulatrice à une puissance imposant des ordres despotiques. Ce courage qui consiste à se suffire à soi-même, |est lui-même fortifié par la théorie   184 ultérieure de la réconciliation qui représente comme résolu ce sur quoi on ne peut revenir et nous ouvre la voie d'une vie nouvelle, tandis que, si cette théorie précède l'inutile effort pour faire que ce qui est arrivé n'ait pas eu lieu (l'expiation), la crainte concernant son attribution, la représentation de notre complète impuissance à accomplir le bien, l'appréhension de retomber dans le mal ôtent à l'homme son courage[1] et doivent

1. Les différentes croyances des peuples leur donnent aussi peu à peu un caractère qui se marque extérieurement dans les rapports sociaux et qui leur est par la suite attribué comme si c'était une propriété générale de leur tempérament. C'est ainsi que le Judaïsme s'attira, du fait de son organisation première, qui l'obligeait à se séparer de tous les autres peuples par toutes les observances imaginables, en partie pénales et à éviter ainsi tout mélange avec eux, le reproche de *misanthropie*. L'*Islam* se distingue par la fierté, car il voit sa foi confirmée non par des miracles, mais par des victoires et l'assujettissement de nombreux peuples, et ses pratiques de dévotion appartiennent au genre courageux[a]. La foi des Hindous donne à ses adeptes un caractère de *pusillanimité* pour des causes qui s'opposent exactement à celles de la croyance précédente. – Or, il ne résulte sûrement pas de l'essence de la foi chrétienne, mais bien de la façon dont on la fait connaître aux esprits, si on peut lui adresser un semblable reproche, en considérant ceux qui, animés vis-à-vis d'elle de la plus vive sympathie, mais partant de la corruption humaine et désespérant de toute vertu, ne placent leur principe religieux que dans la *dévotion* (terme par lequel on entend le principe de l'attitude passive en considération de la piété qu'on attend d'une

forcément le plonger dans un état où, gémissant, il demeure
185 moralement passif |n'entreprenant rien de grand, ni de bon,
mais attendant tout de ses vœux.

En ce qui concerne l'intention morale tout dépend du
concept supérieur auquel on subordonne ses devoirs. Quand le
culte de Dieu est mis au premier rang et qu'on lui subordonne
la vertu, son objet est une *idole*, c'est-à-dire qu'il est conçu
comme un être auquel nous pouvons espérer plaire non par une
bonne conduite morale dans le monde, mais par l'adoration et
des flatteries ; la religion devient alors de l'idolâtrie ; la piété
ne peut donc pas se substituer à la vertu de façon à la rendre

force venue d'en haut) ; ils ne mettent en effet jamais leur confiance en eux-
mêmes, recherchant toujours dans une constante angoisse une aide
surnaturelle et ils s'imaginent disposer dans ce mépris d'eux-mêmes (qui
n'est pas l'humilité) d'un moyen pour obtenir la faveur divine, moyen dont
l'expression extérieure (dans le piétisme ou la bigoterie) annonce une
manière de penser *servile*.

(a) Ce phénomène remarquable (de la fierté qu'un peuple ignorant bien
que sensé a de sa foi) peut provenir aussi de l'illusion qu'a eue le fondateur
d'avoir renouvelé seul dans le monde le concept de l'unité de Dieu et de sa
nature suprasensible ; il y aurait là sans doute un ennoblissement de ce
peuple, libéré ainsi du culte des images et de l'anarchie polythéiste, si ce
fondateur pouvait s'en attribuer à bon droit le mérite. – En ce qui concerne le
trait caractéristique de la troisième classe des hommes religieux qui résulte
d'une humilité mal entendue, il faut dire que l'abaissement de l'orgueil dans
l'appréciation de la valeur morale personnelle doit provoquer, par le
reproche que constitue la sainteté de la loi, non le mépris de soi-même, mais
185 bien plutôt la résolution, |de nous rapprocher toujours davantage, suivant la
noble disposition qui est en nous, de la conformité à cette sainteté ; or, au lieu
de cela, on renvoie au paganisme la vertu, qui consiste en réalité dans
l'énergie de cet effort, comme un terme déjà suspect d'orgueil, et l'on prône
au contraire la rampante recherche de la faveur. – La *fausse dévotion*
(*bigoterie, devotio, spuria*) est l'habitude de faire consister l'exercice de la
piété, non dans des actes, agréables à Dieu (c'est-à-dire dans l'accomplissement de tous les devoirs humains), mais dans des actes où l'on s'occupe de
Lui directement, c'est-à-dire des marques de respect ; exercice qui doit être
rangé parmi ceux du *culte servile* (*opus operatum*) ; sauf qu'on y ajoute à la
superstition l'illusion enthousiaste de prétendus sentiments suprasensibles
(célestes) (Addition à la 2ᵉ édition).

superflue, mais elle en est l'achèvement la couronnant de l'espérance en la définitive réussite de toutes les bonnes fins que nous nous proposons.

IV
DU FIL CONDUCTEUR DE LA CONSCIENCE
EN MATIÈRE DE FOI[a]

Il n'est pas ici question de la manière dont on doit conduire la conscience (car elle n'a pas besoin de guide et il suffit d'en avoir une), mais de la manière dont celle-ci peut servir de guide pour les décisions morales les plus délicates.

La conscience est un savoir qui est en soi un devoir. Mais comment est-il possible d'en concevoir une de ce genre puisque le savoir de toutes nos représentations ne paraît nécessaire que pour une fin logique, donc d'une manière conditionnelle seulement, quand nous voulons éclaircir notre représentation, elle ne peut donc être un devoir inconditionnel ?

Il y a un principe moral qui n'a besoin d'aucune démonstration à savoir : « *On ne doit rien oser qui risque d'être injuste* » (*quod dubitas, ne feceris !* Plin). Savoir donc qu'une action *que je |veux entreprendre,* est juste, c'est là un **186** devoir inconditionné. C'est l'entendement qui juge si d'une manière générale une action est juste ou injuste, non la conscience. Il n'est pas non plus absolument nécessaire de savoir au sujet de toutes les actions possibles, si elles sont justes ou injustes. Mais pour celle que *moi* je veux entreprendre, il ne me faut pas seulement juger et opiner qu'elle n'est pas injuste, il faut aussi que j'en sois sûr ; c'est là une exigence qui est un postulat de la conscience auquel

a. Les termes dont use ici Kant *(Gewissen, Bewusstsein)* n'ont pas d'équivalent français. Par exemple *Bewusstsein* a bien comme *conscience* une référence au savoir mais possède de plus un rapport à l'être.

s'oppose le *probabilisme,* c'est-à-dire le principe que l'opinion qu'une action pourrait bien être bonne, suffit à elle seule, pour l'entreprendre. On pourrait également définir la conscience de la façon suivante : *c'est la faculté judiciaire morale qui se juge elle-même ;* toutefois cette définition aurait bien besoin au préalable d'une explication des concepts qui s'y trouvent contenus. La conscience ne juge pas les actions comme des cas qui tombent sous la loi ; c'est la raison qui le fait, en tant que subjectivement pratique (de là les *casus conscientiae* et la casuistique, comme une forme de dialectique de la conscience) ; mais ici la raison se juge elle-même examinant si elle s'est chargée de ce jugement sur les actions avec toutes les précautions voulues (pour savoir si elles sont justes ou non) et cite l'homme *contre et pour lui-même,* comme témoin, que cela a été fait ou non.

Qu'on suppose par exemple un inquisiteur fermement attaché à l'exclusivité de sa foi statutaire jusqu'au martyre au besoin, qui aurait à juger un prétendu hérétique (d'ailleurs bon citoyen) accusé d'incrédulité et alors je pose la question de savoir si, en condamnant ce citoyen à mort, on peut dire qu'il a jugé suivant sa conscience (qui est il est vrai dans l'erreur) ou si on peut l'accuser tout bonnement de *manquer plutôt de conscience* soit qu'il se soit trompé ou qu'il ait été consciemment injuste ? parce qu'on peut lui dire en face que dans un cas pareil, il ne pouvait jamais être tout à fait certain de ne pas agir d'une façon parfaitement injuste. Il est probable, il est vrai, qu'il croit fermement qu'une volonté divine, révélée de façon surnaturelle (peut-être suivant le proverbe : *compellite intrare)* lui permet, si elle ne lui en impose même le devoir, de détruire la soi-disant incrédulité ainsi que l'incrédule. Mais était-il vraiment à ce point convaincu de la vérité de cette doctrine révélée comme de sa signification, pour oser dans ces conditions faire mourir un homme ? Il est certain qu'il n'est pas juste d'ôter la vie à un homme pour ses croyances **187** religieuses ; à moins |que (pour aller jusqu'au bout des concessions) une volonté divine qu'il a pu connaître d'une manière sortant de l'ordinaire, l'ait ordonné différemment.

Mais que Dieu ait jamais exprimé cette terrible volonté, voilà qui se fonde sur des documents historiques et n'est jamais certain apodictiquement ; la révélation ne lui en est parvenue que par des hommes, et interprétée par eux, mais lui paraîtrait-elle venue de Dieu lui-même (comme l'ordre donné à Abraham d'abattre son propre fils, ainsi qu'un mouton), il est tout au moins possible qu'il y ait là-dessous quelque erreur, mais alors il oserait cet acte au risque de faire quelque chose qui serait au plus haut point injuste, et c'est en cela précisément qu'il agit sans conscience. – Or, il en est ainsi de toute foi historique ou phénoménale ; il reste en effet toujours *possible* qu'il s'y puisse trouver quelque erreur ; c'est conséquemment agir sans conscience que de lui obéir, étant donné la possibilité que peut-être ce qu'elle exige ou permet, est injuste, c'est-à-dire au risque de porter atteinte à un devoir de l'homme qui est en soi certain.

Il y a plus : si même une action qu'ordonne une loi positive révélée de ce genre (ou tenue pour telle) était permise en elle-même, c'est une question de savoir si des supérieurs ou des maîtres spirituels peuvent, en vertu de leur prétendue conviction, en imposer au peuple la profession comme *article* de foi (sous peine de perdre leur qualité). Puisque cette conviction ne dispose pas d'autres fondements que des preuves historiques, tandis qu'au jugement de ce peuple (s'il s'examine tout au moins lui-même), il reste toujours l'absolue possibilité qu'il s'y soit introduit quelque erreur comme dans l'explication classique qui en est donnée ; le prêtre obligerait le peuple de confesser, au moins intérieurement, quelque chose comme aussi vrai que sa foi en Dieu, c'est-à-dire de confesser en quelque sorte à la face de Dieu ce qu'il ne sait pas être tel d'une façon absolument sûre, par exemple d'admettre la fixation d'un jour déterminé pour la réalisation périodique public de la piété, comme un article religieux ordonné directement par Dieu, ou de professer qu'il croit fermement à un mystère qu'il n'entend même pas. Son supérieur spirituel agirait lui-même en ce cas contre sa conscience, en imposant à d'autres la croyance en une chose dont lui-même ne peut jamais être parfaitement convaincu ; et il serait donc de sa part équitable de réfléchir à ce qu'il fait parce qu'il aura à répondre de tout abus de cette foi servile. – Il se peut bien par suite qu'il y ait du vrai dans ce que l'on croit, mais aussi qu'il y ait de la fausseté dans la foi (ou même simplement dans la confession intérieure de cette foi) défaut qui est en soi condamnable.

188 |Bien que, comme on l'a remarqué ci-dessus, des hommes qui n'en sont qu'au tout premier début en fait de liberté de penser[1] puisqu'ils se trouvaient précédemment sous le joug servile de la foi (par exemple les protestants), se considèrent aussitôt comme ennoblis en quelque sorte, à mesure qu'ils ont

---

1. J'avoue ne pas pouvoir me faire très bien à cette expression dont usent aussi des hommes avisés : un certain peuple (en train d'élaborer sa liberté légale) n'est pas mûr pour la liberté ; les serfs d'un propriétaire terrien ne sont pas encore mûrs pour la liberté ; et de même aussi, les hommes ne sont pas encore mûrs pour la liberté de croire. Dans une hypothèse de ce genre, la liberté ne se produira jamais ; car on ne peut *mûrir* pour la liberté, si l'on n'a pas été mis au préalable en liberté (il faut être libre pour pouvoir se servir utilement de ses forces dans la liberté). Les premiers essais en seront sans doute grossiers, et liés d'ordinaire à une condition plus pénible et plus dangereuse que lorsqu'on se trouvait encore sous les ordres, mais aussi sous la prévoyance d'autrui ; cependant jamais on ne mûrit pour la raison autrement que grâce à ses tentatives *personnelles* (qu'il faut être libre de pouvoir entreprendre). Je ne fais pas d'objection à ce que ceux qui détiennent le pouvoir renvoient encore loin, bien loin, obligés par les circonstances, le moment d'affranchir les hommes de ces trois chaînes. Mais, ériger en principe que la liberté ne vaut rien d'une manière générale pour ceux qui leur sont assujettis et qu'on ait le droit de les en écarter toujours, c'est là une atteinte aux droits régaliens de la divinité elle-même qui a créé l'homme pour la liberté. Il est plus commode évidemment de régner dans l'État, la famille et l'Église quand on peut faire aboutir un pareil principe. Mais est-ce aussi plus juste ?

moins de choses à croire (de choses positives, faisant partie des prescriptions ecclésiastiques), c'est précisément le contraire qui arrive à ceux qui n'ont pas pu ou pas voulu encore tenter un essai de ce genre ; car voici leur principe : Il est prudent de croire plutôt trop que trop peu. Ce que l'on fait en plus de ce que l'on doit, ne peut du moins pas nuire, pense-t-on, et il se pourrait même que ce soit utile. Sur cette illusion qui fait de la malhonnêteté un principe dans les professions de foi religieuses (et on s'y résout d'autant plus volontiers que la religion répare toute faute et conséquemment aussi la malhonnêteté) se fonde la maxime dite de garantie dans les choses de la foi *(argumentum a tuto)* : Si ce que je professe au sujet de Dieu est la vérité j'ai atteint le but ; si ce ne l'est pas, d'ailleurs n'étant en soi rien de prohibé, j'aurais simplement cru une chose superflue ; ce n'était pas il est vrai nécessaire, toutefois je n'ai fait que m'imposer une charge, ce qui n'est pourtant pas un crime. Le danger provenant de la déloyauté du prétexte, *l'atteinte portée à la conscience,* en donnant devant Dieu lui-même une chose pour certaine dont on sait |cependant **189** qu'elle n'est pas de nature à pouvoir être affirmée avec une confiance inconditionnée, tout cela *l'hypocrite le considère comme rien.* – La seule maxime de sûreté authentique, conciliable avec la religion, est au juste la maxime contraire : Ce que, comme moyen ou condition de salut, je ne puis connaître par ma propre raison, mais seulement par révélation et qui ne peut être admis dans ma profession de foi que grâce à une croyance historique, sans contredire d'ailleurs les purs principes moraux, je ne puis assurément pas le croire et l'affirmer de façon certaine, mais tout aussi peu le rejeter comme certainement faux. Néanmoins, sans rien décider à cet égard, je compte que je puis bénéficier de ce qui peut y être contenu d'utile au salut pourvu que je ne m'en sois pas rendu indigne par ma bonne conduite. Cette maxime offre une véritable sûreté morale, eu égard à la conscience (et l'on ne peut demander davantage à un homme) ; au contraire, le prétendu moyen de prudence présente le péril et l'insécurité les plus graves, en éludant avec ruse les conséquences défavorables, pouvant résulter pour moi de mon manque de foi et en tenant pour les deux partis, on risque de perdre les bonnes grâces de l'un et de l'autre.

Si l'auteur d'un symbole, si le docteur d'une église, bien plus si tout homme, alors qu'il doit s'avouer à lui-même intérieurement qu'il est convaincu de certains dogmes comme étant des révélations divines, se posait la question : Oserais-tu bien en présence de Celui qui sonde les cœurs, affirmer la vérité de ces dogmes, sous peine de renoncer à tout ce qui t'est cher et sacré ? Il me faudrait avoir de la nature humaine (qui du moins n'est pas absolument incapable d'aucun bien) une idée bien défavorable pour ne pas prévoir, que même le docteur de la foi le plus hardi, devrait en ce cas trembler d'effroi[1]. |Mais, s'il en est ainsi, comment pourrait-on lorsqu'on a une conscience scrupuleuse, exiger une profession de foi de ce genre qui n'admet aucune restriction et présente même les affirmations en leur témérité comme un devoir rentrant dans le service divin, et terrasser ainsi entièrement la liberté humaine qui est absolument requise pour tout ce qui est moral (par exemple l'admission d'une religion), sans même laisser une

1. Le même homme qui a l'audace de dire : « Celui qui ne croit pas à tel ou tel enseignement historique comme à une précieuse vérité, est *damné* », devrait pouvoir dire aussi : « Si ce que je vous raconte là n'est pas vrai, *je veux être damné !* » – S'il pouvait y avoir un homme susceptible de prononcer des paroles aussi terribles, je conseillerai d'avoir foi, en ce qui le concerne, au proverbe persan d'un *Hadgi* : Si quelqu'un a été une fois (en pèlerin) à la Mecque, quitte la maison où il loge avec toi, s'il y a été deux fois, retire-toi de la rue où il habite, mais s'il y a été trois fois, quitte la ville ou même le pays où il se trouve. (Addition à la 2ᵉ édition).

place à la bonne volonté qui dit : « Je crois, Seigneur, viens en aide à mon incrédulité »[a][1].

REMARQUE GÉNÉRALE

Le bien que l'homme peut faire par lui-même d'après les lois de liberté, comparé avec le pouvoir dont il ne dispose qu'au moyen d'un secours surnaturel peut s'appeler *nature à la différence de la grâce*. Ce n'est pas que nous entendions par la première de ces expressions une manière d'être physique différente de la liberté, mais c'est que nous avons tout au moins la connaissance des lois de ce pouvoir (de la *vertu*) et que la raison dispose grâce à lui au titre d'un *analogon de la*

a. *Marc*, IX, 24.

1. O *sincérité !* O Astrée, qui t'es enfuie de la terre au ciel, comment te ramener à nous de là-haut (toi, fondement de la conscience et par suite de toute religion intérieure) ? Je peux accorder, il est vrai, quoique ce soit bien regrettable, que la franchise (qui consiste à dire *toute* la vérité que l'on sait) ne se rencontre pas dans la nature humaine. Mais la sincérité (consistant à dire avec véracité *tout ce que l'on dit*) doit pouvoir s'exiger de chacun, et même s'il n'y avait aucune disposition à cet égard dans notre nature, disposition qu'on néglige simplement de cultiver, la race humaine devrait être à ses propres yeux un objet du plus profond mépris. – Mais cette propriété de l'âme que l'on exige est exposée à beaucoup de tentations, et coûte bien des sacrifices, aussi réclame-t-elle de la force morale, c'est-à-dire de la vertu (qu'il faut acquérir) ; on doit toutefois la surveiller et la cultiver plus tôt que tout autre qualité parce que le penchant contraire, quand on l'a laissée s'enraciner est la plus difficile à extirper. – Que l'on compare maintenant notre méthode d'éducation avec ces indications, notamment pour ce qui est de la religion ou mieux des dogmes où l'on considère la fidélité de la mémoire pour répondre aux questions qui s'y rapportent sans prêter attention à la fidélité de la profession de foi (qui ne donne jamais lieu à examen), comme suffisant pour faire un croyant qui ne comprend même pas ce qu'il y affirme solennellement, et l'on ne s'étonnera plus du manque de sincérité qui ne fait que des gens hypocrites au fond d'eux-mêmes. (Addition à la 2ᵉ édition).

nature d'un guide visible et intelligible pour elle ; au contraire, |si la grâce agit en nous, le quand, en vue de quoi, et en quelle mesure, tout cela nous demeure entièrement caché ; et en ces matières comme pour le surnaturel en général (auquel se rattache la moralité comme *sainteté)* la raison est totalement privée de la connaissance des lois en vertu desquelles ces choses peuvent arriver.

Le concept d'une intervention surnaturelle en faveur de notre capacité morale déficiente et même de notre intention insuffisamment purifiée, faible tout au moins, pour satisfaire à tous nos devoirs, est transcendant et est une simple Idée, dont aucune espèce d'expérience ne peut nous garantir la réalité. Mais, il est même fort risqué de l'accueillir comme Idée au seul point de vue pratique, et difficilement conciliable avec la raison ; parce que ce qui doit nous être imputé à titre de bonne conduite morale, ne devrait pas s'effectuer grâce à une influence étrangère, mais uniquement par l'usage le meilleur possible de nos propres forces. Toutefois l'impossibilité d'une semblable intervention (en sorte que les deux facteurs agissent côte à côte) ne peut pas non plus se démontrer parce que la liberté elle-même, quoique ne renfermant rien de surnaturel dans son concept, reste néanmoins pour nous, quant à sa possibilité, aussi incompréhensible que le surnaturel qu'on voudrait accueillir pour suppléer à sa destination spontanée, mais imparfaite.

Cependant, comme nous connaissons tout au moins les *lois* (morales) selon lesquelles la liberté doit se déterminer et que d'autre part, nous ne pouvons avoir la moindre connaissance d'un secours surnaturel d'où proviendrait véritablement une certaine force morale, remarquée en nous, ni dans quel cas et à quelle condition on peut s'attendre à ce secours, nous ne pourrons, exception faite de la présupposition, que la grâce effectuera en nous ce que la nature ne peut faire pourvu que nous l'ayons employée (c'est-à-dire nos propres forces) dans la mesure du possible, nous servir de cette Idée pour aucun autre usage, ni savoir comment nous assurer de sa coopération (à la réserve du constant effort d'une bonne conduite) ni comment déterminer en quel cas nous aurions à y compter. – Cette idée est absolument transcendante et il est d'ailleurs salutaire de s'en tenir à une distance respectueuse comme s'il s'agissait d'une chose sacrée de peur de nous rendre, en ayant l'illusion de faire nous-mêmes des miracles ou d'en observer en nous, impropres à toute espèce d'usage de la raison ou encore de nous laisser gagner par la paresse, en attendant d'en haut dans une quiétude passive ce que nous devrions chercher en nous-mêmes.

|Or, les *moyens* sont toutes les causes médiates que **192** l'homme a *en son pouvoir* pour réaliser grâce à eux une certaine fin, et alors il ne reste rien d'autre, pour se rendre digne du secours céleste (et il ne peut y avoir rien d'autre) que l'effort sérieux pour améliorer le plus possible sa moralité et se rendre ainsi susceptible de cette perfection qui la rendra digne de l'agrément divin, mais qui ne dépend pas de l'homme ; car ce secours divin qu'il attend n'a pour fin que la moralité à vrai dire. Or, que l'homme impur ne cherche pas de ce côté ce secours, mais plutôt dans certaines institutions sensibles (qui sont en son pouvoir assurément, mais qui par elles-mêmes ne peuvent rendre meilleur aucun homme et cependant seraient ici censées le produire de façon surna-turelle), c'est bien ce à quoi on pouvait *a priori* s'attendre et en fait, il en est bien ainsi. Le concept d'un prétendu *moyen de grâce* encore que (ainsi qu'il a été dit) il soit en soi contra-dictoire, sert toutefois en ce cas de moyen pour s'illusionner, illusion aussi générale que nuisible à la véritable religion.

Le culte vrai (moral) de Dieu que les croyants ont à rendre comme sujets ressortissants de Son Royaume, mais non moins aussi (sous des lois de liberté) comme citoyens de ce même empire, est en vérité, comme celui-ci, invisible, c'est en effet un *culte des cœurs* (en esprit et en vérité) et il ne peut que consister que dans l'intention, dans l'observation de tous les vrais devoirs comme commandements de Dieu et non en actes destinés exclusivement à Dieu. Cependant l'invisible a besoin d'être représenté pour l'homme par quelque chose de visible (de sensible), bien plus d'en être accompagné dans l'intérêt du facteur pratique et quoiqu'intellectuel il doit être rendu susceptible d'intuition en quelque sorte (suivant une certaine analogie) ; c'est là un moyen dont on ne peut guère il est vrai se passer – mais qui est fort exposé au danger de la fausse interprétation – et destiné seulement à pouvoir nous représenter notre devoir par le culte de Dieu, moyen qui peut facilement être pris, par suite d'une *illusion* qui se glisse en nous, pour le culte divin lui-même et d'ailleurs on le désigne aussi communément ainsi.

Si l'on ramène ce soi-disant culte de Dieu à son esprit et à sa signification véritable, c'est-à-dire une intention qui se consacre au règne de Dieu en nous et hors de nous il peut être réparti par la raison même en quatre devoirs à observer, auxquels toutefois ont été adjointes, comme leur corres-

193 pondant, certaines formalités ǀqui ne s'y rattachent pas nécessairement ; elles ont été, en effet, de toute antiquité reconnus comme de bons moyens sensibles pour leur servir de schèmes et attirer notre attention sur le véritable culte de Dieu et à l'y maintenir. Ils se fondent tous sur cette fin d'avancer le bien moral. 1) *On doit* l'établir *solidement* en nous et en réveiller l'intention à diverses reprises dans l'âme (c'est le rôle de la prière privée). 2) Son *extension au dehors* sera assurée par des réunions publiques, à des jours consacrés pour y exposer les dogmes et les vœux (et aussi des intentions du même genre), et les communiquer à tous de cette manière (c'est la fréquentation de l'église). 3) Sa *transmission* à la postérité, en recevant de nouveaux membres dans la communauté de la foi, avec le devoir aussi de les y instruire (dans la religion chrétienne, il s'agit ici du *baptême*). 4) La *conservation de cette communauté,* par la répétition d'une formalité publique qui rend durable l'union de ses membres en un corps moral d'après le principe de l'égalité de leurs droits et de la participation aux fruits du bien moral (c'est la communion).

Tout agissement dans les choses de religion si on ne l'entreprend pas dans une intention morale exclusive et que néanmoins l'on en use comme d'un moyen qui *en soi* rend agréable à Dieu et qui par là satisfait tous nos vœux, relève d'une *foi fétichiste* qui consiste à se persuader que ce qui ne peut rien produire en vertu des lois de la *nature* ou des lois morales de la raison, produira pour ce motif même l'objet que l'on désire et l'on rattache ensuite à cette foi certaines cérémonies. Mais là où a triomphé la conviction que le principal facteur en ce cas est le bien moral qui ne peut résulter que du faire, l'homme sensible, recherche cependant encore un chemin détourné pour éluder cette pénible condition, en pensant que pourvu qu'il s'acquitte seulement de la *forme extérieure* (de la cérémonie), Dieu l'admettra à la place de l'action : ce que l'on pourrait sans doute bien appeler une grâce surabondante, à moins que ce ne soit plutôt une grâce chimérique fondée sur une confiance creuse ou même hypocrite. Et c'est ainsi que dans toutes les croyances publiques, l'homme a imaginé certains usages comme *moyens de grâce*, bien qu'ils ne se rapportent pas dans toutes les religions, comme dans la religion chrétienne, à des concepts pratiques de la raison et aux intentions qui leur sont conformes ; (il en est ainsi dans la religion musulmane des cinq grands commandements : les absolutions, |la prière, le 194 jeûne, l'aumône, le pèlerinage à la Mecque ; l'aumône seule mériterait d'être mise à part ; si elle se faisait avec le sentiment vraiment vertueux et religieux aussi du devoir humain, et alors elle mériterait bien d'être considérée en vérité comme un moyen de grâce ; mais, comme au contraire, elle peut suivant cette croyance être compatible même avec l'extorsion qui dépouille autrui de ce qu'on offre en sacrifice à Dieu en la personne des pauvres, elle ne mérite pas de faire exception).

Il peut se produire, en effet, trois espèces de croyances *chimériques* si nous outrepassons, ce qui nous est possible, les limites de notre raison par rapport au surnaturel (qui, d'après les lois rationnelles n'est un objet ni de l'usage théorique, ni de l'usage pratique). *Premièrement*, la croyance de pouvoir connaître par expérience une chose qu'il nous est pourtant impossible d'admettre comme se produisant conformément aux lois objectives de l'expérience *(la croyance aux miracles)*. *Deuxièmement*, l'illusion qu'il faut accueillir parmi nos concepts rationnels, comme nécessaires à notre bien moral, ce dont nous-mêmes par raison ne pouvons nous faire aucune Idée (la croyance aux *mystères*). *Troisièmement*, l'illusion de pouvoir produire par l'emploi de simples moyens naturels un effet qui est pour nous un mystère : l'influence de Dieu sur notre moralité (la croyance aux *moyens de grâce*). Nous avons traité des deux premiers genres sophistiqués de croyances dans les Remarques générales faisant suite aux deux Parties immédiatement précédentes de cet écrit. Nous n'avons plus qu'à parler maintenant des moyens de grâce (différents des *effets de la grâce*[a] c'est-à-dire des influences morales surnaturelles où nous demeurons purement passifs, mais dont l'expérience prétendue est une illusion enthousiaste relevant uniquement du sentiment).

1) La *prière,* conçue comme un culte *intérieur formel* et pour cette raison comme un moyen de grâce, est une illusion superstitieuse (un fétichisme) ; car, elle consiste simplement à déclarer nos désirs à un être qui n'a nul besoin que celui qui désire une chose lui déclare son intention intérieure ; aucun résultat n'est donc atteint par là, et par suite aucun des devoirs qui nous incombent en tant que commandements de Dieu ne se trouve accompli et Dieu n'est point servi en réalité. Le désir, venant du fond du cœur, d'être agréable à Dieu en toute notre |conduite, c'est-à-dire l'intention accompagnant toutes

195

---

a. Voir la remarque générale, *première partie* (Addition à la 2ᵉ édition).

nos actions, de les accomplir comme si elles s'exécutaient pour le service de Dieu, voilà *l'esprit de la prière* qui « sans relâche »[a] peut et doit exister en nous. Mais mettre ce vœu (ne serait-ce qu'intérieurement) en mots et en formules[1] cela peut **196** avoir tout au plus la valeur d'un moyen |pour ranimer cette intention en nous ; directement, cela ne peut avoir aucun

a. I, *Thess*, V, 17.

1. Par ce vœu qui est l'esprit de la prière, l'homme ne cherche à agir que sur lui-même (pour vivifier son intention au moyen de *l'Idée de Dieu*), mais par celui qui s'exprime par des mots, donc de façon extérieure, il veut agir *sur* Dieu. Au premier sens, une prière peut être faite en toute loyauté, encore que l'homme n'ait pas la prétention de pouvoir affirmer lui-même l'existence de Dieu comme entièrement certaine ; sous la deuxième forme, comme *adresse*, il admet que cet objet suprême est présent personnellement ou il fait tout au moins semblant (même en son for intérieur) d'être convaincu de sa présence, en pensant que, même s'il n'en était pas ainsi, cela ne peut pas nuire, mais au contraire lui attirer de la faveur ; par suite, dans ce dernier genre de prière (genre littéral) la sincérité ne peut se rencontrer d'une manière aussi parfaite que dans le premier (qui est le pur esprit de la prière). – Tout le monde trouvera confirmée la vérité de cette dernière remarque s'il imagine un homme pieux, de bonne volonté, d'ailleurs borné sous le rapport de semblables concepts religieux purifiés, qu'un autre surprendrait, je ne veux pas dire priant à voix haute, mais même seulement dans une attitude qui l'indiquerait. On s'attendra bien, sans que je le dise, à ce que le premier soit troublé ou embarrassé comme s'il se trouvait dans une situation dont il devrait avoir honte. Mais pourquoi cela ? Quand un homme est surpris se parlant à haute voix, à lui-même, cela le rend tout d'abord suspect d'avoir un léger accès de folie et on en juge également ainsi (non absolument à tort) si on le trouve alors qu'il est seul, dans une occupation ou une attitude que peut avoir seulement celui qui a extérieurement, quelqu'un devant les yeux, ce qui n'est cependant pas le cas dans notre exemple. – Or, le Maître de l'Évangile a très excellemment exprimé l'esprit de la prière en une formule qui rend la prière superflue comme, par suite, la formule elle-même (c'est-à-dire la lettre). On n'y trouve rien si ce n'est la résolution d'avoir une bonne conduite ; unie à la conscience de notre fragilité, elle comprend le constant désir d'être des membres dignes du royaume de Dieu ; il ne s'agit donc pas de demander une chose que Dieu en sa Sagesse pourrait aussi bien nous refuser, mais d'un désir qui, s'il était sérieux (actif), produit lui-même son objet (devenir un

rapport avec la satisfaction divine et par suite ne saurait
197 |constituer un devoir pour chacun; un moyen ne peut en effet
être prescrit qu'à celui qui *en a besoin* pour certaines fins,

homme agréable à Dieu). Même le vœu concernant le moyen de conserver
notre existence (le pain) durant un jour, n'ayant pas expressément en vue la
continuation de cette existence, mais étant l'effet d'un besoin purement
ressenti de façon animale, est plutôt un aveu de ce que la *nature* exige en nous
qu'une demande particulière et réfléchie de ce que *l'homme* veut; une
demande de ce genre serait celle qui réclamerait le pain du lendemain;
demande ici exclue d'une façon suffisamment claire. – Une prière de ce
genre, faite dans une intention purement morale (vivifiée par la seule Idée de
Dieu), parce que, comme esprit moral de la prière, elle produit spontanément
son objet (être agréable à Dieu), peut seule être faite dans la *foi*; ce qui
signifie qu'on est assuré qu'elle est digne d'être *exaucée ;* or il n'est rien de
cette nature que la moralité en nous. Car, même si la prière ne portait que sur
le pain quotidien, personne ne peut avoir l'assurance qu'elle soit exaucée,
c'est-à-dire qu'elle soit si nécessairement liée avec la Sagesse divine, que ce
soit pour Elle une obligation de la garantir; il peut arriver qu'il s'accorde
mieux avec cette sagesse de faire que ce besoin cause aujourd'hui la mort de
celui qui emploie. C'est aussi une illusion démente ainsi que démesurée en
même temps que d'essayer, en priant avec une importunité arrogante, de
détourner Dieu, si possible, du plan formé dans sa sagesse (pour notre
avantage présent). Ainsi, nous ne pouvons considérer comme pouvant être
exaucée avec certitude une prière qui n'aurait pas un objet moral, c'est-à-
dire que nous ne pouvons prier pour une chose de ce genre *en la foi*. Bien plus,
même si l'objet était moral, mais cependant possible uniquement, grâce à une
influence surnaturelle (ou bien si nous l'attendions de ce côté seulement
parce que nous ne voulons pas nous-mêmes faire un effort dans ce but, soit,
par exemple, pour réformer notre mentalité, revêtir un homme nouveau, ce
que l'on appelle la nouvelle naissance), il est très incertain que Dieu trouve
conforme à sa Sagesse de parfaire notre indigence (due à notre propre
faute) d'une façon surnaturelle et il y a plutôt lieu de s'attendre au contraire.
L'homme ne peut même pas prier à cette fin en la foi. – On s'explique par là
ce qu'il peut bien en être d'une foi opérant des miracles (qui serait toujours
accompagnée en même temps d'une prière intérieure). Comme Dieu ne peut
accorder à l'homme la force nécessaire pour agir de manière surnaturelle
(car il y aurait contradiction) et, comme l'homme, d'autre part, ne peut, par
suite des concepts qu'il se fait de bonnes fins possibles dans le monde,
déterminer quel sera à cet égard le jugement de la Sagesse divine, et utiliser,
par conséquent la puissance divine au moyen des vœux produits en lui et par

mais tout le monde est loin de voir la nécessité de ce moyen (pour parler en lui-même et plus justement *avec lui-même,* en prétendant parler d'autant plus intelligiblement *avec Dieu*); il faut bien plutôt par une purification et une élévation continuelles de l'intention morale travailler à ce que le seul esprit de la prière soit éveillé en nous d'une façon suffisante afin que

lui, on ne saurait du tout concevoir un don du miracle qu'il dépendrait de l'homme d'avoir ou de ne pas avoir, au sens littéral (Si vous aviez la foi, comme un grain de sénevé, etc.) [a]. Une foi semblable donc, si elle doit signifier quelque chose, est simplement l'Idée de l'importance prépondérante qu'a la nature morale de l'homme, s'il la possédait, dans toute sa perfection agréable à Dieu (qu'il n'atteint jamais toutefois) sur tous les autres motifs d'action que Dieu peut avoir dans sa suprême Sagesse; cette foi est donc une raison pour nous d'avoir confiance que si nous étions ou devenions *entièrement* ce que nous devons être et pourrions être par un rapprochement continuel) la nature devrait obéir à nos vœux qui eux-mêmes, en ce cas, ne seraient jamais malavisés.

Pour ce qui concerne *l'édification* visée par la fréquentation de l'Église, on peut dire de la prière publique qu'elle n'est pas, il est vrai, un moyen de grâce, mais toutefois une solennité éthique, soit par le moyen du chant en commun de l'hymne de foi, soit par *l'allocution* formellement adressée à Dieu par la bouche du prêtre au nom de toute |la communauté et qui comprend en soi toute la disposition morale de l'homme, solennité qui, représentant celle-ci comme un intérêt public où le vœu d'un chacun doit être présenté comme s'unissant au vœu de tous, en vue d'un même but (l'établissement du royaume de Dieu), peut non seulement soulever l'émotion jusqu'à l'exaltation éthique (tandis que les prières particulières n'étant pas faites dans cette Idée sublime, perdent peu à peu par l'habitude toute influence sur l'esprit), mais a pour elle encore un motif plus raisonnable que l'autre prière pour envelopper dans une allocution en forme le vœu moral qui constitue l'esprit de la prière, sans croire cependant en cette occasion à la présence actuelle de l'Être suprême ou à une valeur propre, spéciale de cette figure oratoire en tant que moyen de grâce. Car il se trouve ici une intention particulière qui est de mettre en mouvement avec plus de force encore, par le moyen d'une solennité extérieure représentant *la réunion de tous les hommes* dans le désir commun du Royaume de Dieu, le motif éthique de chacun, ce qui ne peut se faire d'une manière plus convenable que si l'on s'adresse à son Chef suprême tout comme s'il était spécialement présent en ce lieu.

(a) *Matth*, XVII, 20.

sa littéralité puisse enfin disparaître (tout au moins en ce qui concerne notre usage personnel). Car la lettre affaiblit plutôt, comme tout ce qui est dirigé indirectement vers un certain but, l'effet de l'Idée morale (qui, considérée subjectivement se nomme : *recueillement*). C'est ainsi que la contemplation de la profonde sagesse de la création divine dans les plus petits objets et de sa majesté dans les grands aspects, – ce dont les hommes, il est vrai, ont pu se rendre compte de tout temps, mais dont la connaissance s'est développée à l'époque moderne de la façon la plus admirable, – possède une force telle que non seulement elle projette l'âme en un état d'abattement qui anéantit l'homme à ses propres yeux et que l'on nomme état *d'adoration*, mais qu'elle a aussi, eu égard à la destination morale de celui-ci une puissance qui élève l'âme de telle sorte que devant elle, des paroles, seraient-elles mêmes celles du roi David en ses prières (qui ne connaissait guère tous ces miracles) devraient se perdre comme un son creux, parce que le sentiment qu'inspire une semblable intuition du doigt de Dieu est indicible. – Comme d'autre part les hommes transforment volontiers tout ce qui n'a rapport à vrai dire |qu'à leur propre amélioration morale, par l'effet de la disposition religieuse de leur âme en un service de cour où l'humiliation et la glorification sont communément d'autant moins senties qu'elles sont plus verbeuses, il est bien plus nécessaire de faire remarquer avec soin même pour les tout premiers exercices de prières des enfants qui ont encore besoin de la littéralité que le discours (même dit intérieurement et bien plus les tentatives pour disposer l'esprit à saisir une Idée de Dieu qui devrait se rapprocher d'une intuition) est en ce cas sans valeur en soi, et qu'il ne s'agit que de vivifier l'intention de se conduire d'une manière agréable à Dieu, le discours n'étant qu'un moyen pour l'imagination à cette fin ; car toutes ces dévotes manifestations de respect présentent le danger de ne produire qu'un culte hypocrite de Dieu à la place d'un

198

service pratique qui ne consiste pas simplement en sentiments.

2) La *fréquentation de l'église* conçue d'une *manière générale* comme *culte extérieur solennel* dans une église est non seulement si l'on considère qu'il y a là une représentation sensible de la communion des fidèles, un moyen *d'édification très précieux*[1] *pour chacun en particulier,* mais aussi pour les fidèles d'un État divin devant être représenté sur la terre, un devoir les obligeant immédiatement dans l'intérêt de la totalité ; à supposer |que dans cette église ne se rencontrent pas **199** des formalités pouvant conduire à l'idolâtrie et gêner ainsi la conscience, par exemple certaine façon d'adorer Dieu en la personnalité de son infinie bonté sous le nom d'un homme, quand sa représentation sensible est contraire à l'interdiction rationnelle : « *Tu ne te feras pas d'image taillée,* etc. »[a].

---

a. II, *Moïse*, XX, 4.

1. Si l'on cherche pour cette expression un sens qui lui convienne, on ne pourra sans doute qu'indiquer celui par lequel on entend la *conséquence morale que la dévotion comporte pour le sujet.* Or, cette conséquence ne consiste pas dans l'émotion (que comprend déjà le concept de dévotion) quoique la plupart des prétendus gens dévots (qui, pour cette raison, sont aussi nommés cagots), la font entièrement consister en cette émotion ; donc le mot édification doit signifier la conséquence qui résulte de la dévotion pour la véritable amélioration de l'homme. Or, celle-ci ne peut réussir que si l'on s'y prend systématiquement, en gravant profondément dans le cœur des principes solides suivant des concepts bien compris en y édifiant des intentions conformes à l'importance diverse des devoirs qui les concernent et qu'on protègera et garantira contre les tentations des inclinations et en formant ainsi un homme nouveau en quelque sorte comme on construit un *temple* de Dieu. Il est facile de voir que cette construction ne peut avancer que lentement ; mais il faut tout au moins qu'on puisse constater que quelque chose a été *effectué.* Toutefois, comme il en est, les hommes s'imaginent être fort bien *construits* (en écoutant ou en lisant et chantant), cependant, rien absolument n'est proprement bâti, on n'a même pas mis la main à l'ouvrage, probablement parce qu'ils espèrent que cet édifice moral s'élèvera spontanément, comme les murailles de Thèbes, grâce à la musique des soupirs et des vœux langoureux.

Cependant vouloir l'utiliser en soi en qualité de *moyen de grâce* comme si Dieu pouvait ainsi être immédiatement servi et que Celui-ci ait attaché à la célébration de cette solennité (simple représentation sensible de l'*universalité* de la religion) des *grâces* particulières, c'est là une *illusion* qui s'accorde bien, il est vrai avec la manière de penser d'un bon *citoyen* dans un *État politique* comme avec les convenances extérieures, mais qui non seulement n'est à l'homme d'aucun secours sous le rapport de sa qualité de *citoyen* du *Royaume de Dieu,* mais tout au contraire altère plutôt cette qualité et sert à dissimuler aux yeux d'autrui et même aux siens propres la mauvaise teneur morale de son intention grâce à un vernis trompeur.

3) La *consécration* solennelle dans la communauté de l'Église qui ne s'accomplit qu'une fois, c'est-à-dire la première *réception comme membre d'une église* (par le *baptême* dans l'Église chrétienne), est une cérémonie très significative qui impose à celui qui doit être consacré, dès lors qu'il peut professer lui-même sa foi, ou aux témoins qui s'engagent à avoir soin de son instruction à cet égard, une grave obligation et a pour but une chose sacrée (la formation d'un homme qui doit devenir citoyen d'un État divin); en elle-même toutefois, cette action d'autrui n'a rien de saint, rien qui produise la sainteté et une prédisposition à la grâce divine dans le sujet, et par suite elle n'est aucunement un *moyen de grâce,* malgré l'excessive audience dont jouissait dans la primitive église grecque cet acte susceptible réputé de pouvoir aussitôt laver de tous les péchés; et par là cette illusion montrait publiquement son affinité avec un genre de superstition presque plus que païen.

4) La cérémonie plusieurs fois répétée d'un *renouvellement d'une continuation et d'une propagation de cette communauté ecclésiastique* d'après les lois de l'*égalité* (c'est-à-dire la *communion*), qui peut, bien évidemment suivant l'exemple du fondateur d'une église de ce genre (et aussi en souvenir de

lui), s'effectuer par la formalité d'une consommation commune à la même table, contient en soi quelque chose de grand,
quelque chose qui élargit la manière de penser étroite, égoïste
et intolérante des hommes, surtout en matière de religion,
jusqu'à l'idée d'une *communauté morale* cosmopolite, |et **200**
constitue un bon moyen pour animer dans une paroisse
l'intention morale de l'amour fraternel qui s'y trouve
représenté. Toutefois, glorifier Dieu pour avoir attaché à la
célébration de cette solennité des grâces particulières et
admettre dans les articles de foi le dogme que cette solennité
qui n'est pourtant qu'un acte ecclésiastique, constitue aussi un
moyen de grâce, c'est là une illusion religieuse qui ne peut
agir que dans un sens directement opposé à l'esprit même de la
religion. – Le *sacerdoce* par suite consisterait d'une manière
générale dans l'autorité que s'arroge le clergé sur les âmes en
se donnant l'apparence d'avoir la possession exclusive des
moyens de grâce.

Toutes les illusions factices de ce genre qu'on se forge à
soi-même en matière de religion ont un fondement commun.
D'ordinaire, l'homme s'adresse parmi tous les attributs
moraux de Dieu, donc la sainteté, la grâce et la justice, tout
directement au second pour éluder la condition qu'il redoute,
de se conformer à ce qu'exige le premier. Il est pénible d'être
un bon *serviteur* (car il n'est toujours question que de
devoirs) ; il s'ensuit que l'homme préférerait être un *favori*, à
qui l'on passe beaucoup de choses, ou même s'il a failli au
devoir d'une façon un peu trop grossière tout peut de nouveau
alors s'arranger par l'entremise de quelque personnage au plus
haut point favorisé, l'homme demeurant d'ailleurs le méchant
serviteur qu'il était. Mais pour avoir quelque apparence de
satisfaction quant à la possibilité d'effectuer ce dessein, il
transfère son concept d'homme (avec ses défauts) comme
d'ordinaire à la Divinité, et de même que chez les meilleurs
princes de notre espèce, la sévérité législatrice, la grâce
bienfaisante et la justice exacte n'agissent pas, chacune séparé-

ment et pour soi (comme ce devrait être), en vue de la valeur
morale effective des actions du sujet, mais qu'elles se *mêlent*
dans l'esprit du chef humain lorsqu'il prend ses décisions et
que par suite l'on n'a qu'à chercher à avoir prise sur l'un de ces
attributs, la sagesse fragile de l'humaine volonté, pour déterminer les deux autres à l'indulgence, de même l'homme
espère aboutir avec Dieu au même résultat, en s'adressant
201 seulement à sa *grâce*. (Aussi ce fut pour la religion |une
division importante que celle de ces attributs ou plutôt des
rapports de Dieu avec l'homme, au moyen de l'idée d'une
personnalité triple d'après laquelle on doit par analogie,
concevoir cette division pour pouvoir distinguer chacun de ses
attributs en particulier). A cette fin, il consacre ses soins à
toutes les formalités imaginables, destinées à manifester à
quel point il *honore* les commandements de Dieu pour n'avoir
pas à les *observer* ; et afin que ses vœux passifs puissent aussi
servir à compenser ses transgressions, il s'écrie : « Seigneur !
Seigneur ! »[a] pour ne pas au moins avoir « à accomplir la
volonté du Père céleste » ; et il se fait ainsi des cérémonies,
simples moyens en usage pour vivifier des intentions vraiment pratiques, l'idée qu'elles sont par elles-mêmes des
moyens de grâce. Il prétend même voir dans les croyances
qu'elles constituent un élément essentiel de la religion
(l'homme du commun les fait passer même pour toute la
religion) et abandonne à la Providence infiniment bonne le
soin de faire de lui un homme meilleur, s'adonnant, en ce qui
le concerne, à la *dévotion* (vénération passive de la loi divine)
au lieu de s'adonner à la *vertu* (qui consiste à consacrer ses
forces personnelles à l'accomplissement du devoir qu'il
respecte) ; ce n'est cependant que la vertu *unie à la dévotion*
qui peut constituer l'idée que l'on entend par le terme de *piété*
(c'est-à-dire la véritable *intention religieuse*). – Quand
l'illusion de ce prétendu favori du ciel croît en lui jusqu'à cette

a. *Matth.*, VII, 21, 22.

imagination enthousiaste qu'il ressent des effets particuliers de la grâce (et même jusqu'à l'outrecuidance d'avoir de prétendues *relations* familières et mystérieuses avec Dieu), la vertu même finit par le dégoûter et devient pour lui un objet de mépris ; c'est pourquoi, il n'y a rien d'étonnant quand on se plaint ouvertement que la religion contribue toujours si peu à rendre les hommes meilleurs et que la lumière intérieure (« sous le boisseau »)[a] de ces personnes sous la grâce ne parvienne pas à éclater extérieurement aussi par de bonnes œuvres et à la vérité (comme on pourrait bien l'exiger après de telles prétentions) de *façon bien plus insigne* que chez d'autres hommes honnêtes par nature qui accueillent simplement en eux la religion non pour remplacer, mais comme principe de réalisation de l'intention vertueuse dont l'activité se manifeste dans une bonne conduite. Le Maître de l'Évangile a pourtant donné ces preuves extérieures de l'expérience externe comme étant la pierre de touche, grâce à laquelle on peut à leurs fruits les connaître, ainsi que chacun peut se connaître. Mais on n'a pas encore vu que ces gens qui se considèrent comme extraordinairement favorisés (comme les élus), surpassent si peu que ce soit l'homme naturellement honnête, auquel on peut avoir confiance dans les rapports sociaux, |dans les affaires et **202** dans la détresse ; on constate bien plutôt que, dans l'ensemble, ils soutiendraient à peine la comparaison avec lui ; ce qui prouve bien que la bonne voie ne conduit pas de la rémission des péchés à la vertu, mais bien au contraire de la vertu à la rémission des péchés.

a. *Matth.*, V, 15.

INDEX DES NOMS ET DES MATIÈRES

Le texte de la *Religion dans les limites de la simple raison*, ne peut se comparer à celui des grands autres traités. La terminologie est plus fluctuante tendant à la fois vers la philosophie transcendantale et vers la philosophie populaire. C'est la première explication des insuffisances dans la rédaction de l'index. Il en est une seconde. Comme on l'a vu en l'Introduction que nous avons proposée, il est clair que nous ne pouvons plus remonter à toutes les sources de la terminologie kantienne. Et quand bien même le pourrions-nous, il ne s'agirait pas seulement d'observer les corrections – la chose serait malaisée. Ajoutons parce que cela est très important que le catéchisme relu avec soin par Kant (Borowski) avant la rédaction de son ouvrage est perdu. Ces raisons nous ont conduit à rédiger un index modeste. Précisons qu'en dehors des grandes notions, Kant ne semble pas avoir toujours retenu le même terme pour la même chose. C'était au demeurant une conséquence de l'intention primitive de l'ouvrage. En ce sens la traduction de Gibelin – reproduite ici avec quelques corrections – dans son hétérogénéité ne visait pas faux. On voudra bien excuser les déficiences de l'index en songeant à cela.

INDEX DES NOMS

INDEX DES MATIÈRES

faveurs (r. de simple culte) – r. morale = r. de la bonne conduite, 123 – r. et raison opposées à l'histoire des religions révélées, 163, r. cultuelle, 185, opposée à la r. purement morale – la pure r. de la raison est l'interprète authentique de la croyance historique, 192 – La r. comme moyen du Royaume de Dieu, 241 – la pure r. de la raison aura des serviteurs, 243 – la r. considérée subjectivement et sa définition, 245 – r. révélée, sa définition, 246– r. naturelle et sa définition, 246 – r. naturelle et r. savante, 247 – interpénétration des structures de la r., 248 – la r. chrétienne comme religion naturelle, 248 sq. – la r. pur concept de la raison pratique, 251.

Rémission, 204, 308.

Résolution, 117, 217.

Respect, 71 n., 73, 88 n., 93, 111 n.

Responsabilité, 91, cf. *personnalité*, 93.

Résurrection, 217.

Rétablissement, 114, 122, cf. Régénération.

Retomber, 114, 172, équivalent de rechute, 285.

Révélation, 77 comme *système* historique.

Révolution, – dans l'intention de l'homme, 118, dans le genre humain, 137, dans l'histoire, 158, 160 n. –

r. religieuse, 164 – r. extérieure, 209-216, 219.

Rigoriste, 88.

Rivalité, 93.

Royaume, r. du mal (des ténèbres), 156-158 : à distinguer, même comme r. du mal d'un *règne de la nature*, car tout r. est un r. de la *liberté*, 161-162 – r. de la vertu, 173, r. de Dieu, 242, r. de Dieu et État politique, 304.

Sacerdoce, 280 = Constitution d'une Église où règne un culte fétichiste, sa définition générale, 305.

Sacrifices, (*pénitences,* mortifications, pèlerinages), 267.

Sagesse, 127-129, 158.

Saint, 136-137 : Jusqu'où peut-on proposer un saint en exemple ? Il ne doit pas être trop élevé au-dessus de l'infirmité de la nature humaine.

Saint-Esprit, 232 n. 1 (Juge des hommes), 240 – sa déduction, 239 n, 240.

Sainteté, s. de la loi, 71, des maximes, 118-119, s. enclose dans l'Idée du devoir, 120, s. du législateur, 141, s. éthique, 141, 147, prescription de la s., 255, 286 n.

Salto mortale de la raison humaine, 207.

Salut, salut des âmes et salut des sciences, 71– s. du monde, 135, 140, s. des hommes, 162, 217.

TABLE DES MATIÈRES

Imprimé en France par CPI
en août 2016

Dépôt légal : août 2016
N° d'impression : 137009